志愿服务实务丛书

中国志愿服务联合会 ｜ 组编
中国志愿服务基金会

志愿服务法制建设

主　编　莫于川
副主编　许莲丽　任肖容

中国人民大学出版社
·北京·

《志愿服务法制建设》编委会

主　　编　莫于川

副 主 编　许莲丽　任肖容

编辑委员会　（按姓氏笔画排序）

　　　　　　王拓涵　宁昆桦　任肖容　许莲丽

　　　　　　施　培　莫于川　唐静静　梅　帅

　　　　　　董自政　蒲静怡

总　序

　　志愿服务是现代社会文明进步的重要标志，是加强精神文明建设、培育和践行社会主义核心价值观的重要载体和有效抓手。改革开放以来，我国志愿服务事业不断发展、服务队伍不断壮大、服务水平日益提升，志愿服务已经成为促进社会和谐、推动文明进步的重要力量。

　　中央高度重视志愿服务事业的发展。党的十八大以来，习近平总书记多次回信、寄语并做出重要指示，给予广大志愿者极大的鼓舞。一系列文件及法规，如《中华人民共和国慈善法》《志愿服务条例》《关于支持和发展志愿服务组织的意见》《关于公共文化设施开展学雷锋志愿服务的实施意见》的出台，为志愿服务事业保驾护航。党的十九大报告在加强思想道德建设层面，明确提出要推进诚信建设和志愿服务制度化，强化社会责任意识、规则意识、奉献意识，为新时代志愿服务事业指明前进的方向。如今，在习近平新时代中国特色社会主义思想的指引下，我国志愿服务事业步入历史发展的新阶段。

　　为进一步推动志愿服务事业健康发展，在中国志愿服务基金会的支持下，中国志愿服务联合会自成立以来便高度重视志愿服务培训工作，紧紧围绕志愿服务的制度化、法制化、规范化、信息化、专业化，积极探索志愿服务培训的新途径、新机制、新模式。依托全国宣传干部学院建立了中国志愿服务培训基地，并分别在武汉、青岛、河北、惠州、三明、长春等地及宋庆龄基金会建立培训基地，先后举办了秘书长培训班、理论研讨班、法制化培训班、信息化培训班、志愿服务组织负责人培训班以及青年志愿服务、公共文化设施志愿服务、巾帼志愿服务、助残志愿服务、社区志愿服务等各类培训班。全国各省市志愿服务联合会及志愿服务组织通过多种渠道积极开展了形式多样的培训活动。同时，各领域的专家学者积极开展理论研究，先后出版发行了《中国志愿服务大辞典》《中国特色志愿服务概论》《经验·价值·影响——2008北京奥运会、残奥会志愿者工作成果转化研究》等，为培训提供了智力支撑，为相关教材编写奠定了坚实的基础。

为了满足全国各行各业的志愿服务培训需求，中国志愿服务联合会、中国志愿服务基金会联合组织专家编写了这套具有较强针对性、可读性和实用性的"志愿服务实务丛书"，旨在帮助广大志愿组织和志愿者深入领会中共中央关于志愿服务工作的一系列文件精神和政策法规，了解志愿服务的内涵，掌握志愿服务的思路方法、实践路径，不断提高培训质量，提升志愿服务的能力水平。

本丛书由中国人民大学公共管理学院魏娜教授主编、中国人民大学出版社出版，通过公开征集的方式向志愿服务领域的专家学者和科研机构发布有关信息，在自主报名和推荐的基础上经过专家评审确定执行主编。

希望在各方支持和大家共同努力下，丛书在实践中不断丰富和完善，编纂工作顺利推进。相信本丛书会在推动中国特色志愿服务事业发展中发挥积极的作用。

前　言

　　为了社会健全协调运转，需要社会成员自我约束、自我管理和自我服务，志愿服务就是满足此类需要的社会互助型管理和服务方式，成为人性向善、参与民主、社会自治、政民合作的重要实现渠道。

　　如何按照依法治国的总体要求完善志愿服务法制，依法保障志愿服务有关人员的权益，已成为法治建设的现实课题。从国内背景来看，推进志愿服务制度化是重要课题。党的十九大报告就强调要推进诚信建设和志愿服务制度化。从国际背景来看，志愿服务的法律政策环境建设一直是志愿服务发展的重要课题，而法律是制度建设的重要成果，制度化的重要内涵和基础要求是法律制度化。《志愿服务条例》虽已施行四年多，但其作为行政立法的创制权有限，许多有识之士一直呼吁尽快制定"志愿服务法"，从法制建设供给侧改革角度更有力地推动中国特色志愿服务事业稳健发展，推动法治国家、法治政府、法治社会一体化建设，此乃重大而宏远的一项法治建设工程。

　　我国志愿服务事业的因素众多、环境复杂、任重道远，必须考虑周全推动中国特色志愿服务制度化和法治化发展的对策思路，应至少有四点：其一，认真发现、总结、梳理、提升社会治理创新实践中的经验；其二，在稳健推动志愿服务发展的过程中要注重理论和制度创新；其三，正确认识我国志愿服务六个特性和切实推动七个体系建设；其四，法治工作重点是贯彻现行条例并积极推动出台"志愿服务法"。只有建构起完整规范的体系和科学的运行机制，才能保障志愿服务事业的制度化和法治化发展。

　　本书主编带领年轻的学术团队积极探讨志愿服务发展的制度

化、法制化课题，编写了这本志愿服务基本法律分析专著和《志愿服务条例》实施指引教材。本书由导言、上下两编、结语和附录构成。导言就志愿服务发展与志愿服务法制的关系及本书结构做了简要介绍，上编是对现代法治视野中的志愿服务法制建设理论与制度体系的研究，下编是对我国《志愿服务条例》的规范解析、论述，结语对我国志愿服务法制建设前景做了展望，附录则完整呈现了《志愿服务条例》的全文。

本书各部分的作者及撰稿分工如下：莫于川（中国人民大学法学院二级教授、博士生导师，中国行政法研究所所长，中国法学会行政法学研究会副会长，中国志愿服务联合会研究会副会长，北京志愿服务发展研究会副会长兼法律专业委员会主任），设计撰稿提纲，撰写导言、结语初稿，合写第四章初稿，负责全书的补充、修改、统稿；任肖容（最高人民检察院检察理论研究所助理研究员，法学博士），撰写第一、第七章初稿，合写第三、第四章初稿，协助统稿；蒲静怡（中共贵阳市纪委贵阳市监委四级主任科员，法学硕士），撰写第二、第十章初稿；董自政（中共北京市委办公厅四级主任科员，法律硕士），撰写第八章初稿，合写第三章初稿，协助统稿、校稿；许莲丽（北京青年政治学院青年工作学院副教授，法学博士，北京志愿服务发展研究会法律专业委员会总干事兼博士工作站站长），协助设计撰稿提纲，撰写第五章初稿，协助全书修改、统稿；王拓涵（民政部政策研究中心助理研究员，社会学博士、博士后），撰写第六章初稿；施培（北京市通商律师事务所律师，法律硕士），撰写第九、第十一章初稿；梅帅（中国人民大学法学院博士生）、宁昆桦（中国人民大学法学院博士生）、唐静静（深圳市南山区南山实验教育集团教师，法律硕士）协助统稿、校稿。

编者期望本书能为读者提供该领域理论参考和实践帮助，以掌握志愿服务的基本法律知识，知晓《志愿服务条例》的实施要求，明晰中国特色志愿服务事业发展的未来路向，更积极地为志愿服务事业发展做出贡献。

编者
2022 年 4 月

目 录

导言　志愿服务发展与志愿服务法制 ……………………………………… 1

上编　现代法治视野中的志愿服务法

第一章　中国特色志愿服务法制建设 ………………………………………… 11
　第一节　志愿服务发展与法律制度保障 …………………………………… 12
　第二节　志愿服务法制建设发展历程 ……………………………………… 15
　第三节　我国志愿服务法制建设现状 ……………………………………… 18
第二章　志愿服务立法与《志愿服务条例》 ………………………………… 26
　第一节　志愿服务立法的历史经验 ………………………………………… 26
　第二节　《志愿服务条例》的出台背景 …………………………………… 28
　第三节　《志愿服务条例》的框架体系 …………………………………… 31
　第四节　《志愿服务条例》的重要特点 …………………………………… 33
　第五节　《志愿服务条例》的后续任务 …………………………………… 34
第三章　志愿服务法制发展的域外经验 ……………………………………… 36
　第一节　英美法系国家或地区的志愿服务法制发展 ……………………… 36
　第二节　大陆法系国家或地区的志愿服务法制发展 ……………………… 44
　第三节　其他国家的志愿服务法制发展 …………………………………… 53
　第四节　域外志愿服务法制发展的基本特点 ……………………………… 55
　第五节　域外志愿服务法制经验的若干启示 ……………………………… 56
第四章　当下志愿服务法制建设的重点及完善方向 ………………………… 60
　第一节　当下志愿服务法制建设的重点 …………………………………… 60
　第二节　志愿服务法制建设的完善方向 …………………………………… 61

1

下编 《志愿服务条例》的规范解析

第五章 《志愿服务条例》的总则 …… 67
  第一节 志愿服务立法目的 …… 67
  第二节 志愿服务基本概念 …… 72
  第三节 志愿服务法制原则 …… 78
  第四节 志愿服务体制和职责 …… 84

第六章 志愿者与志愿服务组织 …… 91
  第一节 志愿者与志愿服务组织的定义 …… 91
  第二节 志愿者的个人基本信息注册 …… 95
  第三节 志愿服务组织的组织形式、行业管理和党建活动 …… 102

第七章 志愿服务活动的基本要求 …… 107
  第一节 志愿服务活动形态 …… 107
  第二节 志愿服务有关信息与风险 …… 111
  第三节 志愿服务协议的签订 …… 119
  第四节 志愿服务能力、培训和资格 …… 124
  第五节 志愿服务条件、保险和标志 …… 127
  第六节 志愿服务记录、证明和信息保护 …… 137
  第七节 志愿者的义务 …… 144

第八章 志愿服务的专门类别和规范约束 …… 150
  第一节 专业志愿服务 …… 150
  第二节 应急志愿服务 …… 155
  第三节 志愿服务的禁区 …… 162
  第四节 志愿服务的监督 …… 167

第九章 志愿服务的促进措施 …… 174
  第一节 志愿服务的政策措施和行政指导 …… 174
  第二节 志愿服务的社会责任和激励措施 …… 181
  第三节 志愿服务的政府采购和捐赠优惠 …… 186
  第四节 志愿服务的行政奖励和优先优待 …… 191
  第五节 志愿服务的政府信息和媒体责任 …… 201

第十章 志愿服务的法律责任 …… 206
  第一节 泄密侵权的法律责任 …… 207
  第二节 索取报酬的法律责任 …… 213
  第三节 虚假信息的法律责任 …… 218

第四节　借名营利的法律责任 …………………………………… 222
　　第五节　内部问责的适用情形 …………………………………… 227
第十一章　《志愿服务条例》的特别规定 …………………………… 232
　　第一节　公益活动的志愿服务 …………………………………… 232
　　第二节　其他组织和基层单位的志愿服务 ……………………… 237
　　第三节　涉外志愿服务 …………………………………………… 241
　　第四节　条例施行时间 …………………………………………… 248

结语　志愿服务法制发展任重道远 ………………………………… 249

　附录　志愿服务条例 ………………………………………………… 251

导言
志愿服务发展与志愿服务法制

一、社会和谐发展与志愿服务

志愿服务既古老又现代,已成为体现国家和社会治理水平的一个新的衡量标准。可以说,普遍多样良好高效的志愿服务是衡量当今社会成熟程度、社会发展水平、社会健康生活方式的一个重要尺度或判断标准,这在各国、各地区来说都渐成共识。

当今社会即便存在着许多国家机关并实施着各类公共管理活动,即便有了越来越多的商业管理和服务,仍不足以确保这个社会必然能够健全协调运转,还需要社会成员的自我约束、自我管理、自我服务,需要民众的主体性参与,需要政府与民众的互动合作。志愿服务就是满足此类需要的一种社会活动形式。志愿服务的公益性质和社会效益一直受到人们的肯定,受到越来越多的国家、地区和国际组织的重视,志愿服务已进入当今社会生活的方方面面,成为最经常、最重要、最有力的社会互助型管理和服务方式,成为人性向善、社会自治、政民合作的重要实现形式,对于构建和谐社会、和谐世界具有重要意义。

近年来,许多国家、地区都日益重视志愿服务,进行相应的制度建设,形成普遍重视志愿服务的社会风尚。例如,几年前笔者在美国考察研究社会发展问题时发现,推动美国社会生活协调发展,或者说影响美国人生活的宗教、慈善、教育、体育、环保、购物、政民合作等几大要素都与志愿服务密切相关,它深入社会的方方面面,形成一种自治机制,有助于提高社会治理能力。再如,笔者在邻国日本考察时看到,某些城管工作,例如城市街头的自行车管理,几乎都由志愿者承担,那些退休金领取者做交通管理志愿者(类似于我国的交通协管员),他们巡视街头时一旦发现随意停放的自行车,就会将其摆放整齐,贴上黄纸条并写明时间,如果超

1

出两小时还停在那里就另有政府部门安排的专门运输车将其运走，车主得在三个月内去很远的郊区停车场交两千日元运费才能取回，超出期限后就统一销毁了。志愿者的工作使得日本的街头自行车管理井井有条。再如，在我国台湾地区，为孤寡、残疾人、老人的志愿服务比较制度化，如果一位老人提交了申请且符合条件，会有志愿服务组织安排专人定期来为老人服务，在周末、节假日或某个固定时间前来帮助坐轮椅的老人去公园观景，为其打扫房间卫生，嘘寒问暖，增加了这些人群的幸福感。在中国香港，志愿服务也非常普遍，例如志愿者担任的治安员、家政员在社区提供服务，提升了有特殊需求居民的获得感和生活质量，融洽了社区居民关系。

总之，志愿服务成为一种生活方式，体现一种社会价值，是推动社会协调发展、构建和谐社会的一个抓手，应在各方面形成机制，让大家热心、自觉、便利、适切地参与。我们也朝这个方向走且有自己的优势，可以利用的资源很多，发挥我们的优势并坚持前行就可形成中国特色志愿服务体系和机制。

二、中国特色志愿服务发展

当今中国，经济发展与社会发展仍不够充分、不够平衡、不够协调，政民之间的所想所为存在较大张力、很多矛盾，但难得的是，在志愿服务这样的领域，政民之间、部门之间所想所期比较协调一致，这既是须共同努力的事业，也是稳健发展社会民主的要求。志愿服务体现了不一样的、新的生活意义、生活方式和社会价值，有利于塑造新型公民。

志愿服务是我国公共道德水平、文明建设水平和社会发展水平的一个衡量尺度，正在成为公民满足精神追求、体现社会价值的一种生活方式，成为培育和弘扬社会主义核心价值观的重要载体。随着改革开放的深入和经济社会的发展，志愿服务领域不断拓展，志愿服务方式不断丰富，志愿者队伍也不断壮大，经常性参加志愿服务活动者达1亿多人。在汶川地震、玉树地震、奥运会、世博会、亚运会、进博会、"一带一路"高峰论坛、西部建设、支教、扶贫、乡村建设、城市治理、疫情防控中，到处都有志愿者的身影，他们是推动志愿服务事业发展的主体，其奉献应当获得应有的社会尊重和评价，其权益应当依法得到保障。

党的十八大报告在"全面提高公民道德素质"部分提出，要"深化群众性精神文明创建活动，广泛开展志愿服务，推动学雷锋活动、学习宣传道德模范常态化"。十八届三中全会决定提出，要"激发社会组织活力。

正确处理政府和社会关系,加快实施政社分开","支持和发展志愿服务组织"。十八届四中全会决定提出,要"加强普法讲师团、普法志愿者队伍建设","推动法律服务志愿者队伍建设","加强社会组织立法,规范和引导各类社会组织健康发展"。党的十九大报告在"加强思想道德建设"部分提出,要"推进诚信建设和志愿服务制度化,强化社会责任意识、规则意识、奉献意识"。第十三届全国人民代表大会第五次会议通过的政府工作报告也强调要支持志愿服务健康发展。这些都是对协调推进"四个全面"战略布局,坚持法治国家、法治政府、法治社会一体建设的内在要求。可见,志愿服务正在成为加强我国精神文明建设和弘扬社会主义核心价值观的一个重要抓手。

也因为如此,习近平总书记在过去几年曾多次给志愿者回信(例如给复旦大学《共产党宣言》展示馆党员志愿服务队全体队员的回信),对志愿服务活动予以充分肯定并提出殷切期望。2020年,习近平在统筹推进新冠肺炎疫情防控和经济社会发展工作部署会议上特别强调,"广大志愿者等真诚奉献、不辞辛劳,为疫情防控作出了重大贡献"。李克强总理和其他中央领导同志也先后就加快志愿服务立法做出专门批示。国家领导人对志愿服务事业发展的重要指示,提出了志愿服务事业发展的宏大愿景和基本方针,为志愿服务活动的制度化、法治化、现代化和健康化发展指明了方向,有利于各方坚持正确方向,积极履责开展工作,有力推动志愿服务事业发展。

就志愿服务事业和体系发展而言,我国具有许多独特资源和优势。例如:互帮互助传统文化,高层推动决心,"集中力量办大事"的机制,组织动员能力,群众工作传统,青年组织、妇女组织和工会组织动员开展志愿服务活动的传统、能力和经验,等等。这些资源和优势,在某种意义上是有别于美国、日本等发达国家的。如果认真地挖掘梳理自身既往探索实践经验,同时理性地选择借鉴他人经验,完全可以在现有基础上创建具有中国特色的志愿服务理论和制度体系,更快速、更规范、更有效、更持续地发展我国的志愿服务事业,更大程度地激发释放出社会组织活力,稳健地推动社会发展、社会民主、社会和谐。在此过程中,在中宣部和中央文明办的领导下,中国志愿服务联合会成立以来抓住我国志愿服务发展契机积极开展工作,发挥出特殊和有力的顶层设计、高层协调、统筹规划、政策推动等积极作用,例如推出邻里守望、志愿之城、平台建设等行动,都富有工作成效和广泛影响,受到各方积极评价。

三、志愿服务制度建设的特点

随着改革开放的深入，经济社会的发展与人民对美好生活的追求越发强烈，志愿服务领域不断拓展，志愿服务方式不断丰富，志愿者队伍不断壮大。截至2022年3月，我国实名注册志愿者已有2.21亿人，志愿者123万个，志愿服务项目905万个，加上志愿者家人、志愿服务对象在内的志愿服务有关人员，总人数达数亿。如何按照依法治国的总体要求完善志愿服务法制，依法保障志愿服务有关人员的权益，成为一项重大的法制建设课题。

从国际背景来看，志愿服务的法律政策环境建设，也一直是志愿服务发展的重要课题。无论是联合国志愿人员组织，还是国际志愿服务合作组织，以及许多国家的立法机构，都重视良好的志愿服务法律框架对志愿服务事业的作用和影响。联合国志愿人员组织曾在纪念第十个国际志愿者日之际，专门开展对全球志愿服务法律、政策的研究，发现各个国家、地区仅在十年间就颁布了大约70部（个）志愿服务法律或政策文件，仅此可见对有关法律制度建设的普遍重视。

从国内背景来看，推进志愿服务制度化是非常重要的议题。例如，党的十九大强调要推进诚信建设和志愿服务制度化，2018年国务院政府工作报告也强调要推进志愿服务健康发展。众所周知，法律是制度建设的重要成果和最终形式，制度化的重要内涵和基础要求是法律制度化。从近年来出台的《中华人民共和国慈善法》《中华人民共和国民法典》内含志愿服务有关条款，到国务院颁布《志愿服务条例》，国家层面的志愿服务制度建设向前推进了一大步。从地方层面来看，《中华人民共和国立法法》修改之前各地已在积极推进立法，约2/3的省级行政单位、2/5的较大的市推出了关于志愿服务的地方立法，且其90%以上是地方人大立法；2015年修改《立法法》[①]，新增230多个设区的市成为地方立法主体，新增地方立法主体可就城乡建设与管理、环境保护、历史文化保护等方面的事项进行立法，这些恰好是适合开展志愿服务并使其积极发挥作用的领域。所以，更多的志愿服务地方立法和修法正陆续推出。

四、志愿服务须加强法治保障

许多新增地方立法主体在立法资源、能力和经验方面较为欠缺且不平

---

① 本书引用的《立法法》均为2015年修改的《立法法》。

衡，仅靠地方立法推动志愿服务法制发展存在制度供给不足的突出问题。不但地方立法存在不足，国家层面立法也较为滞后，已成为志愿服务法制发展的一个瓶颈。尽管经过长期努力推出的《志愿服务条例》于2017年12月1日起施行，但其作为行政法的创制权有限，该条例尚难充分满足志愿服务法治保障的特殊要求，所以许多人一直呼吁尽快制定"志愿服务法"。中国人民大学中国行政法研究所所长、中国法学会行政法学研究会副会长、北京市志愿服务发展研究会副会长莫于川教授接受中国志愿服务联合会委托，主持完成"志愿服务立法"研究课题，带领研究团队经过调查研究，草拟出志愿服务法专家建议稿和理由说明书提交全国人大常委会法制工作委员会，建议尽快制定该法，国务院和相关主管部门则同步推出实施性的行政立法，从而上下配套地依法保障我国志愿服务事业快速健康发展，这也是完善国家治理体系和治理能力现代化的基本要求和重要进路。莫于川教授还积极联系学界朋友中的全国人大代表和全国政协委员，连续数年就该项立法建议提出议案和提案，望能补充增加列入全国人大常委会的立法规划和年度计划。还有很多专家学者也都努力推动此项立法。

在认真贯彻党的十九大和十九届历次全会精神、积极推进党和国家机构改革、推进志愿服务理论与实践发展进程中，需要高度重视和深刻理解中共中央、国务院提出的推进志愿服务制度化发展和健康发展的方针政策，全国人大常委会如能补充立项尽快制定出"志愿服务法"，将有助于推动新时代中国特色社会主义志愿服务事业稳健发展，推动法治国家、法治政府、法治社会一体建设，推动国家治理体系和治理能力现代化。这是一项重大而宏远的法治系统工程。

五、志愿服务法制发展的对策

我国的志愿服务事业正在新时代加快发展，因素众多、环境复杂、任重道远。推动中国特色志愿服务制度化、法治化发展的主要对策思路有四：

（1）认真发现、总结、梳理、提升社会治理创新实践中的经验。例如南京城管体制改革，当地人大立法确立了新的城市治理体制和机制，在市、区县、社区三级都建立了运行平台，普通市民可以作为志愿者加入专门设立的城市治理委员会。在市一级的治理委员会，志愿者担任的公众委员比行政首长担任的公务委员还多（比例是45∶38），治理委员会形成多数意见后提交市政府做出决定，一些比较明确的事项由治理委员会直接做出决定，交由有关政府部门或社会组织分头落实。此项制度化探索把社会管理、城市治理的主体扩展了，市民志愿者和社会组织参与城市治理的经验值得推广。从这个意义上说，改革创新智慧在基层干部群众那里，其探索经验值得发现、总结和提升。例如，中国志愿服务联合会及其他枢纽性组织的地位较高，角色灵活且比较专业，可把学术界、社会组织、实务部门等协调起来，推动科学化、规范化的志愿服务制度建设。

（2）在稳健推动志愿服务发展的过程中要注重理论和制度创新。志愿服务事业不是简单的项目堆积，它需要长期推动发展、代代有人传承，这个事业有很多要素、环节、过程，有很多方面的效益、效果需要分析。没有理论指导，往往是盲目实践。为此，中国志愿服务联合会首任会长刘淇同志曾提出，我国志愿服务事业要稳健发展，需要建立中国特色志愿服务理论体系，更深入地认识志愿服务事业这个系统的各要素、环节、过程和效果，进一步提升认识水平和理论高度，从新的高度来重新认知过去的志愿服务实践探索的经验教训，更加科学有效地指导实践，这是摆在人们面前的重要任务。中国志愿服务联合会及其他枢纽性组织设立了志愿服务科研项目、专著项目、学位论文项目、学术研讨项目，积极推动志愿服务理论建设工程，在正确专业理论的指引下积极推进志愿服务的具体制度和机制创新。

（3）正确认识我国志愿服务六个特性和切实推动七个体系建设。扩展视野、做大格局，中国特色志愿服务须正确处理几种关系，也即如下六性：其一，投入资源的丰富性；其二，政策协调的一致性；其三，社会认识的一致性；其四，参与主体的多样性；其五，参与机制的多样性；其六，行为规范的多样性。同时，作为推动事业发展的抓手，须推动中国特色志愿服务的观念体系、组织体系、保障体系、宣教体系、规范体系、方法体系和环境体系等七个体系建设。

（4）法治工作重点是贯彻条例并积极推动出台"志愿服务法"。我国的志愿服务法制建设已进入精细化发展阶段，从当下的新要求看，各层次的志愿服务现行法律规范尚显粗疏、笼统，今后应注重精细化，提升可操作性。在已有许多专项的行政法规、地方性法规、地方政府规章的基础上，要尽快推动出台国家层面的龙头性立法也即我国的"志愿服务法"，高屋建瓴地规范志愿服务活动的各要素和全过程。那些没有立法权的组织，也要符合法治精神和适应自身需要立章建制，包括依据职权出台规范性文件、政策性文件。志愿服务事业是一个宏大的社会系统工程，必须建构起完整的规范体系和科学的运行机制，才能保障志愿服务事业的规范化、制度化、高效化发展。

在上述背景下，本书作为志愿服务基本法理分析专著和《志愿服务条例》实施指引教材，特意安排了一个导言、两编（共十一章）、结语、附录。导言就志愿服务发展与志愿服务法制的关系及本书结构做了概要介绍。上编是现代法治视野中的志愿服务法，共 4 章；下编是《志愿服务条例》的规范解析，共 7 章。结语部分对志愿服务法制工作进行了展望。附录是《志愿服务条例》的全文。编写者期望通过以上内容安排，助力读者掌握中国特色志愿服务的基本法律知识，知晓《志愿服务条例》的实施要求，明晰中国特色志愿服务事业发展的未来路向，从而为积极推动我国志愿服务事业发展做贡献，提供专业理论参考和有关信息帮助。

思考与讨论

1. 志愿服务对和谐社会建设起到了哪些积极作用？
2. 我国志愿服务法制建设的特点是什么？
3. 党中央高度重视志愿服务的表现有哪些？
4. 目前我国有哪些关于志愿服务的法律规范？
5. 你对我国志愿服务法制建设有哪些建议和对策？

上编
现代法治视野中的志愿服务法

上编从现代法治视角重点研究了志愿服务法制建设的基本理论和制度体系,共4章。首先探讨了志愿服务法制建设的中国特色,其次探讨了我国志愿服务立法经验和《志愿服务条例》出台背景,再次探讨了域外志愿服务法制发展的经验和特点,最后探讨了我国志愿服务法制建设重点和完善方向。

第一章
中国特色志愿服务法制建设

志愿服务作为精神文明建设的重要工作内容，不仅有利于提升公民素质，也已逐渐成为社会治理的重要手段。2019年1月17日，习近平同志在视察天津并参观朝阳里社区志愿服务展馆时指出：志愿服务在社会治理中发挥着积极的作用。2019年7月，在中国志愿服务联合会第二届会员代表大会召开之际，习近平总书记发来贺信，希望广大志愿者、志愿服务组织、志愿服务工作者立足新时代、展现新作为，弘扬奉献、友爱、互助、进步的志愿精神，继续以实际行动书写新时代的雷锋故事。

以习近平同志为核心的党中央一直以来高度重视志愿服务的发展。党的十八大报告、十八届三中全会决定、十八届四中全会决定专门提出要广泛开展志愿服务活动并支持和发展志愿服务组织，引导志愿服务规范发展[1]。习近平总书记更是多次给志愿者群体回信[2]，坚定了广大志愿者投身志愿服务的信心，也为我国的志愿服务发展描绘了美好的蓝图。党的十九大报告进一步明确指出了志愿服务的发展方向："推进诚信建设和志愿服务制度化，强化社会责任意识、规则意识、奉献意识。"制度化离不开法律的制定与实施，也是规则之治的重要体现。完善新时代中国特色志愿服务法制不仅有助于贯彻落实十九大报告中对志愿服务所提出的要求，也有助于推动志愿服务健康、规范发展。

《慈善法》首次以法律形式对志愿者招募、志愿服务证明出具等做了具体规定，而《志愿服务条例》是我国第一部关于志愿服务的专门性行政法规，它填补了国家立法在志愿服务领域的空白。与此同时，许多地方也

---

[1] 莫于川. 推动志愿服务法治化. 光明日报，2014-12-18（11）.
[2] 据统计，习近平总书记曾经回信过的志愿服务组织包括"本禹志愿服务队""郭明义爱心团队""南京青奥会志愿者"等。

根据志愿服务实践积极制定或修订地方性法规。随着《志愿服务条例》于2017年12月1日起施行，如何准确贯彻落实条例的精神，如何推进志愿服务法治化建设，仍是有待进一步研究的重大课题。

第一节　志愿服务发展与法律制度保障

一、志愿服务法制的基本概念

志愿服务法制，就是指促进和规范志愿服务活动的法律、法规、立法政策以及有关规章制度的总和。按照立法主体、立法程序、立法效力的不同，志愿服务法制的具体内容应当包括关于志愿服务的法律、行政法规、地方性法规、行政规章；从软法理念的角度看，还包括关于志愿服务的政策文件、党内法规、行业规章、团体章程等。

志愿服务立法从法律形式上看，大致分为关于志愿服务的人大立法和行政立法。前者主要是包括全国人大及其常委会通过的法律和决定，以及地方人大及其常委会通过的地方性法规；后者主要包括国务院通过的行政法规，国务院部门和地方政府制定的行政规章。从内容上看，主要是调整志愿服务组织、志愿者以及受助人等的权利义务。2017年12月1日起实施的《志愿服务条例》是我国第一部关于志愿服务的专门性法规，它的颁布实施对促进志愿服务常态化、制度化发展无疑具有里程碑式的意义。目前，我国尚未出台在全国范围内有效的调整志愿服务的专项法律。全国性的针对志愿服务的立法散见于《慈善法》《民法典》等法律之中。志愿服务地方立法在我国比较常见，例如《北京市志愿服务促进条例》，就是北京市人大常委会通过的针对北京地方实践的立法，为2008年北京奥运会和残奥会的顺利举办提供了法治保障。志愿服务领域的部门规章的颁发主体包括民政部、文化部[①]、教育部等，它们可以针对志愿服务管理、相关领域的志愿者（例如文化志愿者、应急志愿者、学生志愿者）出台专门的规定。这里特别需要说明的是，关于志愿服务的行政规范性文件，即主要由行政机关发布的有关志愿服务的文件，其虽然不是法律规范，仅是一般行政规范，但对志愿服务组织、志愿者等主体具有约束作用。例如，民政部办公厅发布的《关于做好志愿服务组织身份标识工作的通知》《志愿服务

---

① 经历2018年党和国家政府机构改革后，改名为文化和旅游部。

记录与证明出具办法》。

二、志愿服务法制发展的六大要素

志愿服务在我国的发展衍生出许多独特的本土资源优势，这些资源优势有助于志愿服务法制的发展。这些资源优势包括：党的领导、党政部门强大的资源调动能力、群团组织广泛的动员能力、尊老爱幼和互帮互助的优秀传统文化等。

志愿服务法制的稳健推进，需要总结提升、积极运用我国志愿服务独特的经验。这些经验的正确理解有利于推动志愿服务法制的发展和落实。具体来说，需要正确认识志愿服务法制发展中的六大要素，具体如下：

观念要素。《志愿服务条例》第二条对志愿服务的概念进行了界定：志愿者、志愿服务组织和其他组织自愿、无偿向社会或者他人提供公益服务。《志愿服务条例》第三条对志愿服务的原则进行了明确，要求"自愿、无偿、平等、诚信、合法"。这是对于志愿服务动机、志愿服务行为准则的明确。如何做到自愿，不以物质报酬为目的，实际是对志愿服务的观念要素提出了要求。志愿服务的当代理念与我国传统社会中的许多理念是不谋而合的。例如我国传统文化强调"达则兼济天下"，强调"老吾老，以及人之老；幼吾幼，以及人之幼"，这些都能够成为志愿服务的观念来源。但需要注意的是，传统文化生根于熟人社会，和当代的志愿服务理念仍有所区别，继承时需要加以区分。此外，中国特色社会主义核心价值观也是志愿服务观念体系的重要来源。如何在二十四字社会主义核心价值观中提炼志愿服务价值体系，尚须认真研究。

组织要素。志愿服务在我国的发展，一方面得益于志愿服务理念逐渐深入人心，另一方面离不开党政部门的促进与规范。有关党政部门利用规划、奖励、协调、处罚、合作、发布标准、颁布规范性文件等多种方式，培育和推动了志愿服务事业的发展，同时也促进了志愿服务法制建设的精细化。在我国，志愿服务的组织要素可以大致划分为四大种类。第一类为行政部门，包括民政部、教育部等。第二类为党的机构，包括中宣部、文明委、社会工作委员会等。第三类为群团组织，包括中华全国总工会、共青团中央、全国妇联等。第四类为志愿服务联合会，被称为志愿服务的枢纽组织。志愿服务枢纽组织承担着承上启下的功能与作用，一方面志愿服务联合会可以对接党政部门和群团组织，便于志愿服务活动的开展；另一方面志愿服务联合会能够起到凝聚志愿服务组织力量，团结志愿者队伍，联络志愿服务日常活动的作用。

保障要素。保障要素包括志愿服务活动开展的保障以及志愿者的保障等，是一个全方位的保障体系。志愿服务活动是不以物质报酬为目的的，但并不意味着志愿服务活动没有运行成本。这些必要的运行成本包括志愿者的交通、食宿费用及保费等。物质保障的来源除了募集的资金，还有政府的财政资助等。此外，志愿服务活动中的保险机制也是保障机制中的重要组成部分。《志愿服务条例》中仅就可能发生人身危害的志愿服务活动的保险购买义务做了规定，但是在各地的志愿服务立法中对保险做了更为明确的要求。例如，北京市已经为全市实名注册的志愿者购买了保险，做到了注册志愿者保险全覆盖。

宣教要素。《志愿服务条例》第三十五条明确了广播、电视、报刊、网络等媒体有义务宣传志愿服务活动。志愿服务是一项利国利民的事业，应当为志愿服务营造全社会共同支持、鼓励尊重的良好环境。广播、电视、报刊、网络等新闻媒体应当充分利用宣传优势对志愿服务精神、志愿服务活动广泛宣传，社会各界应当共同努力为志愿服务提供必要条件。一些地方媒体开设专栏、专版报道宣传志愿服务，就是值得推广和学习的好经验[1]。

环境要素。志愿服务环境要素是指影响志愿服务的家庭环境、工作环境、社会环境等。首先，要鼓励和支持志愿家庭的创建，从小培育服务社会的志愿理念，将志愿服务作为一种生活习惯。其次，志愿者所在单位应当鼓励支持本单位志愿者参与志愿服务活动。这里当然不能提倡以牺牲单位工作职责而参与志愿的行为。最后，要在社会中营造以志愿服务为荣，尊重志愿者、热爱志愿服务的社会氛围，最终建成支援之城。

规范要素。规范要素是六大要素中最为关键的要素。目前我国已经大体形成国家层面的《志愿服务条例》—地方性志愿服务法规—其他志愿服务规范性文件的格局。这标志着我国志愿服务规范体系的基本确立。但需要注意的是，仍然缺少国家层面的"志愿服务法"予以统领，志愿服务的标准建设、软法建设仍有欠缺[2]。

三、志愿服务法制建设的必要性

1. 志愿服务与社会治理

志愿服务在社会治理中发挥着重要作用，例如在治安、交通、应急等

---

[1] 新晚社区报开辟解读志愿服务制度专版．(2016-03-21)[2018-10-20]．http://zy.dbw.cn/system/201603/28819.html.

[2] 莫于川．推动志愿服务法治化．光明日报，2014-12-18（11）．

社会治理中经常有大量志愿者的参与。志愿服务已经成为国家治理体系的重要一环。《中共中央关于制定国民经济和社会发展第十三个五年规划的建议》、党的十八大报告就加强和创新社会治理做的全面部署均强调了社会协同、公众参与的重要作用，表明了社会治理主体的多元化，即既包括政府也包括社会和公众。

开展志愿服务本身就是利用社会力量服务社会的重要方式，是创新社会治理的有效途径。治安志愿者、城市志愿者、社区志愿者、应急救援志愿者等在交通、养老、城市治理、突发事件应急管理等方面发挥了巨大的作用。一方面，有利于提升社会治理效能，弥补政府管理中的短板，为政府排忧解难。另一方面，也有助于激发公众参与社会治理的热情，通过志愿服务培训提升公民个人素质，进一步释放和增强社会发展活力。例如，北京治安志愿者已近百万，在首都维稳、反恐防恐、社会治安等方面的作用日益凸显。

疫情期间，志愿者更是发挥了巨大作用，习近平总书记在2020年新年贺词中表示志愿者"以生命赴使命、用挚爱护苍生，将涓滴之力汇聚成磅礴伟力，构筑起守护生命的铜墙铁壁"。正是基于志愿服务在社会治理和突发事件应对中的作用，2021年发布的《法治政府建设实施纲要（2021—2025年）》指出，要"明确志愿者参与突发事件应对的法律地位及其权利义务，完善激励保障措施"。

2. 志愿服务的风险

当今社会已是风险社会，志愿服务中也有风险的存在。例如，在应急救援志愿服务活动中，志愿者将面临自然灾害所带来的风险。即便是在日常助老志愿服务过程中，由于培训不到位或专业知识欠缺也可能会导致志愿服务对象受伤致使志愿者面临诉讼风险。尽可能降低风险，避免不必要的人身、财产损失是建立志愿服务法制体系的重要原因。同时，志愿服务法制建设也是引导志愿服务规范化、常态化发展的重要途径。

第二节 志愿服务法制建设发展历程

我国志愿服务法制建设大体经历了三个发展阶段。第一个阶段为1998—2008年，为志愿服务法制建设的萌芽起步阶段。该阶段的起点为《广东省青年志愿服务条例》，它开启了我国志愿服务法治化进程[①]。第二

---

① 魏娜. 我国志愿服务发展：成就、问题与展望. 中国行政管理，2013（7）：64-67.

个阶段为2008—2017年，为志愿服务法制建设的快速发展阶段。该阶段的起点为2008年。2008年汶川地震中的应急志愿者、北京奥运会的赛会志愿者和百万城市志愿者队伍的发展极大地带动了志愿服务发展。该时期从中央到地方的志愿服务立法工作进入了快速发展阶段，各领域、各部门的志愿服务立法也大量出现，为规范治理志愿服务领域的乱象起到了一定作用，也为志愿服务的健康发展奠定了坚实的基础。第三个阶段为2017年至今，志愿服务进入新的历史阶段。2017年党的十九大报告为志愿服务的发展指明了方向，《志愿服务条例》出台并实施也成为全国志愿服务法制发展的标杆。这一阶段的志愿服务立法正走向精细化、科学化和民主化。

一、新时代志愿服务法制建设基础

1. 萌芽起步阶段：1998—2008年

20世纪90年代至21世纪初，青年志愿服务与社区志愿服务是当时志愿服务的主要发展形式，这两个领域的志愿服务活动也最为活跃。志愿服务相关的立法工作也大都围绕这两者进行。

1999年8月5日，《广东省青年志愿服务条例》通过，该条例是我国首部专门规定志愿服务的地方性法规，是志愿服务立法史上的里程碑。广东省通过的条例主要将志愿者群体定位为青年志愿者，这和当时的志愿服务发展实际是密不可分的。广东条例的制定也影响了很多省市。《山东省青年志愿服务规定》《宁波市青年志愿服务条例》《福建省青年志愿服务条例》陆续出台，这几个省市也将志愿服务条例的调整范围主要集中于青年志愿者。甚至，2004年的《银川市青年志愿服务条例》、2006年的《湖北省青年志愿服务条例》、2007年的《江西省青年志愿服务条例》和《天津市青年志愿服务条例》都或多或少受到了广东志愿服务法规的影响。但是，随着志愿服务的发展，这些地方的条例大多数已经失效。

这一时期的社区志愿服务的规范性文件包括1993年的《关于加快发展社区服务业的意见》、1994年的《关于进一步开展社区服务志愿者活动的通知》、2007年的《关于在全国城市推行社区志愿者注册制度的通知》等。

2. 快速发展阶段：2008—2017年

2008年，对中国的志愿服务来说无疑是具有重要意义的一年。首先，在"5·12"汶川地震救援工作中，国内外众多志愿者参与了抗震救灾工作。其次，2008年北京奥运会期间10万赛会志愿者、40万城市志愿者以及100万社会志愿者为奥运会提供了热情周到的服务，赢得了国际国内广泛赞誉。因此，人们普遍认为2008年是中国的"志愿者元年"。

2008年北京奥运会、残奥会结束后，《关于深入开展志愿服务活动的意见》就出台了，要求为志愿服务提供法规和政策保障。北京也于次年出台了《关于进一步加强和改进志愿者工作的意见》，要求进一步转化奥运会志愿工作成果，建立志愿服务长效机制。在该阶段，中共中央办公厅、共青团中央、民政部、中央文明办、教育部等部门出台了一系列规范性文件、政策文件，对志愿服务领域的基础性问题，包括注册、管理、证明开具等问题做了详细的规定，形成了全社会推动志愿服务、参与志愿服务的新局面。

3. 规范发展阶段：2017年至今

2017年，我国《志愿服务条例》颁行。它以行政法规的形式实现了全国范围内志愿服务规范的统一。经过2020年开始的新冠肺炎疫情防控、2022年北京冬奥会和冬残奥会等大型活动志愿服务的历练，我国的志愿服务动员能力进一步增强，相关运行更加规范有序。

二、新时代志愿服务法治化新实践

1. 地方立法颁行

随着各地志愿服务的发展和地方立法的增多，越来越多的地方着手制定地方志愿服务条例弥补立法空白，促进当地志愿服务的有序发展。例如，2017年11月30日《辽宁省志愿服务条例》审议通过，自2018年2月1日起施行。

2. 地方立法修订

国务院颁布的《志愿服务条例》，对志愿服务的基础概念、活动原则、促进措施等做了明确规定。地方需要对照该条例的要求修订与其不一致的地方。例如，2007年制定、2008年3月5日起施行的《浙江省志愿服务条例》将志愿者限定为"登记注册"或者"参加志愿服务组织临时招募"的个人，这就和《志愿服务条例》中规定的志愿者范围发生了冲突。《志愿服务条例》中没有将志愿者限定为注册志愿者，其调整对象既包括注册志愿者，也包括自行开展志愿服务的志愿者，也就是所谓的草根志愿者。一些地方已经着手修订地方性法规，例如2021年江苏省人大常委会就对《江苏省志愿服务条例》进行了修订。

3. 法律法规培训机制建立

《中国志愿服务培训工作"十三五"时期发展规划（2016—2020）》将现代法治理念、法律法规、志愿者行为规范列为志愿者培训内容。目前我国多地建立了专门的志愿服务学校,包括广州志愿者学院、河北志愿服务学院、青岛市志愿服务学院、包头市志愿服务学院、潍坊市志愿服务学院等。这些专业志愿服务培训机构承接了大量的志愿服务培训工作,也为法规培训提供了基础。

第三节 我国志愿服务法制建设现状

一、志愿服务法制体系

1. 法规及政策体系

目前,我国志愿服务领域法制体系大体可以分为法规及政策两大类。广义的法规是指人大及其常委会和政府机关根据法定职权和立法程序通过的规范性文件。法制体系的具体形式包括法律、行政法规、地方性法规,特殊情况下也包括其他规范性文件。

而志愿服务政策是指党和政府针对该领域制定的特定方针、路线、指导意见等。相较于法规来讲,政策的制定程序更为简单,内容也更为灵活。正是由于政策具有上述特点,所以在没有立法或立法不完善的情况下,政策发挥着补充立法漏洞、增强法规适用性的作用。

2. 法规与政策关系

在志愿服务领域,由于法制建设还不完备,存在法律规范少、政策多的情形。在实践中要正确处理法规与政策的关系,需要把握以下几点:

一要摒弃法律万能论的做法。法规只是众多治理工具中的一种,并非所有的志愿服务领域的问题都需要法规调整,也并非所有的志愿服务领域的问题都适合法规调整。"政策有独立存在的价值和空间"[1],在志愿服务领域更适合政策调整的要交给政策,发挥政策的能动优势。

二要转化实践效果良好的政策。在实践中,一些政策文件经常被反复适用,实施效果也良好,在实践中也积攒了经验。例如中共北京市委、北京市人民政府印发的《关于进一步加强和改进志愿者工作的意见》就是北京市志愿服务管理部门经常使用的政策文件,类似的文件可以适时转化为法规,提升文件的法律效力位阶。

三要避免政策违反相关法律规定。政策的制定要符合法规的硬性要

---

[1] 肖金明. 为全面法治重构政策与法律关系. 中国行政管理,2013(5):36-40.

求。根据《立法法》第九十六条，若存在下位法违反上位法规定的情形，可以由有关机关予以改变或者撤销。政策的制定也要符合上位法的规定，符合立法精神和法律原则，不能与相关法律规定相抵触。

二、中央层面立法建制

1. 法律

志愿服务法律体系涉及《民法典》《刑法》《涉外民事关系法律适用法》《公益事业捐赠法》《企业所得税法》《个人所得税法》《慈善法》等法律。

《精神卫生法》《公共图书馆法》《红十字会法》《公共文化服务保障法》《野生动物保护法》《老年人权益保障法》《义务教育法》《残疾人保障法》等法律均在相关条款中体现了志愿服务，内容多为支持与鼓励志愿服务。

2. 行政法规

志愿服务行政法规除了国务院公布的《志愿服务条例》在志愿服务中最为经常使用之外，还须考量《社会团体登记管理条例》《基金会管理条例》等许多行政法规。

3. 部门规章

民政部2020年颁布的《志愿服务记录与证明出具办法（试行）》是专门针对志愿服务的部门规章，也有很多部门规章的条款中已经体现了志愿服务。例如，《湿地保护管理规定》第六条规定鼓励志愿者参与湿地保护，《援外青年志愿者选派和管理暂行办法》第六条规定了援外青年志愿者应符合的条件。类似的部门规章还包括《养老机构管理办法》《对外援助管理办法》《普通高等学校学生管理规定》《社会体育指导员管理办法》等。

4. 行政规范性文件

从2010年起，中央层面颁布了大量专门针对志愿服务的规范性文件。这些规范性文件厘清了志愿服务领域常见的概念，解决了管理中存在的一些疑难问题。具体如下：

2010年6月，《关于进一步推进志愿者注册工作的通知》出台。该通知明确了推进注册志愿者工作的重要意义，并对志愿服务的培训和激励机制的建设做出了具体规定。

2012年3月，中共中央办公厅下发《关于深入开展学雷锋活动的意见》。该意见对学雷锋活动的整体要求进行了规定，要求学雷锋活动要常态化开展。

2012年10月，民政部下发《关于加强减灾救灾志愿服务的指导意见》，对该领域的志愿服务的原则与目标、主要任务做了具体规定。

2012年12月，公安部、国家发展和改革委员会、民政部、财政部、人力资源和社会保障部下发《关于积极促进志愿消防队伍发展的指导意见》，明确了志愿消防队伍建设的管理模式和激励机制，并要求各部门积极推进有关志愿消防队伍的地方立法。

2012年10月，民政部印发《志愿服务记录办法》。该办法对长期以来记录不规范、不统一的现状予以了规范，对记录原则、记录内容、记录单位、记录报送制度做了详尽的规定。

2013年11月，共青团中央进一步规范了志愿者的注册管理工作。

2013年12月，民政部下发《中国社会服务志愿者队伍建设指导纲要（2013—2020年）》，明确了志愿服务发展的总体目标和主要任务。该纲要明确提出：到2020年，注册社会服务志愿者占居民总数的比例达到10%。

2014年2月，中央文明委下发《关于推进志愿服务制度化的意见》。该意见明确提出要完善政策和法律保障，加快志愿服务立法进程。同年，中央文明办下发《社区志愿服务方案》。该方案对社区志愿服务的工作要求和工作流程予以明确。

2014年3月，为贯彻《关于推进志愿服务制度化的意见》，中央文明办下发《贯彻落实〈关于推进志愿服务制度化的意见〉的任务分工》，明确了志愿者招募、注册、激励等工作的牵头单位和责任单位。

2014年12月，共青团中央印发《关于推动团员成为注册志愿者的意见》，要求各地充分认识推动团员成为注册志愿者的重要意义，并注重实效、健全机制，积极推动团员成为注册志愿者。

2015年3月，教育部印发《学生志愿服务管理暂行办法》。该办法规定了学生志愿服务的工作机构、认定及记录方法，其中最为突出的是建立了相应的志愿服务学分制度。2015年7月，民政部出台《志愿服务信息系统基本规范》。这是志愿服务的第一个行业标准，对志愿者、志愿团体、志愿服务项目、志愿服务时间等志愿服务相关信息进行了规范。

2015年8月，《关于规范志愿服务记录证明工作的指导意见》出台。该意见的出台有力规范了当时开具虚假证明的不正之风，建立了"谁证明谁负责"的原则，明确了证明的办理流程、证明的出具主体、开具虚假证明的责任追究机制等。2016年6月，《关于加强中学生志愿服务工作的实施意见》出台，在意见中就中学生志愿服务工作的主要目标和基本原则、工作机制和活动方式、组织实施和项目管理、综合评价和注册管理进行了规定。该实施意见也有利于进一步落实《关于推动团员成为注册志愿者的意见》。

2016年7月，《关于支持和发展志愿服务组织的意见》通过，该意见就深化志愿服务组织服务、加强对志愿服务组织发展的组织领导等进行了具体的规定，并且要求志愿服务组织按照法律法规和章程开展活动，依法自治。2016年12月，中宣部、中央文明办等部门印发《关于公共文化设施开展学雷锋志愿服务的实施意见》。该意见主要是针对公共文化设施志愿者而制定的，对规范和促进文化设施志愿者具有重要意义。该意见的附件还列明了首批示范单位名单，起到了宣传和激励的作用。

2019年1月，民政部社会组织管理局下发了《关于学习宣传贯彻习近平总书记有关志愿服务重要指示精神的通知》，要求地方志愿服务相关处室认真落实习近平总书记在天津调研考察时对志愿服务做出的重要指示。该通知还要求把学习重要指示与贯彻《志愿服务条例》相结合，确保学习取得实效。

2020年12月，民政部颁布了《志愿服务记录与证明出具办法（试行）》（部门规章），该办法旨在规范志愿服务记录和志愿服务记录证明出具工作，保障志愿者和志愿服务组织等志愿服务活动参与者的合法权益，促进志愿服务事业发展。

2021年6月，生态环境部、中央文明办联合发布了《关于推动生态环境志愿服务发展的指导意见》，对生态文明领域的志愿服务做了专门规定。

2021年，国家标准管理委员会公布了《志愿服务组织基本规范》，规定了志愿服务组织的基本要求、组织管理、志愿者管理、服务管理、评估与改进。该规范适用于志愿服务组织的运行和管理，开展志愿服务的其他组织可参照使用。

三、地方层面立法建制

1. 地方性法规

省、自治区、直辖市、设区的市的人民代表大会及其常务委员会根据本行政区域的具体情况和实际需要在宪法、法律、行政法规相抵触的前提下可以制定地方性法规。目前有关志愿服务地方性法规制定情况汇总如表1-1所示。

表1-1　我国目前有关志愿服务地方性法规制定情况

序号	发布日期	实施日期	文件名称
1	2003-06-20	2003-08-01	《黑龙江省志愿服务条例（2012年修订）》
2	2003-11-21	2004-03-05	《杭州市志愿服务条例》
3	2004-09-16	2004-11-01	《银川市青年志愿服务条例》
4	2005-04-06	2005-06-06	《成都市志愿服务条例》
5	2005-06-01	2005-07-01	《南京市志愿服务条例》
6	2005-11-24	2006-01-01	《吉林省志愿服务条例（2015年修订）》
7	2006-05-12	2006-07-01	《宁夏回族自治区志愿服务条例（2019年修订）》
8	2006-07-28	2006-10-01	《济南市志愿服务条例》
9	2007-03-30	2007-05-01	《江苏省志愿服务条例（2021年修订）》
10	2007-09-14	2007-12-05	《北京市志愿服务促进条例（2020年修订）》
11	2007-11-23	2008-03-05	《浙江省志愿服务条例》（2018年修订）
12	2008-05-29	2008-05-29	《青岛市志愿服务条例》
13	2008-12-15	2009-03-05	《广州市志愿服务条例（2015年修订）》
14	2009-01-09	2009-05-01	《淄博市志愿服务条例》
15	2009-03-27	2009-07-01	《新疆维吾尔自治区志愿服务条例》
16	2009-04-23	2009-06-01	《上海市志愿服务条例（2019年修订）》
17	2009-05-27	2009-08-01	《海南省志愿服务条例》
18	2009-09-25	2009-12-01	《四川省志愿服务条例》
19	2010-03-26	2010-09-15	《唐山市志愿服务条例》
20	2010-06-23	2010-09-01	《汕头市青年志愿服务促进条例》
21	2010-07-23	2010-09-01	《广东省志愿服务条例（2020年修订）》
22	2010-08-16	2010-09-01	《昆明市志愿服务条例》
23	2010-11-25	2010-12-05	《陕西省志愿服务促进条例》
24	2011-06-23	2011-07-01	《南宁市志愿服务条例》
25	2012-04-09	2012-05-04	《宁波市志愿服务条例（2021年修订）》
26	2012-06-14	2012-08-01	《黑龙江省志愿服务条例（2012年修订）》
27	2012-09-27	2012-12-01	《湖南省志愿服务条例》
28	2012-11-29	2012-12-05	《珠海经济特区志愿服务条例》
29	2012-12-21	2013-03-01	《合肥市志愿服务条例》

续表

序号	发布日期	实施日期	文件名称
30	2013-11-28	2014-03-01	《山西省志愿服务条例（2019年修订）》
31	2014-06-18	2014-08-01	《大连市志愿服务条例》
32	2014-09-26	2014-12-01	《福州市志愿服务条例》
33	2014-10-11	2014-11-01	《包头市志愿服务条例》
34	2015-01-14	2015-03-05	《西藏自治区志愿服务条例》
35	2015-05-28	2015-10-01	《重庆市志愿服务条例》
36	2015-07-30	2015-09-01	《吉林省志愿服务条例（2015年修订）》
37	2015-11-26	2016-02-01	《湖北省志愿服务条例》
38	2015-12-23	2015-12-23	《广州市志愿服务条例（2015年修正）》
39	2016-03-23	2016-06-01	《抚顺市志愿服务条例》
40	2016-05-12	2016-07-01	《武汉市志愿服务条例》
41	2016-12-02	2017-03-01	《河北省志愿服务条例（2021年修订）》
42	2017-11-28	2017-12-01	《天津市志愿服务条例》
43	2017-11-30	2018-02-01	《辽宁省志愿服务条例（2019年修正）》
44	2018-07-27	2018-09-01	《浙江省志愿服务条例（2018年修订）》
45	2018-11-30	2019-03-01	《河南省志愿服务条例》
46	2019-06-06	2019-07-01	《海口市志愿服务条例》
47	2019-12-02	2020-01-01	《安徽省志愿服务条例》
48	2020-07-24	2020-09-01	《广西壮族自治区志愿服务条例》
49	2020-12-11	2021-03-05	《厦门经济特区志愿服务条例》
50	2021-07-09	2021-10-01	《江西省志愿服务条例》
51	2021-12-03	2022-01-01	《山东省志愿服务条例》
52	2021-12-31	2022-03-05	《贵州省志愿服务办法》
53	2022-01-21	2022-03-01	《泰安市志愿服务促进条例》

2. 地方政府规章

专门针对志愿服务颁布地方政府规章的情况比较鲜见，《洛阳市志愿服务管理办法》和《贵州省志愿服务办法》就是以地方政府规章的形式颁布的。但是志愿元素也大量体现在地方政府规章之中。以北京为例，《北京市献血管理办法》第十四条第三款规定："参加献血志愿服务的个人可以依照有关规定享受志愿者权益。"《北京市道路交通安全防范责任制管理办法》第七条规定:"支持和鼓励单位或者个人开展道路交通安全公益活动,提供志愿服务。"《江苏省自然灾害救助办法》第八条规定:"县级以上地方人民政府应当建立健全自然灾害救助社会动员机制,提高全民减灾救灾责任意识,鼓励、引导单位和个人参与抗灾救灾、灾后恢复重建、救灾捐赠和志愿服务等活动。"

3. 行政规范性文件

行政规范性文件本身不是法律规范,但具有法律效力(包括公定力、确定力、拘束力、执行力),因为它是志愿服务管理领域常见的一类抽象行政行为和具体行政行为的依据形式,成为细化地方志愿服务法制的重要途径。例如,《北京市志愿者管理办法(试行)》《山东省文化志愿服务实施办法》等均对志愿服务的具体实施进行了细化规定,增强了工作部门的可操作性。

4. 其他政策纲领性文件

政策性文件也是地方推进志愿服务制度化的有力抓手。例如,《关于加强上海市普通高中学生志愿服务(公益劳动)管理工作的实施意见(试行)》《贵阳市国资委党委关于推进志愿服务制度化的实施意见》等都对当地的志愿服务制度化发展提供了政策支持。

四、立法法授权和价值观入法带来的新要求、新机遇

2015年《立法法》修正后,赋予更多地方立法权。《立法法》第七十二条规定了设区的市的人民代表大会及其常务委员会的立法范围,即城乡建设与管理、生态环境保护、历史文化保护等。《志愿服务条例》颁行后,地方立法进一步加快,但也存在模糊认识,制约着志愿服务法制发展。志愿服务是否属于地方立法事项范围,在一些地方存有疑虑,导致立法停滞不前。

但在实践中,《立法法》修正前后,一些设区的市(含原较大的市)通过了地方志愿服务条例,例如《淄博市志愿服务条例》(2009年发布)、《唐山市志愿服务条例》(2010年发布)、《抚顺市志愿服务条例》(2016年发布)。这些设区的市所做志愿服务立法应当给予肯定。一是因为志愿服务本身与城乡建设、环境保护、历史文化保护密切相关。环保志愿者、社区志愿者、文化志愿者等都在这些领域做出了诸多贡献。二是《立法法》并未采用完全列举的方式罗列设区的市的所有立法权限。联系《立法法》第七十二条的规定,"等"字包括的内容需要视地方具体情况和实际需要而定,这就为志愿服务立法创设了可能。

思考与讨论

1. 你认为什么是志愿服务法制？
2. 为何我国要通过法律制度建设为志愿服务保驾护航？
3. 我国志愿服务法制发展经历了哪些阶段？
4. 你知道我国哪些省市制定了专门的志愿服务地方性法规？
5. 中央曾就志愿服务的哪些方面出台了专门的规范性文件？

第二章
志愿服务立法与《志愿服务条例》

第一节 志愿服务立法的历史经验

随着社会转型与现代化进程加快，志愿服务事业在中国社会渐趋兴盛，成为培育和弘扬社会主义核心价值观的重要领域。志愿者在灾害救助、重大赛事、社区街道、养老院、福利院、海外服务等领域发挥着重大作用。我国志愿服务事业已进入快速、持续发展的新阶段，朝着常态化、多元化、专业化、规范化、制度化、社区化、国际化方向迈进。

我国的志愿服务法制建设仍处于法律规范体系逐步完善的阶段，特别是国家层面的法律规范和政策规定仍欠完善。此前很长一个时期，推进志愿服务立法的更多的力量和成果来自地方。从某种程度上说，地方志愿服务立法推进现状，反映出我国志愿服务事业步入规范化、法治化轨道的部分地方先行态势。

我国地方志愿服务立法经过很长时期的探索发展，已取得许多成果，诸如完成了志愿者、志愿服务组织权利义务的初步界定；建立健全志愿者与志愿服务组织的注册、登记程序，使其初步摆脱了无序化运行；使志愿服务的协议签订、经费来源、保险购买有了初步的法律保障；等等。

第一，我国志愿服务政策法规数量多。我国志愿服务事业经历了30多年的发展，在《志愿服务条例》颁布之前虽然没有全国统一的专项志愿服务立法，但对志愿服务活动有关规定散见于法律、行政法规、地方性法规和行政规章。在法律方面，全国人大常委会分别在1993年和1999年通过了《中华人民共和国红十字会法》《中华人民共和国公益事业捐赠法》，前者对我国红十字会的法律地位、活动原则、组织、职责、财产与经费等内容做了规定,后者对公益事业的捐赠和受赠、捐赠财产的管理和使用等做出了概括性规定。在行政法规方面,国务院颁布了《社会团体登记管理条例》和《民办非企业单位登记管理暂行条例》。条例确定了中国特色"双重管理模式"——国务院民政部门和县级以上人民政府的民政部门是社会团体的登记管理机关,国务院有关部门和县级以上人民政府有关部门是社会团体的业务主管单位。2004 年,《基金会管理条例》生效,该条例从基金会的设立、组织结构、财产管理、监督管理、法律责任等方面进行规定,其中也涉及对境外基金会代表机构的相关事项。在部门规章方面,2004 年,财政部发布了《民间非营利组织会计制度》,从资产、负债、净资产、收入、费用、财务报告等方面规范非营利组织的会计行为,确保会计信息的全面规范;2008 年民政部颁行了《救灾捐赠管理办法》,详细规定了捐赠、接受捐赠、境外救灾捐赠、捐赠款物使用等,依法保护捐赠人、受捐赠者的利益。在地方性法规方面,我国最早的志愿服务地方性法规是《广东省青年志愿服务条例》(1999 年),其引领了其他省(区、市)制定志愿服务地方性法规的趋势。迄今,我国已有北京、上海、山东、浙江、江苏等 20 多个省(区、市)制定了志愿服务地方性法规。尽管各省(区、市)的人大立法在志愿服务相关概念、志愿者权利与义务等方面的规定不尽统一,但这仍代表着我国志愿服务事业在地方上的影响力。

第二,全国各地志愿服务条例大都对志愿者、志愿服务、志愿服务组织等概念进行了界定,基本体现了志愿服务的公益性、无偿性和自愿性等特征。如青岛、黑龙江、天津、广东、上海等地的志愿服务条例便对志愿服务相关主体进行了简单定义,但同时也有湖北、北京、济南、杭州等地的志愿服务条例对此没有进行明确规定。各省(区、市)在地方性志愿服务立法中对志愿服务的范围采取了列举式规定,但同中存异,具体范围不尽相同。

第三,大多数地方性志愿服务法规对志愿者的资格条件进行了规定,主要包括年龄、行为能力、未成年人参与等方面。其中,从各省(区、市)志愿服务条例来看,行为能力一项是最为重要的,超过 90% 的条例指出志愿者须具备从事志愿服务所要求的民事行为能力。对未成年人参与志愿服务活动的规定是各省(区、市)志愿服务条例又一重要内容:只要征得未成年人监护人的同意或由其监护人陪同参加,则参加与未成年人心智符合的志愿服务是可取的。

第四,各省(区、市)志愿服务法规中都对志愿者的权利与义务进行了规定。地方志愿服务条例在对志愿者合法权利的规定上要详细于其义务，主要体现在培训、保障、自由意志等方面，包括以下几点：自主选择是否参加志愿服务组织的活动；志愿服务前参与志愿服务相关专业技能培训与操作演练的权利；志愿服务过程中享受志愿服务组织对环境、人身的安全保障；志愿服务后有权获得最基本的生活所需；有权获得志愿服务组织公开透明的信息；可以以第三方的角度对志愿服务组织提出意见或进行监督；人身不受束缚，享有自由进退机制；等等①。

志愿服务实践在我国的发展起步晚、经验少，国外一些发达国家经过长期发展已建立起比较成熟的法律制度，积累了丰富的实践经验。与之相比，我国的志愿服务事业还存在无序性、分散性、立法层次较低等诸多问题。由于志愿服务以地方立法为主的模式呈现了一种分散性的特征，虽然它在某种程度上有助于把握本地志愿服务发展需要，具有结合实际情况制定相应规范的优势，但也暴露出其效力层级不高、共识程度不高等缺陷，存在概念模糊、制度混乱的风险，各地立法文本之间普遍存在理解各异、规范不一、内容陈旧、质量参差等问题，无法切实有效地保障志愿者、志愿服务组织以及相关主体的利益，无法理顺志愿服务指导协调机制并营造全社会共同参与志愿服务的良好氛围，而存在重大缺陷的志愿服务法制成为制约志愿服务事业稳健发展的瓶颈②。

想要改变这种现状，就必须在更高层次出台相应的法律，建立统一的标准来规范志愿服务事业的发展，引导志愿服务的发展方向。当前，我国正处在改革的攻坚期和社会矛盾凸显期，完善的立法更有利于发挥志愿者队伍的作用，缓解社会矛盾。我们应该科学地分析，立足我国的发展现状和基本国情，加强立法研究，为我国国家层面的志愿服务立法出谋划策。

第二节 《志愿服务条例》的出台背景

开展志愿服务，是创新社会治理的有效途径，是培育和践行社会主义核心价值观的有力抓手，是加强新形势下群众性精神文明建设的生动实践。在我国志愿服务逐步走向规范化、制度化的关键时期，制定实施《志愿服务条例》具有重大意义。

---

① 李晓宇. 中国志愿服务立法研究. 青岛：中国石油大学（华东），2014.
② 莫于川. 中国志愿服务立法的新探索. 北京：法律出版社，2009.

近年来，志愿服务组织和志愿者在社区建设、扶贫济困、环境保护、大型赛会组织、应急救援等领域开展形式多样的志愿服务活动，对推进精神文明建设、推动社会治理创新、维护社会和谐稳定、增进民生福祉发挥了重要作用。同时，我国志愿服务事业也存在活动不够规范、权益保障不够有力、激励机制不够完善等问题。为了鼓励和规范志愿服务活动，发展志愿服务事业，《志愿服务条例》针对这些问题明确了志愿者和志愿服务组织的定位，厘清了有关部门在志愿服务工作中的职责，确立了志愿服务工作的若干关键性制度，构建了促进志愿服务发展的政策体系，以法制手段破除了制约志愿服务发展的体制机制障碍，为进一步推进志愿服务事业健康发展提供了有力保障。

法律作为规范关系的行为准则，可以作为社会成员处理社会关系的依据，制定全国性的志愿服务法律可以为我国志愿服务事业的发展提供统一的依据。目前，我国地方上的志愿服务立法过于分散，各省市根据本地情况制定出台了志愿服务法规，由于缺少统一的指导，就会出现立法原则上的不统一。因此，迫切需要一个全国性的法律文件进行指导，在全国范围内统一标准。党和政府作为国家的管理者、社会主义建设的领路人，对促进志愿服务事业的发展具有重大的推动作用，建立国家层面的法律可以体现党和政府对志愿服务事业的重视：一方面可以对参与志愿服务的组织和个人起到激励作用，调动他们参与的积极性；另一方面，具备了正当的法律依据，政府可以在政策扶持、财政支持方面更加有章可循，进一步促进志愿服务事业的健康发展。我们可以看到从2008年汶川大地震救援行动和北京奥运会开始，我国的志愿服务就掀起了热潮。今天，越来越多的志愿者队伍出现在马路上协助疏导交通拥堵；在各大平台宣传国家新出台的政策法规；在养老机构定期照顾老人起居，给老人精心准备晚会节目。志愿者越来越融入我们的日常生活，这是一种好的发展趋势。在这个时候更需要国家在更高层次的制度上给予他们保障，让他们在参与志愿服务时没有后顾之忧，让助人为乐的优良传统在我们这一代人中发扬，发挥志愿服务"助人自助"的精神。立法作为社会治理的重要方式，更应该根据社会的需要及时发挥作用[1]。

一个社会只有人人都认识到志愿服务事业的重要意义才有可能发动他们参与进来。当前虽然我国的志愿者队伍不断壮大，但是面对我国巨大的

---

[1] 李晓宇. 中国志愿服务立法研究. 青岛：中国石油大学（华东），2014.

人口基数，需要鼓励更多的人参与进来。法律不仅能够以其强制性规范社会成员的行为，而且也可以在普法的过程中起到宣传的作用，让越来越多的人了解志愿服务，积极参与志愿服务，在社会上形成"助人自助"的社会风气。因此，只有出台了国家层面的志愿服务法律规范，通过立法的形式将相关的一系列制度确定下来，才有可能推动社会各界形成对"助人自助"的理解和认同，才能弘扬志愿服务精神。

此外，由于我国的志愿服务事业在经费来源上还没有建立起制度化的保障，目前我国除了一些大型志愿服务组织有比较充足的活动资金外，大多数的地方组织在组织活动时会受到资金不足、人员不足等方面的限制。一方面，尽管一些地方已经出台了地方性法规，但是大多数地方并没有在经济社会发展规划中体现对志愿服务事业的支持，这使志愿服务组织无法运作，相关工作可能形同虚设，消耗殆尽志愿者的服务热情；另一方面，志愿服务资金的来源没有建立起正规的收集渠道，而且全国信息不流畅，这就有可能使一些地区资金过多，不能充分帮助应该帮助的人，同时，另一些地区资金短缺，无法开展活动。所以，国家应立法明确政府以及社会组织团体、公民在志愿服务事业发展过程中应当承担的责任和扮演的角色，针对不同群体有的放矢，确立相应的激励政策，充分调动人们从事志愿服务工作的积极性[1]。

目前，我国也迫切需要通过立法来维护和保障志愿者权益，这也符合《宪法》当中"国家尊重和保障人权"的要求。志愿者作为社会的奉献者，其权利更应该受到公正全面的保护，否则会极大地打击他们参与服务事业的积极性。因此，志愿者权益保护势在必行。同时，志愿者的行为也需要通过法律规范，当志愿者出现侵犯志愿服务对象合法权利的行为时也需要有相应的法律依据使其承担责任，使志愿者、志愿服务对象以及志愿服务组织之间的权利义务关系更加明确清晰，明确其应当承担的法律义务和应当享有的法律权利，这样才能更好地促进我国志愿服务事业的发展[2]。

推动我国的志愿服务法治化不仅符合世界潮流，有利于规范志愿服务活动，提高志愿服务质量，而且在维护志愿者和志愿服务对象的合法权益，促进志愿服务组织的有效管理，促使志愿服务管理机构积极履行职

---

[1] 蔡路. 谈谈我国志愿服务立法必要性与紧迫性：由汶川地震中志愿服务引发的思考. 武汉交通职业学院学报, 2009 (1)：67-70.

[2] 郑宁. 我国志愿服务保障机制法治化的现状及发展趋势. 新疆社科论坛, 2009 (1)：12-16.

能,以防范和化解可能存在的各种风险、减少各种矛盾和纠纷等方面大有裨益。

党的十八大和十八届三中、四中、五中全会对广泛开展志愿服务活动都提出明确要求。党的十九大报告更是明确提出要"推进诚信建设和志愿服务制度化,强化社会责任意识、规则意识、奉献意识"。习近平总书记多次勉励广大志愿者要努力践行社会主义核心价值观,弘扬奉献、友爱、互助、进步的志愿精神,坚持与祖国同行、为人民奉献,为实现中国梦有一分热发一分光。习近平总书记的要求为志愿服务发展指明了方向、明确了任务。《志愿服务条例》通过一系列规定来弘扬志愿精神,鼓励、规范和促进志愿服务发展,充分体现和贯彻了习近平总书记重要指示精神和党中央国务院一系列决策部署,为我国志愿服务事业发展提供了重要遵循依据[①]。

党的十九大报告明确提出"要提高人民思想觉悟、道德水准、文明素养,提高全社会文明程度",激励人们向上向善,弘扬时代新风。志愿服务是培育和践行社会主义核心价值观的重要内容。《志愿服务条例》作为社会立法的重要成果,能够有效发挥法制的鲜明导向和刚性约束,把向上向善的道德要求转化为明确的法规规范,弘扬尚礼崇德、诚信互助的社会风尚。《志愿服务条例》的施行,有利于传递国家对志愿服务的尊重和保障,激发群众的参与热情,通过志愿服务传递爱心、培育美德;有利于提升公民道德素养,培育文明健康的生活方式;有利于激发社会活力,凝聚正能量,为中国特色社会主义发展营造良好环境。

第三节 《志愿服务条例》的框架体系

《志愿服务条例》于 2017 年 6 月 7 日在国务院第 175 次常务会议上通过,自 2017 年 12 月 1 日起施行。全文共六章四十四条,具体框架如下:

第一章:总则。该章包括立法目的、志愿服务概念的界定、开展志愿服务应遵循的基本原则和要求、相关支持等内容,旨在对志愿服务立法中的基本概念、基本精神、基本方向进行总体性的把握,并确立本法

[①] 引自中国人民大学宪政与行政法治研究中心所做的《〈中华人民共和国志愿服务法〉课题研究报告》。

作为促进法、规范法、保障法的定位，为整部立法定下总括性、纲领性的基调。

第二章：志愿者和志愿服务组织。本章涵盖了志愿者、志愿服务组织的定义，成为志愿者的基本要求、注册手续，成立志愿服务组织的条件、登记手续、类型，以及志愿服务组织行业治理的要求等。该章旨在在厘清志愿者界定标准的基础上鼓励志愿者进行注册，以适应志愿服务事业的规范化运作，促进志愿服务事业健康有序发展，推动完善志愿服务组织的运作机制，提高志愿服务组织的规范化水平，实现志愿服务活动主体的多元化、规范化的协调统一，保障志愿服务事业的稳定有序。

第三章：志愿服务活动。该章涵盖了志愿者开展志愿服务的渠道，应当签订志愿服务协议的情形、内容，志愿者的招募、管理和教育培训，开展专业志愿服务活动的标准、规程、资格，志愿服务组织的组织义务、保险义务以及服务记录、专门档案管理，志愿服务组织的信息公开、服务证明、评估以及对于应急志愿服务的指导与协调等方面，对志愿服务活动的各环节基本实现了全覆盖，以推动志愿服务活动的有序性、规范化开展。根据志愿服务规范化、专业化发展趋势，结合我国实践，该章特别针对志愿服务活动中涉及的协议签订、信息公开进行了详尽的列举，并对志愿者培训制度做了重点规定。

第四章：促进措施。该章主要涉及对于志愿服务的促进措施方面，涵盖政府的有关职责、支援、指导与资助以及有关社会主体的社会责任、购买服务、捐赠优惠、志愿服务激励措施等方面，以立法方式明确志愿服务激励促进的措施，在不妨害平等的前提下通过物质与精神两个层面对志愿者提供一定回馈、奖励，并要求相应机构提供政策、资金等支持，充分体现本法的引领法、促进法的立法定位与特殊功能。

第五章：法律责任。该章规定了有关法律责任的内容，主要包括志愿服务组织的侵权责任，收取或变相收取报酬的责任，提供虚假记录、证明的责任，借名营利的责任，政府有关部门的法律责任。旨在化解风险、分担责任，实现各主体的权责结合、权责平衡，为志愿服务的有序开展提供法治保障。

第六章：附则。主要包括其他志愿服务活动组织者以及非注册登记志愿者的法律适用、其他志愿服务活动组织者以及本法实施时间等内容，对法律正文条款进行补充，使其更为完整、完备、完善。

第四节 《志愿服务条例》的重要特点

志愿服务是现代社会文明进步的重要标志，是培育和践行社会主义核心价值观的重要内容。近年来，志愿服务组织和志愿者开展了形式多样的志愿服务活动，对推进精神文明建设、推动社会治理创新、维护社会和谐稳定、增进民生福祉发挥了重要作用。《志愿服务条例》立足我国志愿服务发展实际，科学把握新形势下志愿服务工作的特点和规律，用6章44条对志愿服务的原则宗旨、志愿者和志愿服务组织形式、志愿服务活动、促进措施、法律责任等内容做出了规定，解决了志愿服务工作中的根本性、全局性和长期性问题。

第一，《志愿服务条例》首次以法规形式明确了志愿服务发展的方向和原则。《志愿服务条例》开宗明义将立法宗旨规定为"保障志愿者、志愿服务组织、志愿服务对象的合法权益，鼓励和规范志愿服务，发展志愿服务事业，培育和践行社会主义核心价值观，促进社会文明进步"，指明了志愿服务发展的目标和方向。明确志愿服务是指"志愿者、志愿服务组织和其他组织自愿、无偿向社会或者他人提供的公益服务"，"开展志愿服务，应当遵循自愿、无偿、平等、诚信、合法的原则"，并将这些要求贯穿于各项规定之中，从而对志愿服务与市场服务行为做了清晰区分，明确了志愿服务的公益属性。明确鼓励公众参与志愿服务，支持志愿服务组织规范开展志愿服务，鲜明地体现了党和政府对志愿服务的态度，为保障和促进志愿服务发展注入了强大动力。

第二，《志愿服务条例》首次以法规形式确立了志愿服务的管理体制。《志愿服务条例》确立了党委领导、政府主导、社会协同、公众参与的志愿服务管理体制。《志愿服务条例》规定国家和地方精神文明建设指导机构要建立志愿服务工作协调机制，加强对志愿服务工作的统筹规划、协调指导、督促检查和经验推广。规定各级民政部门负责志愿服务行政管理工作，县级以上人民政府有关部门按照各自职责负责与志愿服务有关的工作，发挥政府在志愿服务工作中的主导作用。明确工会、共青团、妇联等有关人民团体和群众团体应当在各自工作范围内做好相应的志愿服务工作，着力发挥有关各方的积极性、主动性。明确志愿服务组织可以依法成立行业组织，反映行业诉求，推动行业交流；任何组织和个人发现志愿服务组织有违法行为均可向有关部门投诉、举报，构建起了全方位多元化的志愿服务监管体系。

第三，《志愿服务条例》首次以法规形式保障了志愿服务有关主体的合法权益。《志愿服务条例》将保障志愿服务相关各方合法权益作为重要内容，确立了志愿者实名注册、志愿服务记录与证明等基本制度，明确了志愿服务组织要为志愿者安排合适的服务并提供必要条件，保障志愿者自主、便捷地参与志愿服务。明确志愿服务组织可以依法登记、成立行业组织、承接政府购买服务项目，可以招募志愿者开展志愿服务，依法享受税收优惠，得到政府及有关部门的指导帮助，保障志愿服务组织健康发展并充分发挥作用。明确了志愿服务对象无偿享受志愿服务、人格尊严和个人隐私受保护等权利。《志愿服务条例》通过强化志愿服务各方权益保障，解除志愿服务主体后顾之忧，为志愿服务事业发展提供有力支撑。

第四，《志愿服务条例》全面构建了促进志愿服务发展的政策体系和支持措施。《志愿服务条例》总则规定，"县级以上人民政府应当将志愿服务事业纳入国民经济和社会发展规划，合理安排志愿服务所需资金"。《志愿服务条例》专门设置了"促进措施"一章，从政府促进和社会支持等多个角度构建了多元化的政策措施体系。明确提出政府要制定促进措施，提供指导帮助，落实税收优惠，建立统计发布制度，并可以通过购买服务、表彰奖励、将志愿服务情况纳入公务员与事业单位招考的考察范围、鼓励公共服务机构给予优待等方式促进志愿服务事业。要求学校、家庭和社会培养青少年的志愿服务意识和能力，要求各类媒体开展志愿服务宣传活动。鼓励各类企业和组织在同等条件下优先招用有良好志愿服务记录的志愿者。这些促进措施有利于统筹用好行政资源、用活社会资源、挖掘市场资源，构建多层次、立体化的推进志愿服务发展的长效机制[1]。

第五节 《志愿服务条例》的后续任务

由于志愿服务活动主体多元化、行为多样化、内容丰富化，社会组织关系非常复杂微妙，不能简单地将其视为单纯的行政管理事务和行政法律关系，不能指望单纯采用民政型的行政管理法规进行规制就能获得良好的法律调整效果，更需要、更适合发挥人大的立法职能，首先通过制定法律

---

[1] 顾朝曦. 全面贯彻《志愿服务条例》开创志愿服务事业发展新局面. 中国社会报，2018-03-02（1）.

加以调整。

　　志愿服务与志愿服务立法是相辅相成的。一方面志愿服务的兴起，产生了志愿服务立法的需求；另一方面志愿服务立法的制定与实施，又极大地促进了志愿服务的健康发展。日益增多的地方志愿服务立法意味着我国志愿服务事业正在步入规范化、法治化的道路，对规范志愿服务活动、建设和谐社会，保障志愿者、志愿服务组织、志愿服务对象以及捐助人的合法权益，推动志愿服务事业发展有着重要影响，同时也为志愿服务国家立法提供了探索经验。

　　在我国，志愿服务立法过程并非一帆风顺。基于我国既往立法和行政立法的历史经验，应当学会如何更加理性、适宜地建立健全我国志愿服务法治体系。在稳健推动志愿服务发展的过程中应注重观念、理论和制度创新，应基于我国传统文化、立法经验、立法现状等多方面去对比分析，权衡考虑。

　　由于行政法规的作用属于依法行政的范畴，志愿服务活动不完全属于行政领域，而是全体国民均可参与的社会活动，理应出台调整范围更为宽泛的全国人大及其常委会立法，这也是社会共识、民心所向。尽快制定我国"志愿服务法"，可为志愿服务活动的良善运行、健康发展奠定法治基础，提供法律保障，使其成为志愿服务事业快速健康发展的有力抓手和平台。

　　总之，随着实践的发展，我国地方志愿服务立法取得了丰硕的成果。但不可否认，仍存在很多问题尚待解决。随着探索不断深入，特别是《立法法》修正后增加了更多的地方立法主体（设区的市），这些问题将会得到更好的解决。

思考与讨论

1. 《志愿服务条例》的颁行得益于哪些历史经验？
2. 《志愿服务条例》出台的背景是什么？
3. 《志愿服务条例》主要规定了哪些方面的内容？
4. 《志愿服务条例》的特点有哪些？
5. 你认为《志愿服务条例》还应该规定哪些内容？为什么？

第三章
志愿服务法制发展的域外经验

志愿服务是一种世界性的公益活动,广泛存在于各个国家或地区的历史和现实生活中。规范和促进志愿服务发展的志愿服务法律规范、制度也呈现出各自的特点。他山之石,可以攻玉。了解不同国家或地区的志愿服务立法与实践及其经验教训,有助于从更广、更多的角度加深对我国《志愿服务条例》和相关制度的认识。

第一节 英美法系国家或地区的志愿服务法制发展

一、英国志愿服务法制的发展

英国是世界上志愿服务萌芽最早、发展最成熟、成效最显著的国家之一。早在1601年,伊丽莎白女王就颁布了《济贫法》(The Poor Law),主要依赖宗教团体和市民社团为穷人提供志愿服务。在工业革命初期,大量农民因为"圈地运动"而失去土地,不得不受资本家的剥削。工人的命运极为悲惨,这时,以宗教慈善活动为主要形式的济贫组织纷纷建立起来。1869年,英国牧师亨利·索里召集独立分散的慈善组织在伦敦成立了"组织慈善救济及抑制行乞协会",后很快改名为"慈善组织会社"。该组织是在原有宗教慈善组织的基础上协调政府和民间各种慈善组织展开活动的协调性组织,其成立也被视为志愿服务发展史上的标志性事件之一。该组织给自己定立的目标是将英国特别是伦敦的慈善事业组织联系起来,并使其发挥合理作用,使真正需要救助的贫民可获得合理的救济。该组织设立了一个中央管理机构,并将伦敦全市划分为若干区,每个区成立一个分支机构,每个区都设有志愿委员会,主持本区域救济的分配工作,各区办理所有救济案件的总登记,并设立济贫监护人岗位调查访问救济申请者。英国人巴纳特于1884年创立"汤恩比馆"也是英国志愿服务发展史上的重要事件,该组织被视为社区早期形态之一。在贫民区兴建的"汤恩比馆"也被称为"大学睦邻区",目的是使大学学生与工人互相学习,融入现实生活,缩小贫富差距。他们为劳工提供夜间延伸学习、思辨和讨论的空间和课程,也增进了当地的文化团体及协会的形成。在其影响下,英国的工艺学校和一些夜间学校也逐渐发展起来,其影响遍及世界。"汤恩比馆"不仅是当今西方社区中心之发轫,其理性温和的改革取向对后来的社会改革组织如著名的"费边社"(Fabian Society)等影响很大[①]。

英国还有一些志愿服务组织,不仅在英国家喻户晓,而且在国际上知名度也很高。如英国海外志愿服务社(VSO),它是一个旨在通过派遣志愿者来消除全球贫困的国际发展机构。自1958年成立以来,英国海外志愿服务社已经向非洲、亚洲、加勒比海地区、太平洋地区以及东欧一些贫困国家派遣了3万多名志愿者,是全球最大的派遣志愿者的慈善机构,目前每年大约派出1 800名志愿者到60多个国家。我国改革开放以后,英国海外志愿服务社便派志愿者到我国教授英语。目前,该服务社在我国的志愿者有200名左右,主要在我国贫困地区的学校教授英语。

"社区服务志愿人员"(CSV)是艾勒克·迪克森博士1962年创建的一个有影响的机构,它可安排16岁至35岁的志愿服务者参加活动。志愿服务人员为英国不同种族、肤色、学历、社会阶层的男女青年。所有的志愿人员都要直接为需要帮助的人服务,他们帮助无家可归者、年老体衰者、犯罪的青少年以及精神和生理不健全者,工作场所包括学校、医院、监狱及青年项目实施场所。其中,他们1/3的工作是帮助严重残疾者,使他们能够独立生活。

目前,英国志愿服务开展十分活跃,拥有广泛的群众基础和良好的社会声誉,已逐渐步入组织化、规范化和系统化的轨道,形成了一套较完整的运作机制。志愿服务已经成为英国加强公民道德教育和维护社会稳定的有效形式。每年10月25日是英国一年一度的"志愿日"。这一天全英国有几万人参加献血、捡垃圾、修缮体育中心等数千项志愿活动。20世纪90年代以来,英国志愿服务管理进一步走向正规化,如:任命专人负责管理志愿者;就志愿服务程序和策略做出详细规定;建立对志愿服务的监督和

---

① 陆士桢. 中国特色志愿服务概论. 北京:新华出版社,2017:145.

评估体系；等等。英国大约有 70 万个社区和志愿服务组织，其中慈善组织 25 万多个，这些组织是英国社会的主要组成部分，其形成和发展的历史是和英国社会的发展密切相关的。由于英国属于不成文法国家，国内并没有一部统一的"志愿服务法"，除由相关判例来调整志愿者活动中的各种法律关系外，政府部门还发布各种单行法规，制定一系列的政策扶持志愿服务事业的发展。一些相关志愿服务的判例也规定，在英国，超过 16 岁的青年就可参加志愿服务，对于学生而言，他们每年要献出 3 个月左右的时间用于志愿服务，如帮助邻居除草、打扫教堂卫生等。英国还有不少鼓励捐赠的制度，如返还所得税制度，不仅是国家财政的变相支持，更鼓励社会广泛捐赠。

二、美国志愿服务法制的发展

美国是志愿服务最发达的国家之一，有悠久的志愿活动和公民社会组织历史。近三个世纪以来，美国志愿服务发展的大体过程是：19 世纪为单个人的志愿服务，20 世纪是组织化的志愿服务，21 世纪是志愿服务组织的联合服务。

据统计，从 2005 年 9 月到 2006 年 9 月，美国有 6 120 万人通过志愿服务组织或为志愿服务组织提供了 1 次以上的志愿服务，占美国人口的 26.7%，平均每人工作 52 小时（这个数字不包括以个人方式提供的志愿服务）。同时，志愿服务事业在美国社会中的作用非常显著，与政府、经济组织共同组成美国社会的三大支柱，创造了大量社会财富，节约了社会运行成本。因此，志愿服务工作在美国的社会认可度很高，志愿者受到社会的普遍肯定和欢迎。正式的志愿工作系在社会机构上下班，犹如被雇的职员或工人；非正式的志愿工作如帮助邻居照顾小孩、老人、病人，或为学校的家长会烘焙点心饼干，以供学校的老师、学生与家长开会之用。有的志愿者要协助筹备学生的展览会、音乐艺术发表会或为当地教会维护计算机教学设备等等。从事社区服务、维护妇女儿童权益、帮助老人和残疾人士、改善环境和处理垃圾、辅导青少年学习、保障消费者权利、为图书馆和公园以及其他公共场所做义工等等，涵盖了社会经济的各个领域。近年来，美国志愿服务事业发展迅速，志愿服务组织飞速成长，尤其是在"9·11"恐怖袭击事件以后，志愿服务的人数大幅上升。比如，参加纽约地区的"纽约关爱"（New York Cares）志愿服务组织的人数就增加了 50%。

美国重要的志愿服务组织有"美国志愿者团""资深公民团""和平工

作团"等。美国志愿服务组织数量庞大，覆盖全面，定位明确，分工细致。它们非常普遍，几乎每个社区、每个单位都有自己的志愿服务组织。志愿服务组织都有比较完整的组织结构，包括董事会、职能部门等，有比较完备的管理运行模式，大都是公司化运作。各组织都有自己的工作规范和操作规程，而且大都已经成文，负责管理的员工或志愿者对此都非常熟悉。

志愿工作在社区福利所扮演的角色系为补充专业工作的不足，不能取代专业服务与政府的法定行政业务。其重要的角色有以下几个：

（1）从事直接服务。可协助专业者帮助个人、家庭、社团、学校、医院、赡养院、疗养院或托儿所的个人照顾、个人辅导或关怀探访，均为直接的面对面的人群服务。

（2）从事间接服务。可协助社区发展干部或社区组织专业人员，从事组织社团或进行社区募捐，并不与社会服务的案主直接互动。

（3）从事行政或管理服务。协助社会行政、社会福利、社会服务或卫生保健、社会教育等机构的行政人员准备报告，处理简单文书工作，管理办公室的事务，等等。

（4）从事决策咨询服务。有些志愿者学有专长，专业经验丰富，退休后可提供专门知识、专业经验与意见，协助机关的决策者拟定社会福利与人群服务的相关政策。

（5）从事倡导代言服务。在媒体、报纸杂志、议会或立法单位进行游说，提倡社会正义，为社区的弱势族群代言，主张社会资源共享，促进男女平等和社区和谐进步。

（6）从事协调服务。可协助社区服务的干部从事各种不同服务活动的协调工作，提高志愿服务的效能与志愿工作的质量。

（7）从事立法服务。协助社会立法机关或民意代表收集社会立法的资料，提供社会问题的分析，检讨行政法令的缺失，作为立法者提出改善立法的参考。

（8）从事研究服务。协助社会福利机关、社会工作研究单位或大学从事专业或学术研究方案的拟定、执行与评估，以便改善社会服务工作，加强社会对志愿者的关注。

（9）从事革新服务。协助社区的社会服务社团和社会福利机关更新知识与技能，训练干部，立志献身，从事于社会革新，改善现行的社会制度，裨益社区生活。

美国于1973年制定《志愿保护法》并针对社会环境等的变迁加以配合

修正。其在1976年、1979年、1983年、1986年、1989年分别进行修正以顺应时代的需要。其志愿服务法案内容主要包括三大计划：全国反贫困志愿服务计划、年长志愿者计划以及志愿者协助小型企业暨动员商界人士加强参与志愿服务计划。全国反贫困志愿服务计划又以美国社区志愿服务队、寓学习于服务计划、特别志愿者计划为其核心计划，也包括退休老人志愿者计划、义祖父母计划以及长青方案等三大项目。随后修订的志愿服务法规有1989年的《国内志愿者服务法案》增修版（Domestic Volunteer Service Act Amendments of 1989）、1990年的《国家与社区服务法案》（National and Community Service Act of 1990）、1992年的《国家与社区服务技术增订法案》（National and Community Service Technical Amendments Act of 1992）、1993年的《国家与社区服务信托法案》（National and Community Service Trust Act of 1993），以及1997年的《志愿者保护法案》（Volunteer Protection Act of 1997）。2002年还提出订定《公民服务法案》（Citizen Service Act of 2002）。

1. 立法所要解决的问题

美国《志愿保护法》实质上要在由志愿者有关活动引起的民事诉讼中给予志愿者、非营利组织和政府机构相应的保护。由于志愿者可能要面对追究其责任的诉讼，因此会削弱他们提供志愿服务的积极性。如此，这些机构对社区的贡献也就会减少，一些原本在志愿者的参与下可以举办的活动就会减少，并且成本会增加。因为美国联邦基金资助那些有益的和节省成本的社会服务活动，其中很多是全国范围内的，极度依赖志愿者参与，并且代表了一些最成功的公私合作关系，因此联邦立法的一个合适的主题便是通过阐明和限制志愿者在参与志愿活动时所承担的个人责任风险来保护志愿工作的开展。之所以说联邦立法的一个合适的主题是阐明和限制志愿者在参与志愿活动时所承担的个人责任风险，有以下几个原因：志愿者对于轻率、武断和反复无常的诉讼所产生的理所当然的担忧造成了全国性的问题；美国公民所依靠的，联邦政府给予资助、免税以及其他优惠的大量的社会项目都依赖于志愿服务；由于政府缺乏提供这些社会机构与志愿者所能提供的服务的能力，因此为了联邦政府的利益，政府鼓励志愿服务机构的持续运作和志愿者们的贡献；对志愿者的责任进行改革会促进物品与服务的自由流通，减轻州际贸易的负担，并且是在维护受宪法保护的正当程序权利；而且，对志愿者的责任进行改革符合美国《宪法》关于国会州际贸易立法权的规定（第一条第八款第三项），也符合《宪法第14条修正案》关于正当法律程序的规定。该法的目的在于增进社会服务受益人和纳税人的利益，并且通过改革法律规定的方式来保护非营利组织和政府机构的志愿者免受滥用责任追究的损害，从而维持以志愿者的贡献为基础的项目、非营利组织以及政府机构运行的有效性[1]。

2. 志愿者与志愿服务的界定

根据美国《志愿者保护法》的界定，志愿者"为非营利组织或政府机构服务，不收取任何报酬（实际发生费用的合理补偿或津贴除外）或者作为主任、主管、理事以及直接服务者每年有不超过500美元的补偿性价值"[2]。志愿服务包括四方面的特性：自愿、有益、利他、无偿。自愿就是自由选择，不能强迫；有益就是从事建设性工作，要产生积极效果；利他就是服务的目标是他人，可以是某个人，也可以是集体和社会；无偿就是不希望马上有经济上的回报，尽管志愿服务能够带来其他方面的收益，如知识技术、社会关系等。这个定义体现了美国志愿服务工作的一些理念，也是指导美国志愿服务事业发展的基本原则。几乎每个志愿服务组织都有一个共同的明确的理念，那就是以志愿者为中心。这个理念体现在工作的方方面面，从项目设计到招募培训，到组织实施，再到效果评估，都把志愿者的权益和感受放在重要位置。比如在招募培训中，特别看重志愿者的反馈；在效果评估中，把志愿者的感受作为必需的重要内容。

3. 志愿者承担法律责任的限制

美国《志愿者保护法》特别规定了对志愿者承担法律责任的限制。该法规定，在下列情况下非营利组织和政府机构的志愿者在代表非营利组织和政府机构时因行为或疏忽所造成的损害，一律不予追究：第一，志愿者所做的行为属于非营利组织和政府机构志愿者的职责范围；第二，如合适或有必要，在损害发生的州内的活动或行为中，志愿者持有开展该活动或行为的证明、执照或者得到适当的授权，并且志愿者执行的活动或行为属于非营利组织和政府机构志愿者的职责范围；第三，损害的产生不是由于故意或构成犯罪的不当行为、严重疏忽、不顾后果的不当行为，或者是对受害者的权利及安全存心地公然地不重视；第四，产生损害的原因不是志愿者在使用或驾驶机动车辆、船只、飞机或其他工具时没有遵照政府对驾驶员拥有执照、持有保险的规定[3]。但是这一规定不适用于非营利组织或

---

[1] *Volunteer Protection Act of 1997*，42 USC Sec. 14501.

[2] 同[1]14505 (6).

[3] 同[1]14503 (a).

政府机构对其志愿者提出民事诉讼，也不适用于该非营利组织或政府机构对任何个人造成的损害所应承担的责任。此外，《志愿者保护法》还规定了责任限制的例外。该法规定，志愿者责任的限制不适用于下列不当行为：（A）构成暴力犯罪或者构成国际恐怖主义犯罪，并且被告已经在法庭中被宣告有罪；（B）构成仇恨犯罪；（C）已被适用的州法定义为性侵犯，并且被告已在法庭上被宣告有罪；（D）被告已经被发现做出了触犯联邦或州的民权法的不当行为；（E）被告在做出不当行为时是在酒精或者毒品的影响下（根据适用的州法）[1]。

美国《志愿者保护法》还规定了对志愿者行为惩罚性赔偿的限制。该法规定，志愿者在从事属于其所在的非营利组织或政府机构的志愿者职责范围内的行为所造成的损害，都不能处以惩罚性赔偿。除非有清楚且有力的证据证明志愿者带来损害的行为是故意或构成犯罪的不当行为、严重疏忽、不顾后果的不当行为，或者是存心并且公然地不重视志愿者行为受害者的行为[2]。这一规定并不为针对惩罚性赔偿的诉讼创造理由，同时，如果联邦法律或州法进一步限制惩罚性赔偿，《志愿者保护法》也不能优先于这些法律。

4. 志愿者承担非经济损失责任的限制

对于非经济损失的责任，美国《志愿者保护法》也做出了相应的规定。在任何一件针对志愿者的民事诉讼中，志愿者如果是在执行其非营利组织或政府机构的志愿者职责范围内的任务，志愿者对非经济损失所应承担的责任应根据一定程序和标准来确定。如果被告是志愿者，志愿者只需要承担与被告所承担的责任直接成正比的非经济损失的数量，法庭将根据所确定的数量对每一个被告做出单独的裁决。为了确定作为志愿者的被告应负担的非经济损失的数量，事实判断者将决定被告对于原告所受损害的责任比例[3]。

5. 州法与联邦法的关系

鉴于各州有权而且已经制定了志愿服务方面的法律，在保护志愿者和非营利组织之外，美国《志愿者保护法》就州法与联邦法之间的关系也做出了特别规定。如果州法与《志愿者保护法》不一致，则《志愿者保护法》优先于州法，除非州法对志愿者或者是在非营利组织或政府机构中从事服务

---

[1] *Volunteer Protection Act of* 1997，42 USC Sec. 14503（f）.

[2] 同[1]14503（e）.

[3] 同[1]14504.

的任何类型的志愿者的责任提供额外保护。如果根据该州制定法律的要求，某州制定了一条法令，该法令引用《志愿者保护法》有关两者关系规定的特权、宣布在特定的时间内该州内的民事诉讼不适用《志愿者保护法》以及不包括任何其他条款，则《志愿者保护法》不适用于在州法院提起的针对志愿者且双方当事人均为该州公民的民事诉讼①。

考虑到州法的规定，《志愿者保护法》在志愿者的责任保护方面也规定了例外事项。如果州法把志愿者的责任限制在以下情况的一种或数种中，则可与本条的内容不一致：（1）一项州法要求非营利组织和政府机构遵循风险管理程序，包括对志愿者的强制性训练；（2）一项州法规定，机构或组织应对其志愿者的行为或疏忽承担与雇主对其员工的行为或疏忽一样的责任；（3）一项州法规定，在一位州或地方政府官员根据州法或地方法提出民事诉讼的时候，不适用《志愿者保护法》的责任限制；（4）一项州法规定，在只有非营利组织和政府机构为因其机构志愿者的行为而受到损害的个人提供充分经济补偿的情况下，才适用该责任限制。充分的经济补偿可能是在一定限制范围内的保险，相对多地涵盖风险并行机制、同等资产，或者其他能够保障为受害者提供一定数目的损失补偿的可供选择的方式。不同种类责任的不同标准应当明确具体②。

三、中国香港志愿服务法制的发展

在中国香港通常称志愿者为"义工"，香港有着浓厚的义工文化，志愿服务也比较发达。根据香港社会福利署署长在2017年香港义工嘉许典礼上的致辞，2007年，香港社会福利署登记的全港义工只有67万人，参与义工运动的机构只有1 752家；而截至2017年11月底登记义工人数已经达到128万，义工运动的参与机构有3 100家。十年间，香港义工人数增加了近一倍，每六个香港人中就有一个是义工，2016年的服务总时数超过2 600万小时。

相较于台湾地区，香港的志愿服务立法并不多，而且多为指引性规则，如香港廉政公署发布的《慈善机构及筹款活动的管理》。香港社会福利署还制作有《慈善筹款活动最佳安排参考指引》《慈善筹款活动内部财务监管指引说明》。另外，还制定有《领导你的非政府机构——机构管制——非政府机构董事会参考指引》、《受资助非政府福利机构的人事管理》和

---

① *Volunteer Protection Act of* 1997, 42 USC Sec. 14502.
② 同①14503（d）.

《受资助非政府福利机构的采购程序》等①。但这并不是说特区政府在香港的志愿服务中发挥的作用很小。香港发展志愿服务的一个重要经验，就是政府与民间组织的良性互动②。例如，香港社会福利署自1998年起推行"义工运动"，至今已经有逾20年的历史。社会福利署还下设"推广义工服务协调委员会"其为该署的法定委员会。该委员会负责制定全港义工服务的推广策略，强化跨政府部门及不同界别的协调及合作，促进社会共融。该委员会主席由社会福利署署长出任，成员多为非政府人员③。

第二节 大陆法系国家或地区的志愿服务法制发展

一、德国志愿服务法制的发展

在欧洲大陆，德国是一个相当重视志愿服务的国家。德国的志愿主义与互助主义可追溯到中古时期便存在的商业公会运动。德国许多社会福利方案由同业公会制度演变而来，同业公会给其会员提供生活上的必需品，在紧急危难时给予协助，后来同业公会的这些功能被政府机构接收了。当德国面临新时代福利国家的挑战、要改革其社会结构及慈善组织时，政府应该会将其部分公家服务转到非营利的志愿服务组织领域，以发挥民间的志愿者力量。德国的志愿精神不如美国的志愿主义那么强烈普遍，许多德国人传统地感觉到政府的角色就是要负起责任，面对问题，解决问题。但是遭遇国库干涸无钱的境况时，社会态度开始改变，志愿服务也变为重要议题。

德国在1954年形成著名的志愿者行动——"为别人服务一年"。自1968年德国发生大规模的抗争运动，人民组织各种社团以及协会为慈善公益目的走向街头，"人民不愿等待政府来研究处理问题"，而是自发地参与处理社会问题。在2001年联合国支持"志愿者年"时，柏林当局即利用这个机会要求德国人参与他们的社区服务，同时也指派委员会去研究如何提高志愿者的参与比率，联邦内差不多每一个州政府都提出方案鼓励人民参

---

① 孙婷. 政府责任视阈下的香港志愿服务发展. 山西师大学报（社会科学版），2011（6）：51-54.
② 港澳台地区志愿服务的历史和现状. (2018-02-06) [2019-09-23]. http://shx.wenming.cn/zyfw/201405/t20140507_1924090_8.htm.
③ 参见香港特别行政区政府社会福利署网站，2022年3月31日访问。

加志愿服务。根据该国联邦家庭妇女青年部2001年的数据，全国有2 200万14岁以上的民众参与志愿服务，占该国人口的30%左右。此外，尚有2 000万民众表示有兴趣参加志愿服务。2002年8月德国发生严重水灾，人民自动救灾也激起社会大众参与志愿服务的兴趣，电视将救灾活动播出，使全国人民感到彼此帮助的重要性。同时，德国如今呈现出人口老龄化趋势，许多尚且健康的退休老人可以担任志愿者，鼓励健康老人去服务其他不健康老人也是一种新趋势。志愿服务者又是年轻人占大多数，14岁至24岁的德国青年中有40%从事志愿服务。"行动先锋"是德国最早推动志愿服务的非营利组织，成立于1996年，其关注的范围扩及青年、运动、环保及消防队等议题。此外，"行动先锋"更注重集结市民个人力量，协助需要帮助的个人与家庭团体等，借以改善个人生活环境，达成社会正义，并帮助德国境内的外国居民适应当地的生活。

德国于1964年制订了《奖励志愿社会年法》与《奖励志愿生态年法》，前者以"传播社会经验与提高公益责任和意识"为目标。后者的目标是"提供发展人格及环保意识，以为自然环境奉献心力的机会"。这两项立法的共同特色之一是鼓励14岁至27岁的青年暂时离开校园或工作岗位6~12个月，投身社会或环保事业，参加者在提供志愿服务的同时亦可接受教育辅导，加强对该领域的认识。另外，参加者也可获得税收、交通、社会保险等方面的优惠奖励。在德国，所有年轻人在中学毕业后都要入伍服兵役或参与社区志愿服务工作。

前述两项立法在2002年7月17日进行了全文修正，扩大了志愿服务范围。除原有的社会服务及法定志愿服务，青少年亦可选择参与体育、文化、古迹维护等服务活动，如图书馆、博物馆或音乐厅方面的服务工作。志愿服务者也可选择到欧洲以外地区去从事志愿服务。此外，新法规定，中学毕业后可直接参与志愿服务役，并取消年龄下限的规定。

德国《奖励志愿社会年法》的大纲为：（一）奖励条件；（二）志愿服务者，志愿服务工作；（三）国外志愿社会年；（四）奖励；（五）志愿服务机构；（六）合约、证明、证书；（七）信息保护；（八）劳动法与劳动保护法的规定。

德国《奖励志愿生态年法》的大纲为：（一）奖励条件；（二）志愿服务者，志愿服务工作；（三）国外志愿生态年；（四）奖励；（五）志愿服务机构；（六）合约、证明、证书；（七）信息保护；（八）劳动法与劳动保护法的规定。

二、法国志愿服务法制的发展

志愿服务精神是现代法国社会思想观念的一部分。法国法律规定，年满18岁的法国男性符合条件者都必须履行国民志愿役。2002年的统计数据显示，在18岁至24岁的青年当中，约有25％从事志愿服务，年轻学生有70％表示愿意从事志愿服务。在2003年，根据两次不同的调查，有1 000万至1 250万法国人愿意成为志愿者，这个数字代表每四个法国人中就有一个愿意从事志愿服务。在法国24万名消防队员中，有85％系志愿者队员。每年约有2 000名志愿者为国际合作到海外服务，前往非洲、亚洲、拉丁美洲、中欧及东欧地区。法国人从事志愿服务，希望在志愿服务中找到自己的自信心，认识新朋友，并增加他们的社会交际技能与专业知识，许多志愿者表达出一种实际需要，即透过志愿服务多了解他们的地方社区。2003年，法国有88万个活跃的非营利组织，每年新增6万个社团。主要的组织有"法国国家志愿者中心"（Centre National du Valontariat, CNV，成立于1974年）和"法国慈善社"（France Benevolat）。自1985年起，法国政府便拨款支持非营利组织从事志愿者训练、试验方案以及具有国家利益的研究。在该领域，法国政府1998年支出350万欧元，到1999年增加为600万欧元。

法国志愿者主要从事的服务活动包括休闲活动、文化活动、社会行动、社会团结、协助贫困预防和社会行为，以及安全防火等工作。法国强调招募志愿者与培训志愿者的新方法，要利用电视、卫星网络来推动招募计划。强调招募青年志愿者参与海外的志愿服务，法国政府将拨款支持青年学生到欧洲联盟及其他地方做志愿者并学习海外的优势，回国后可为自己的社区服务。法国鼓励对于志愿服务组织与志愿服务的科学研究，由政府拨款支持对与国家利益有关的志愿服务加以研究；还鼓励社会大众以及工商企业表扬、感谢志愿者与志愿服务组织的贡献，由政府机关或社团或企业颁发奖状、证书及礼物给予杰出的志愿者；设立志愿者学院制度，在志愿者完成某些时数的志愿服务后，由政府颁发"学分证书"以资鼓励，并且根据不同领域的志愿服务颁发不同的证书。

法国自1901年通过《非营利社团法》（Association Law of 1901）以后，人民有了结社的自由，可以通过组织协会来达成他们的社会目的。《非营利社团法》第一条规定，"社团是一种协议，由此二人或者二人以上以其知识或者能力为实现一非营利目的而形成长期存续的团体"。社团可以自由设立，一般无须核准或者事先宣告。但是，如果成立社团所要实现的目的是被禁止的，违反法律、善良风俗的，或者是危害国家领土和政府的共和政体的，那么该社团的成立是无效的。已适当宣告的社团，无须特别的核准，可以参加诉讼程序。在财产方面，社团可以"接受个人的赠与以及公用事业法人的赠与"，获得报酬，占有和管理除"从地区、省、镇区及其公共机构"获得的国家补贴外的下列资产：（1）社团成员的会费或者会费所支付的金额，不得超过100法郎；（2）用于社团管理和社团社员大会的房产；（3）限于实现社团的目标所必需的建筑物。"目的事业专为援助、慈善、科学或者医学研究的公开的（已宣告）社团，可以根据国家议会法令所规定的条件，接受生前捐赠或者遗嘱捐赠。""社团将捐赠所得用于批准其接受捐赠的目的事业之外的，该批准可以由国家议会法令撤回。"

两次世界大战后，有一个时期志愿服务与志愿者运动被社会忽略，但是仍有正义之士感到社会不公平的现象存在，必须利用社会力量来改革，因此推动志愿者运动。1991年8月，法国国会通过《关于协会和互助会的代表权以及公益组织的账目审计1991年8月7日第91-772号法律》（LOI no 91-772 du 7 août 1991 relative au congé de représentation en faveur des associations et des mutuelles et au contrôle des comptes des organismes faisant appel à la générosité publique），规定了雇主每一年中有九日必须准许其职工请公假去参加他（她）所参与的志愿组织会议。政府认识到志愿服务在社会经济发展中的重要性，因此积极鼓励人民参与。2001年7月，法国总理与非营利组织协会的理事长共同签署了一项法令，指明政府应推动支持民间与社会志愿行动，设立长期的基金来支持非营利组织，并支持非营利组织提供的独立与创新经营，为进行社会公益服务的志愿组织提供减免税金的待遇。进一步，政府还应该向志愿组织咨询与该组织有关的政策措施。非营利组织也应该自律，采取民主性操作，有效使用公款并接受检查，还须定期评估其志愿服务成效。

三、日本志愿服务法制的发展

日本有组织的志愿服务活动始于1945年对第二次世界大战后回国人员和孤儿的援助。近年来，日本的志愿主义精神大幅提升，表现在非营利组织的国内与国际活动上。根据日本内阁府的统计，截止到2020年8月底，日本共有NPO法人51 047个，认定NPO法人为1 173个。截止到2021年4月，根据日本全国社会福利协会统计，日本志愿者人数（志愿者组织的志愿者人数和个人活动的志愿者人数之和）为 6 342 193 人[1]。日本的非政府机构与志愿服务涉及的内容，从传统的卫生医疗、老人保健、教育训练、宗教服务、社区发展、生态保护到国际援助、地球村方案等，范围广泛，种类繁多。

近年来在日本的社会福利、国际互助合作、社区营造等各种领域中，以志愿者活动为主的社会团体所做的社会贡献活动日渐重要。比如在 1995 年阪神大地震中，志愿者团体参与甚多，深获好评。但是当时这些团体大多为没有法人资格的任意团体，在开设银行账号、借事务所、登记房产、设置电话等方面都遇到了很大的困难。政府与民间已体会到非营利组织与民间志愿社团对整个国家的发展有着莫大的贡献与影响力，因此在 1998 年通过《特定非营利活动促进法》积极支持民间的志愿服务活动。同年 12 月，该法开始施行。《特定非营利活动促进法》第一条即开宗明义，宣示该法的目的在于"通过赋予从事特定非营利活动的组织以法人地位等手段，促进志愿者从事的特定非营利活动以及其他由公民无偿进行的有利于社会的活动的健康发展，从而促进公共福利的进步"。该法律纲要如下：第一章是总则，即一般规定；第二章是特定非营利活动法人，其中第一节"通则"，第二节"设立"，第三节"管理"，第四节"解散暨合并"，第五节"监督"，第六节"杂则"；第三章是税法的特例；第四章是罚则。

1. 非营利活动的界定

"特定非营利活动"，是指以促进多数不特定人的利益为目的的活动。其活动内容包括：保健、医疗和福利的增进活动，社会教育的推进活动，城镇建设的推进活动，学术、文化、艺术、体育的振兴活动，环境保护活动，灾害救援活动，地域安全活动，维护人权和推进和平的活动，国际协力活动，促进男女平等社会形成的活动，儿童的健全育成活动，信息化社会的发展活动，科技振兴活动，促活经济的活动，职业能力的开发和扩大雇佣机会的支援活动，消费者的保护活动，上述活动的团体运营和有关联络、助言及援助的活动[2]。

2. 志愿者组织法人化的条件和程序

志愿者组织要想申请法人资格须具备以下八项条件：（1）主要进行特定非营利活动；（2）不以营利为目的；（3）对参加者不得附加不当条件；（4）有报酬的理事必须在理事总数的 1/3 以下；（5）不是主要进行宗教活

---

[1] 李浩东，刘川菡. 日本志愿服务的现状、问题及展望. 中国志愿服务研究，2020（2）.
[2] 参见《特定非营利活动促进法》第二条。

动和政治活动的团体；（6）不能推荐、支持、反对特定的公职者（包括候补者）和政党；（7）不是暴力团体及被其控制的团体；（8）有十人以上的成员[①]。符合条件的申请者必须向所辖厅提出申请书和有关法定文件。所辖厅原则上为各个行政区（都道府县）的知事。但是，如果在两个以上的行政区（都道府县）的区域内都设置事务所的话，则须向日本内阁总理大臣提出申请。志愿服务组织从申请日起，定款、干部名簿、设立趣旨书、设立当初事业年度及第二事业年度的事业计划书、设立当初事业年度及第二事业年度的收支预算书将被公开两个月，供人阅览。审查必须在四个月内完成，被认证后志愿服务组织必须在两周之内进行法务登记，申请法务登记之日即为法人成立之日。

3. 志愿者法人的管理和运营

志愿者法人的干部有两种：理事必须3人以上，监事必须1人以上。理事代表法人，其过半数者决定业务。为了避免被某家族垄断，法律对有亲族关系的人数进行了限制。每年最少要召开一次通常总会。法人为了获得特定非营利活动所必需的资金和运营费用，在不影响特定非营利活动的前提下可以进行一定的收益性事业。法人要根据预算，按照有关会计法规进行财务处理。其他事业的会计要分开。法人要每年将事业报告书、财产目录、贷借对照表、收支计算书、干部名簿、成员名簿提交管辖厅，供一般阅览。管辖厅有权对违法的法人要求汇报、实施检查、命令改善、取消认证。如果法人不按法规提交报告或提出的报告有虚假情况，拒绝、妨碍、逃避检查的理事、监事及清算人，将被罚款20万日元[②]。

4. 志愿者法人的税制

只是进行特定非营利活动的话，全部收入都免税。但是如果有其他事业，则要和股份公司等一般法人一样上税。从2012年4月1日起，满足一定条件的NPO（非营利组织）法人可以提出申请，由法人所在都道府县或者政令指定都市的行政长官批准，在税制上可以得到优待。如果个人向认证或特别认证的NPO公司（以下简称"认证的NPO公司"）提供与该认证的NPO公司开展的特定非营利活动有关的业务相关的捐款，则可以选择适用收入抵免或税收抵免。此外，如果个人向都道府县或城市町村在条例中指定的认定NPO公司等捐款，则在计算个人居民税（地方税）时，将适用捐款税收抵免。如果个人向NPO公司捐赠实物资产（土地、建筑

---

① 参见《特定非营利活动促进法》第三、十二条。
② 参见《特定非营利活动促进法》第二章第三节第四十九条。

物、股票等），如果满足一定的条件，将不征收转让所得税（从资产取得时到捐赠时的升值收益）。如果通过继承或遗赠获得财产的人在遗产税申报期限之前将其获得的财产捐赠给认可的 NPO 公司（不适用于特别认可的 NPO 公司），该 NPO 公司从事的特定非营利活动事业相关的捐赠，则捐赠财产的价值不计入遗产税计税价格的计算基础。如果公司向被认定的 NPO 公司等提供与被认定的 NPO 公司等从事的特定非营利活动有关的业务相关的捐款，则除了一般捐款的可计算损失金额外，还可以在特别可计算损失金额的范围内计算损失金额，连同对特定公共利益促进公司的捐款金额。如果捐款总额超过特别损失计算限额，则超过部分的金额与一般捐款金额合并，允许在一般捐款的损失计算限额内计入损失计算[1]。

志愿者活动对于日本未来建立更具活力、更安定的社会，发挥了非常重要的功能。建立使用志愿者的环境，促进自主、自律的民间公益部门与政府行政部门以及民间营利部门同步发展，并仿效美国以简便、迅速的程序赋予市民资格，以促进特定非营利活动的健全发展，增进公益。这部《特定非营利活动促进法》为非营利组织取得法人资格开辟了道路，为其解决了困难，促使其健全发展，从而达到促进公益事业的目的。

四、中国台湾志愿服务法制的发展

我国台湾地区 1971 年就创立了"义务服务工作团"，1982 年制定"台湾省加强推行志愿服务实施方案"，1987 年制定"奖励社会福利事业作业要点"，1989 年制定"台湾省加强志愿服务方案"，1995 年颁订"广结志工拓展社会福利工作——祥和计划"等。这些方案都是希望在政策上加强志愿服务制度的建立，其中以"祥和计划"最为重要[2]。

"祥和计划"的目的是激励社会大众秉持施比受更有福、予比取更快乐的理念，发挥助人最乐、服务最荣的精神；拥抱志工情，展现天使心，胸怀燃烧自己、照亮别人之德操，踊跃投入志愿服务行列，积极散播志愿服务种子，共同为协助拓展社会福利工作及增进社会祥和而奉献心力。

"祥和计划"自推展以来，逐渐获得社会大众的认同与响应，各地纷

---

[1] 参见日本内阁网站，https://www.npo-homepage.go.jp/about/npo-kisochishiki/ninteiseido，2022 年 3 月 31 日访问。

[2] 江明修. 志工管理. 台北：智胜文化事业有限公司，2003：47.

纷成立"志愿服务队"及"志愿服务大队"以辅导辖区内各志愿服务队推展各项业务,让未来凡有心投入志愿服务工作的有志之士均能通过适当的渠道热烈参与。此外,台湾相关事务主管部门分别于1996年及1997年推动"拥抱志工情,弘扬天使心"及"弘扬志工热,展现祥和乐"实施方案①。

随着台湾地区志愿服务的发展,志愿服务有关规定的制定逐渐被提上日程。可以说,台湾地区的志愿服务起步早,发展较成熟②。就制度建设而言,台湾地区较早地制定了"志愿服务法",是亚洲首个以法律形式规范志愿服务的专项立法,并且建立了较为完善的志愿服务奖励与保障体系。迄今,台湾地区的"志愿服务法"已于2013年和2014年经过两次修订③。除"志愿服务法"外,台湾还颁布了其他配套的志愿服务规定,包括"志愿服务证及服务纪录册管理办法""志愿服务奖励办法""教育业务志愿服务奖励办法""卫生福利志愿服务奖励办法""观护志工志愿服务奖励办法""犯罪被害人保护志工志愿服务奖励办法""志工伦理守则""志工服务绩效认证及志愿服务绩效证明书发给作业规定""志工申请志愿服务荣誉卡作业规定""志愿服务证及服务纪录册管理办法""祥和计划""内政业务志愿服务奖励办法"等。

综观台湾地区志愿服务的发展,如下多项制度值得关注:

1. 志愿服务运用单位制度

台湾地区的"志愿服务法"的内容包括总则、主管机关、志愿服务运用单位之职责、志工的权利义务、促进志愿服务的措施、志愿服务之"法律"责任、经费及附则等八章。在第一章第三条"名词定义"中的第三款对"志愿服务运用单位"④进行了阐释,即运用志工之机关、机构、学校、法人或经当局立案的团体。

根据"志愿服务法"的规定,志愿服务运用单位的职责包括:"志愿

---

① 江明修. 志工管理. 台北:智胜文化事业有限公司,2003:47-48.
② 根据台湾地区卫生福利主管部门的统计,截至2017年,台湾地区的志工总人数已达1 033 903,志工团(队)数为22 448。
③ 2013年台湾行政主管部门进行机构改革,成立卫生福利主管部门。根据行政主管部门公告,自2013年7月23日起"志愿服务法"第四条第一项所列属相关事务主管部门的权责事项改由卫生福利主管部门管辖。换言之,这之后,志愿服务的当局主管机关已经由内部事务主管部门调整为卫生福利主管部门。
④ 根据台湾卫生福利主管部门志愿服务咨询网的数据,截至2019年9月,台湾的志愿服务运用单位有13 000余个。

服务运用单位之职责、拟定志愿服务计划（包括招募、训练、管理、辅导、考核）、向主管机关及该志愿服务计划目的事业主管机关备案、为志工办理教育训练、提供志工必要之信息，并指定专人负责志愿服务之督导、发给志工志愿服务证及服务记录册、应为办理意外事故保险、定期考核志工个人及团队之服务绩效。"

志愿服务运用单位还应对志工办理规定的教育训练，包括基础训练和特殊训练。基础训练是 6 小时，并由当局主管机关订定，课程如下：（1）志愿服务的内涵与伦理。（2）志愿服务规定之认识。（3）志愿服务经验分享。特殊训练则由各目的事业主管机关或各志愿服务运用单位依其个别需求自行订定。

此外，在志工完成教育训练后，志愿服务运用单位还可以申请志愿服务记录册。志愿服务运用单位应造具名册，并检具志工一寸半身照片两张，向地方目的事业主管机关申请发给记录册，并转发所属志工不属地方目的事业主管机关之志愿服务运用单位，向当局目的事业主管机关申请。前项名册应记载志工姓名、性别、出生年月日、身份证统一编号或旅行证件号码。志工一人限核发一个记录证号，不受换册影响；如转换服务单位或同时在两个以上单位从事服务时，只须拿原记录册至各服务单位登录时数。

该项概念的引入解决了实践中基层群众性自治组织、公益活动举办单位和公共服务机构等组织开展志愿服务但并不具备志愿服务组织的身份的困扰。引入该项概念的益处有二：一是明确界定志愿服务运用单位的职责，有利于吸纳社会力量，激发社会活力积极参与志愿服务；二是有利于预防和解决实践中借志愿之名行商业之实甚至违法犯罪的"虚假志愿"等现象和问题。

2. 志愿者初训制度

为提升志愿服务工作质量，保障受服务者之权益，台湾地区的"志愿服务法"第九条专门规定了志工的教育训练。根据前文所述，台湾地区的志愿服务训练是志愿服务运用单位申请志愿服务记录册的前提，也就是未经过志愿服务训练的志工是无法取得志愿服务记录册的。根据当前规定，志工基础训练课程包含志愿服务内涵及伦理（2 小时）、志愿服务法规之认识（2 小时）、志愿服务经验分享（2 小时）。基础训练是所有志工都要参加并进行学习考核的。特殊训练是某些特殊志愿服务所需要的培训，例如社会福利类志工特殊训练课程就在基础训练的基础上增加了特殊的训练课程，包括社会福利概述（2 小时）、社会资源与志愿服务（1 小时）、运用单位业务简介及工作内容说明（含实习共 2 小时）、综合讨论（1 小时）。并且志愿服务工作内容说明（含实习）时数得由志愿服务运用单位依实际需要延长之。

3. 志愿者激励制度

台湾地区对于志愿服务的激励规定得比较充分。志愿服务奖励机制大致可以分为两类：一是"志愿服务法"中对志愿服务激励的总体规定；二是各部门针对所属领域的志愿者规定的细化激励制度。

台湾地区的"志愿服务法"规定："志愿服务表现优良者，应给予奖励，并得列入升学、就业之部分成绩。""志工服务年资满三年，服务时数达三百小时以上者，得检具证明文件向地方主管机关申请核发志愿服务荣誉卡。志工进入收费之公立风景区、未编定座次之康乐场所及文教设施，凭志愿服务荣誉卡得以免费。

其他各部门制定的专项激励规定包括"志愿服务奖励办法""教育业务志愿服务奖励办法""卫生福利志愿服务奖励办法""观护志工志愿服务奖励办法""犯罪被害人保护志工志愿服务奖励办法""内政业务志愿服务奖励办法""志工申请志愿服务荣誉卡作业规定""志工持志愿服务荣誉卡得免费进入之康乐场所文教设施"。

4. 志愿服务法律责任制度

为鼓励志愿者积极参与志愿服务，消除志愿者因参与志愿服务而产生的畏惧诉讼情绪，台湾地区的"志愿服务法"对志愿服务中的法律责任和免责条件进行了规定。"志愿服务法"第六章为"志愿服务之法律责任"，内容为过失行为处理，条文为第二十二条。该条规定志工依志愿服务运用单位之指示进行志愿服务时，因故意或过失不法侵害他人权利者，由志愿服务运用单位负损害赔偿责任。前项情形，志工有故意或重大过失时，赔偿之志愿服务运用单位对之有求偿权。

第三节 其他国家的志愿服务法制发展

一、巴西志愿服务法制的发展

1988 年，巴西的《志愿服务法》颁布，这部法律用五项条款清楚区分了志愿者和就业者之间的不同，同时规定了什么样的组织可以使用志愿者。根据这部法律，组织与志愿者之间签订的志愿者工作协议并不构成就业关系。志愿者的工作支出应当由使用志愿者的组织报销,这不应当被视为间接的报酬。

根据巴西《志愿服务法》,志愿工作具有下列特征:(1)无报酬;(2)由自然人担任;(3)由非营利部门为完成社会使命来使用志愿者。虽然有法律规定,但是实际社会活动中很少有组织与志愿者签订协议。很多志愿者都是有宗教信仰的人,他们称从事志愿活动大多是因为他们喜欢这项活动,1/3 的人则认为他们有帮助别人的义务。志愿活动的领域多集中在宗教活动、心理咨询和筹资等方面。20 世纪 90 年代志愿服务组织发起"反对饥饿运动",3 个月内大约有 3 000 个志愿服务组织响应,并在全国范围内建立反饥饿项目,全国有 1/3 以上的人口参加了这个活动,更有很多人参与了捐款。

二、埃及志愿服务法制的发展

埃及的志愿服务协会从 19 世纪后半期开始蓬勃发展。宗教生活对协会的发展起到了重要的作用,很多协会成员有宗教背景。当时协会可以自主运作,但 1952 年革命之后,埃及法律做出了严格限制,由国家指导协会的发展。20 世纪 60 年代,国家对协会的控制进一步加强,协会的建立受到限制,活动受到审查,政府机构有权力解散它们。直到 70 年代,这种限制性的环境造成了负面影响,打击了人们参与政府机构事务和从事志愿活动的积极性。1970 年后,在实施多党制的同时,埃及政府对社会组织的限制政策放宽,接受了表达自由,经济制度也更加开放。到了 80 年代,埃及政府逐渐认识到社会组织在满足国家的社会需要方面具有价值,社会组织和专业群体将成为满足人民需求的重要力量。

埃及的法律规定,所有非营利组织都要遵守以下行为要求:(1)为政府机构利益服务;(2)正式注册;(3)拥有内部规章;(4)不能从事宗教或者政治活动。政府可以监督和控制它们的活动,也可以赋予它们免税的资格。在埃及,随着国家和个人人均收入的提高,人们通过捐助和志愿服务活动在一定程度上增加了对社会组织的支持。公众更加了解社会组织的重要性,再加上埃及税法对捐赠者的优惠措施,社会组织得到了更加广泛的支持。社会组织在努力从商业企业获得支持的过程中也学到了有关透明性和业绩责任制方面的东西。商业企业已经把有计划的社会效益和经济效益提上了议事日程,因此社会组织也需要努力建立其与商业企业之间的信任与合作关系。

三、尼日利亚志愿服务法制的发展

尼日利亚最早于20世纪70年代初开始建立志愿服务队伍，到80年代，该国的志愿者数量增长了10余倍。该国规定，大学生志愿服务的年限是连续服务一年，且主要在边远地区。服务结束后，志愿者可以获得国家颁布的服务证书，从而为将来的就业提供一定的保证。大学生的就业问题与志愿服务工作紧密结合起来，既解决了政府所关注的社会问题，也为志愿服务工作提供了高素质成员，推动了本国志愿服务的不断发展[①]。

第四节 域外志愿服务法制发展的基本特点

综观上述国家或地区的志愿服务制度建设情况，大致有以下几个特点或趋势值得关注：

1. 适应主客观情势变化加强志愿服务立法

当今社会，人们在观念和行动上，从单纯依赖政府管理，转变为同时也要依靠社会自主、自助、治理。社会公众参与公共管理和服务的热情很高，特别是青年人参与程度很高。例如，根据德国联邦家庭妇女青年部2001年的数据，该国14岁至24岁的青年从事志愿服务的比例高达40%。此外，还有2 000万德国民众表示对参加志愿服务有兴趣。在法国，2002年一组统计数据显示，该国18岁至24岁的青年中约有25%从事志愿服务，年轻学生中有70%表示愿意从事志愿服务。据2003年的调查，有1 000万至1 250万法国人愿意成为志愿者，这个数字代表每四位法国人就有一位愿意从事志愿服务。各国和各地区的志愿服务立法顺应了这样的发展趋势。

2. 针对志愿者、志愿者组织、志愿服务活动多的实际

近年来志愿服务事业发展迅速，志愿者、志愿者组织、志愿服务活动快速增加，类型众多。例如，美国的志愿服务组织数量庞大、覆盖全面、定位明确、分工细致，几乎每个社区都有志愿服务组织；而且志愿服务组织的类型很多，如美国志愿者团、资深公民团、和平工作团等。美国"9·11"恐怖袭击事件以后，仅纽约地区参加"纽约关爱"志愿服务组织

---

① 冯英，张惠秋，白亮.外国的志愿者.北京：中国社会出版社，2012：118-124.

的人数就迅速增加了50%。立法对此做出了回应，具有很大的包容性和必要的适应性。

3. 普遍立法、配套立法，形成体系、不断完善

从前面各节介绍的情况已可明显看出这一点。例如，美国于1973年对《志愿者保护法》的调整内容主要包括了三大计划，即全国反贫困志愿服务计划、年长志愿者计划以及志愿者协助小型企业暨动员商界人士加强参与志愿服务计划。该法还针对社会环境的变迁做了配合修正，在1976年、1979年、1983年、1986年、1989年多次进行修正，以顺应时代的需要，增强可操作性。

4. 有效保护志愿者是志愿服务立法的基本品格

几乎所有国家或地区的志愿服务立法都体现了这一点，甚至通过严密的规范来加以强调。为此，在立法上应当注意厘清法律关系，明晰法律责任。法律关系主要是权利义务关系，只有明晰了权利义务关系以及其他社会关系，才有利于保护志愿服务法律关系的各方主体。大多数国家或地区的专门或有关志愿服务的法律规范中，都对志愿者的权利和义务、保护和责任以及有关法律关系做出了规定，使得志愿者在参加志愿服务活动时能够减少后顾之忧，依法开展活动，实现平稳致远。

5. 规定促进志愿服务发展的诸多措施

例如，西班牙《志愿服务法》要求，有关政府机关要注意向志愿服务组织咨询与其有关的政策措施，提供志愿服务工作技术援助、教育训练计划、信息服务，倡导及表彰志愿服务活动，注意运用奖励的办法推进志愿服务活动。许多国家或地区的志愿服务立法都专门设立长期的基金来支持非营利组织社团的志愿服务组织，并支持其组织独立与管理创新。

6. 注意强调志愿者组织的自我管理

各国和地区立法也注意了规范志愿者组织的内部管理，强调其应该自律，进行民主化管理，有效使用公款并自觉接受监督检查，还要定期评估志愿服务工作成效，等等。简言之，就是依法加以规范，逐步提升志愿服务组织的自治水平。

第五节　域外志愿服务法制经验的若干启示

发达国家或地区的志愿服务发展较早，相关立法和制度建设也比较完

善，有很多方法和经验都值得我们学习借鉴。同时需要明确的是，在志愿服务立法方面，我们应结合自身的国情并学习借鉴它们的先进经验和做法。这是我国志愿服务立法发展的需要，也是顺应志愿服务事业发展全球一体化的必然要求。

一、加强志愿服务立法，推动志愿服务法治化

与我国的经济改革发展进入新常态相应，我国社会法制建设也进入了精细化、民主化、科学化发展的新阶段。按照十八届四中全会进一步提出的推进"法治国家、法治政府、法治社会一体建设"的要求，积极推动"志愿服务制度化、法治化"，既符合社会法制发展方向，又非常切合中国实际。

这里尤其需要注意的一点是，各个领域法律制度的终极目标是要保障人们的基本权利。对于志愿者这样一个特殊群体来说，他们的权利同样需要法律的保护。曾有学术机构做过调查，在我国既往的志愿服务活动中，一半左右的公益组织没有给志愿者买过保险，10%左右的志愿者参加志愿服务活动时受过身体或精神伤害，大约9%的志愿者在志愿服务过程中曾不被理解或遭歧视。在2008年北京奥运会前期进行的一项调查表明，参加奥运志愿服务工作的志愿者存在许多风险，例如：工作量大、过劳、忍受连续高温天气；来自运动项目本身和来自运动场馆、比赛场地的风险；观众和志愿服务之间可能存在的矛盾纠纷及引发的风险；等等。志愿者的风险普遍存在且保障不足，须依法有效加以防范。

既往的理论研究和实务经验表明，通过组织化地开展活动，建立高素质的各类志愿者和管理者队伍，以项目形式开展活动，严格实行登记注册程序以保持组织与活动的稳定性，在各个行政区域实现统一推动，有稳定可靠的资源保障和资金支持，健全激励机制和权利保障机制，这些都是制度化推动志愿服务活动顺利高效展开的制度创新，应当积极探索、坚持运用。同时，按照十八届四中全会精神加快志愿服务立法进程，加强志愿服务的法治保障水平，也是当下需要特别关注和解决的问题。

具体来说，就是要进一步认真发现、总结、梳理、提升社会治理创新实践中的经验，在稳健推动志愿服务发展的过程中要注重观念、理论和制度创新，特别要正确认识和切实推动中国特色志愿服务的六个体系建设，包括志愿服务的观念、组织、保障、宣教、规范、环境等体系建设。我国经过改革开放40余年的努力，国内2/3左右的地方立法主体制定了志愿服

务地方立法，我们要总结既往立法经验教训，提升地方立法质量，并在此基础上探索促进国家层面志愿服务立法进程。其中，最关键、最紧迫的是积极推动"志愿服务法"尽快出台，更大程度地推动志愿服务法治化水平。

二、加强志愿服务社会化

志愿服务社会化主要体现在全民参与度方面。首先，提高志愿服务意识应当从小抓起，在学校教育过程中要注意培养学生的志愿服务理念，加强培养学生服务社会、回报社会的良好品德。青少年的能力素质对社会的发展具有重要的意义。对青少年能力素质的培养，除了注重学业成绩外，还需要重视他们的生活能力，与他人合作、对他人关爱的能力，重视社会责任感、职业技能和品德的塑造。对青少年而言，培养对他人和公共事务的关心并积极参与公共事务是非常重要的。其次，注重大学生志愿团体与社会的衔接，带领大学生志愿团体走出校园、走向社会，与社会需求相对接。最后，政府、媒体、社会各界应当大力宣传志愿服务理念，使志愿服务真正成为一项社会化的行动，而不仅仅局限于某些群体。

三、加强对应急志愿服务的法律监管与风险防范

志愿服务组织的配套制度建设需要在其外部法制环境与内部制度建设两个层面进行。从外部法制环境讲，须消除对民间志愿服务组织的戒心与疑虑，将其纳入法制监管的轨道，降低社会团体注册的门槛，填补无人支持、无人问津、无人监管的空白状态。在自身制度建设上，志愿服务组织需要加强各项制度建设，尤其是志愿者注册制度、培训制度、激励与服务认证制度、资金募集制度等。鉴于在2008年汶川地震中人们对参与抢险救灾的志愿者提出专业化、组织化的需求，志愿服务组织不仅可以通过应急处置前的培训来提升志愿者的技能，还可以加强日常的志愿者管理制度，将不同专业、特长与背景的在册志愿者分类管理，建立完善的档案记录，将应急准备工作渗透到日常管理中，遇到突发事件需要紧急应对时可有备而来，让具有不同专长的志愿者各显其能，不仅能够大大加强应急志愿服务的专业性、组织性和及时性，而且可以通过在册志愿者的不同表现记录，完善志愿者激励机制，提高志愿服务的有效性与积极性，通过制度建设实现良性循环。

思考与讨论

1. 哪些国家或地区对志愿服务进行了专门的立法？
2. 世界各国为促进志愿服务的发展采取了哪些措施？
3. 你认为哪些志愿服务发展经验可以予以借鉴，为什么？
4. 了解世界志愿服务法制建设基本情况后，你获得了哪些启示？

第四章
当下志愿服务法制建设的重点及完善方向

第一节 当下志愿服务法制建设的重点

《志愿服务条例》的出台，标志着我国志愿服务事业站在了新的起点上，进入了新的发展阶段。如何贯彻落实好《志愿服务条例》，推动志愿服务事业开创新的局面，是当前需要考虑的重要内容。为此，2017年10月27日，中央文明办、民政部下发了关于学习宣传和贯彻落实《志愿服务条例》的通知。除此之外，具体贯彻落实需要做好以下几点：

一是组织《志愿服务条例》的培训学习。志愿服务法规是培训志愿服务骨干、志愿服务组织的重要学习内容。各地在组织培训时，要将《志愿服务条例》列为学习培训的重要内容，通过培训加强对《志愿服务条例》的宣传与理解。

二是对照《志愿服务条例》修订、清理部分地方性法规。各地立法机关、政府部门需要比照《志愿服务条例》的内容，对地方志愿服务条例、规范性文件、政策文件进行梳理。发现冲突的地方需要比照《志愿服务条例》进行修改，已经与《志愿服务条例》严重脱节的要予以废止。通过修订和清理工作使得各项法规秩序保持统一，维护《志愿服务条例》的权威，确保地方立法精神与中央一致。

三是严格实施《志愿服务条例》内容。要通过实施确保《志愿服务条例》规定的基本原则、管理体制、权益保障、促进措施、法律责任等落地落实。

第二节 志愿服务法制建设的完善方向

一、尽早制定出台"志愿服务法"

由于我国已有较多的地方立法及实施经验，推出国家层面志愿服务立法的条件明显已成熟；我国志愿服务事业的特点和志愿服务的全民实践，更呼唤着加快国家层面的专门立法，为志愿服务提供更全面、更给力的法律保障。我国志愿服务事业发展具有独特的资源和优势，包括互帮互助传统、高层推动决心、集中资源能力以及组织动员能力。例如，党组织、青年组织、妇女组织、工会组织和慈善组织高效地组织动员开展志愿服务活动的传统、能力和经验，中央文明委办公室、中国志愿服务联合会、民政部、共青团中央以及其他中央机构和社会群团组织，实际上在发挥高层协调、统筹规划、组织动员、专业指导、政策推动、法律调整等职能作用。这些资源和优势，从一定意义上是有别于、更胜于美国、德国、日本等西方发达国家的。认真挖掘自身既往实践经验，同时理性选择借鉴他人经验，可在现有基础上创新中国特色志愿服务理论和制度体系。换言之，充分利用这些资源和优势，可以更大程度地激发社会组织活力，更高效、更持续地发展志愿服务事业，稳健地推动社会发展、社会民主、社会和谐。同时，无论从全民共识基础还是从地方实践经验和事业发展需求的角度看，仅靠行政法规不能满足我国志愿服务法律保障的特殊要求，单纯的行政管理立法模式尚不能满足我国志愿服务事业发展的需要。

由于志愿服务活动主体多元化、行为多样化、内容丰富化，社会组织关系非常复杂微妙，不能简单地将其视为单纯的行政管理事务和行政法律关系，不能指望单纯采用民政型的行政管理法规进行规制就能获得良好的法律调整效果，更需要、更适合发挥人大主导立法职能，通过制定法律加以调整，而且我国已有较为丰富、全面、成熟且经过实践检验的诸多地方人大立法经验可资参考利用。虽然目前已出台《志愿服务条例》，并在积极贯彻实施，但仍需认真总结经验，将制定"志愿服务法"尽快提上立法日程，使其成为依法保障志愿服务事业快速发展的最有力抓手。

二、完善志愿服务法律规范体系

我国的法制建设已进入精细化发展阶段，从新时代的新使命新要求来看，各层次的志愿服务现行法律规范尚显粗疏、笼统，今后应注重精细化，提升可操作性。在已有许多专项的地方性法规、地方政府规章，并颁布《志愿服务条例》的基础上，要尽快推动出台国家层面的"志愿服务法"，高屋建瓴地规范志愿服务活动的各要素和全过程。那些没有立法权的组织，也要符合法治精神和适应自身需要立章建制，包括依据职权出台组织章程、行为规范等规范性文件。做到这些，从而形成志愿服务法—志愿服务条例—志愿服务地方立法—志愿服务党内法规—志愿服务规范性文件—志愿服务组织章程的法律规范和软法规范体系。

我们须把"志愿服务法"作为志愿服务法律规范体系的龙头法，它需要重点解决如下八个关键问题：一是明确我国志愿服务的立法宗旨，包括弘扬志愿精神，保障志愿者合法权益，引导和规范志愿服务活动，促进志愿服务事业健康发展，提升公民道德水平和文明建设水平；二是明确志愿服务的基本法律问题，如志愿者、志愿服务组织、志愿服务的概念以及志愿服务活动性质等争议较大且事关志愿服务事业发展的基本问题；三是确定志愿服务的法律原则，应体现公益奉献、平等自愿、民主参与、活动效能、政府指导、诚信互助、社会责任、风险防范、权益保障和权责统一的原则；四是明确志愿服务管理体制、机制和方式，须妥善解决志愿服务活动的领导、规划、协调、指导、激励、监管、协同、合作、保障等管理体制、机制、方式和职能问题；五是规范志愿服务活动的运行，例如确立从志愿者的招募、培训、使用、评价、激励到服务内容、服务对象、服务保障等一系列规范；六是规定志愿服务管理组织、志愿服务组织、志愿者的权利与义务，例如明确志愿者、志愿服务组织和志愿服务管理组织等各方的权利、义务关系，建立纠纷解决机制等内容；七是加强志愿者队伍建设，主要解决身份资格、普及教育、专业培训、常规演练、应急服务等问题；八是规范志愿服务的经费保障和风险防控，如支持保险企业研发有针对性的保险产品来满足志愿服务特需，同时政府指导建立和监管多种来源的基金，支持志愿服务开展，救助志愿服务的权益损害。

志愿服务事业是一个宏大的社会系统工程，如能建构起丰富的规范体系和科学的运行机制，将有助于保障志愿服务事业的规范化、制度化、高效化发展。

第四章　当下志愿服务法制建设的重点及完善方向

思考与讨论

1. 你认为当前志愿服务法治建设还有哪些不足？
2. 当前志愿服务法治发展方向有哪些？
3. 为什么说我国要尽早颁行《志愿服务法》？

下编
《志愿服务条例》的规范解析

　　下编共七章，每一章对《志愿服务条例》的各个部分有关条文进行法律规范解析和基本法理解说。在对条文所蕴含的法律原理进行解释之后，每一部分法律条文将配合案例、事例或数据，通过以案说法或实证分析的形式加深读者对条文的理解。

第五章
《志愿服务条例》的总则

《志愿服务条例》共分为六章：第一章"总则"，第二章"志愿者和志愿服务组织"，第三章"志愿服务活动"，第四章"促进措施"，第五章"法律责任"，第六章"附则"。

本章旨在解析《志愿服务条例》的"总则"。"总则"是统领整个条例的概括性规定，明确了条例的立法目的并且规定了条例所涉及的基本概念的定义、志愿服务所遵循的原则及志愿服务体制和职责。

第一节　志愿服务立法目的

第一条　为了保障志愿者、志愿服务组织、志愿服务对象的合法权益，鼓励和规范志愿服务，发展志愿服务事业，培育和践行社会主义核心价值观，促进社会文明进步，制定本条例。

一、法律规范释义

立法目的是对一部法律、法规或一项制度的价值意义、功能作用的基本定位。《志愿服务条例》第一条开宗明义，高度概括了立法的根本目的。总的来看，本条明确了建立志愿服务法律制度三个层面的价值和功能：合法权益保障法、志愿服务事业规范与促进法、社会主义核心价值观承载法。

合法权益保障法，指的是志愿服务法律制度旨在保障志愿者、志愿服务组织、志愿服务对象的合法权益。志愿者、志愿服务组织、志愿服务对象是志愿服务关系的重要主体，是影响志愿服务事业发展的有生力量。只有保障志愿者的合法权益，志愿者才能免除后顾之忧，在法律的护航下提供各种服务。只有保障志愿服务组织的合法权益,志愿服务组织才能更好地发挥汇聚社会资源、传递社会爱心、弘扬社会正气的志愿服务载体作用。此外,还应保障志愿服务对象的合法权益,绝不能因为志愿服务或者假借志愿之名,使志愿服务对象的权利克减甚至受到侵害。

志愿服务事业规范与促进法,指的是志愿服务法律制度既要规范志愿服务事业的发展,也要促进志愿服务事业的发展,以规范为手段,以促进为目的,使得我国的志愿服务事业更上一层楼。志愿服务的发展水平往往成为衡量一个国家软实力的指标之一,因此,志愿服务作为一个行业、一项事业,需要法制的保驾护航。

社会主义核心价值观承载法。世界各国、各地区都有现代意义上的志愿服务。志愿服务是全人类的共同需要,是一种世界现象。在遵循志愿服务的基本运行规律、普遍伦理价值的基础之上,各国、各地区的志愿服务都会打上各自社会发展水平、政治制度、社会保障制度、政策选择等方方面面的烙印。而所有这些因素的背后,最为核心的便是社会主流价值观的影响。志愿服务是"走心"的,因此,我国志愿服务法律制度势必要融入社会主义核心价值观,以培育和践行社会主义核心价值观为己任,最终实现社会文明进步。

二、基本法理解说

法律法规往往在第一条规定立法目的。一般来说,立法目的条款本身没有直接的规范效力,在实践中不能直接予以执行和适用。但是立法目的条款意义重大,是其他法律原则和规则的源头,是解释其他条款的出发点和主要标准。按照《志愿服务条例》的规定,这部行政法规的立法目的包括以下三个方面:

第一,保障志愿者、志愿服务组织、志愿服务对象的合法权益。

志愿者是志愿服务的直接提供者,是志愿服务组织最重要的人力资源。甚至可以说,没有志愿者,就不会有志愿服务事业的可持续发展。因此,保障志愿者的合法权益,是志愿服务法律制度的首要目的。志愿者合法权益的保护,在目前法律框架下没有得到很好的实现。无论是民法中的无因管理、普通合同、民事责任,还是劳动法的相关制度,都不能完全实现对志愿者的保护。因此,通过专门的志愿服务法律制度来全面保护志愿者的合法权益十分必要。当然,志愿服务组织、志愿服务对象的合法权益同样应当予以保护。

第二,鼓励和规范志愿服务,发展志愿服务事业。

促进志愿服务事业的发展，是世界志愿服务立法的潮流。比如韩国2014年修订的《志愿服务基本法》明确提出"以促进志愿服务活动开展和推动幸福社会建设"。我国也不例外。我国《宪法》第四十二条规定："国家提倡公民从事义务劳动。"志愿服务作为一种自愿、无偿提供的劳动和服务，是该倡导在现代社会的新的体现方式。《宪法》第四十五条规定："中华人民共和国公民在年老、疾病或者丧失劳动能力的情况下，有从国家和社会获得物质帮助的权利。国家发展为公民享受这些权利所需要的社会保险、社会救济和医疗卫生事业。"志愿服务作为一种公益行为，重点领域包括了对弱势群体的关爱、扶贫开发等，国家对于志愿服务事业的鼓励和支持，既保障了公民获得物质帮助权的实现，又体现了国家对于公民生存权、发展权等基本人权的尊重。

与此同时，随着志愿服务事业在我国的发展，尤其是2008年奥运会后的高速发展，假冒志愿者、志愿服务记录时长不规范、商业出售志愿服务证明、时间银行激励回馈机制不完善、志愿服务争议纠纷案件层出等问题引起社会的广泛关注。这些问题的出现，给志愿者和志愿服务带来了负面影响，伤害了社会公众对志愿者的信任、对志愿服务的美好感情，甚至影响了志愿服务事业的可持续发展。因此，志愿服务法律制度在促进发展的同时，应当引入以"规范"为主要功能的条款和法律责任制度，提高规范性，使得志愿服务事业有序发展。

当然，志愿服务事业的发展既需要法律的规范，又需要法律的促进。但就我国目前志愿服务发展的整体水平以及志愿服务事业的根本属性而言，促进是第一要务，且更为根本。现阶段的规范是为了更好地促进，规范是促进的手段，促进是规范的目的。

第三，培育和践行社会主义核心价值观，促进社会文明进步。

志愿服务以"奉献、友爱、互助、进步"为精神指导，弘扬志愿服务精神、发展志愿服务事业被包含在社会主义精神文明建设的过程之中，是促进社会和谐、文化和谐的精神力量，也是推进社会良性运行和协调发展的重要体制[1]。我国《宪法》第二十四条规定："国家通过普及理想教育、道德教育、文化教育、纪律和法制教育，通过在城乡不同范围的群众中制定和执行各种守则、公约，加强社会主义精神文明的建设。"可见，志愿服务是精神文明建设的内在要求，是促进精神文明建设的重要载体，是践

---

[1] 丁元竹，江汛清，谭建光. 中国志愿服务研究. 北京：北京大学出版社，2007：11.

行社会主义核心价值观的具体表现，是现代社会文明进步的重要标志。因此，中共中央、国务院印发《关于进一步把社会主义核心价值观融入法治建设的指导意见》和《社会主义核心价值观融入法治建设立法修法规划》，以适应改革开放进程中经济社会法治发展在共同价值观方面的变化趋势和要求。

志愿服务是精神文明建设的内在要求。我国的志愿服务事业是在继承和发展学雷锋活动、借鉴国外志愿服务经验的基础上萌生并发展起来的。雷锋精神和志愿精神在实质上是一致的。雷锋已成为人们心目中热心公益、乐于助人、扶贫济困、见义勇为、善待他人、奉献社会的代名词。雷锋精神的核心是为人民服务，是奉献精神，这些精神恰恰是志愿服务所需要的。志愿服务传播的志愿精神也契合了中华民族"助人为乐、与人为善"的传统美德。通过奉献爱心，将志愿精神传递给更多需要帮助的人，使志愿精神相互感染、不断传承、生生不息。

"奉献、友爱、互助、进步"的志愿精神既传承了中华民族扶贫济困、助人为乐的传统美德，也借鉴了世界人类文明的先进成果，适应了市场经济条件下公民道德建设的方针、原则与核心内容的要求，契合了现代社会主义精神文明建设的新需求，也是我国精神文明建设的有效载体，与精神文明建设相辅相成。比如，《关于培育和践行社会主义核心价值观的意见》明确提出以开展志愿服务活动的方式来加强社会主义精神建设："以城乡社区为重点，以相互关爱、服务社会为主题，围绕扶贫济困、应急救援、大型活动、环境保护等方面，围绕空巢老人、留守妇女儿童、困难职工、残疾人等群体，组织开展各类形式的志愿服务活动，形成我为人人、人人为我的社会风气"。

志愿服务在一定程度上是衡量社会文明程度的重要标杆。发展志愿服务事业，可以弘扬社会新风，培育公民精神，增强公众对社会的认同感和凝聚力，加强集体主义和爱国主义观念，从而促进社会主义精神文明建设。近年来，各地各级志愿服务组织大力开展普及文明礼仪知识、维护公共秩序、文明交通、便民利民等主题的志愿服务活动，引导人们知礼仪、重礼节、讲道德，营造规范有序、文明祥和的社会环境；大力开展普及生态文明理念志愿服务，组织志愿者宣传环境保护知识，倡导资源节约、环境友好的生产方式和消费模式，提升全社会生态文明水平；大力开展清洁环境卫生志愿服务，倡导垃圾分类，清除卫生死角，整治"脏乱差"现象，创造优美怡人的城乡生活环境；等等。

三、地方立法目的评析

关于志愿服务法律制度的立法目的，从现有的全国地方性法规和地方性行政规章来看，基本上涵盖了上述三个方面、三个层次的目的，尤其是《志愿服务条例》颁行之后的地方立法，立法目的的规定与之一字不差，比如《天津市志愿服务条例》《辽宁省志愿服务条例》等。

当然，地方立法与行政法规之间也存在一些细微差别，尤其是《志愿服务条例》颁行之前的地方立法，主要体现在对社会主义核心价值观承载法这一定位的具体表述有所不同，以及这三层目标的先后次序稍有区别。比如，2016年1月8日武汉市第十三届人民代表大会常务委员会第三十四次会议通过的《武汉市志愿服务条例》第一条规定："为了弘扬奉献、友爱、互助、进步的志愿精神，培育和践行社会主义核心价值观，鼓励和规范志愿服务活动，维护志愿者、志愿服务组织和志愿服务对象的合法权益，促进志愿服务事业发展，建设志愿者之城，根据有关法律、法规，结合本市实际，制定本条例。"在这里，也突出了合法权益保障法、志愿服务事业规范与促进法和社会主义核心价值观承载法三大功能定位，只不过是将合法权益保障与社会主义核心价值观承载之间的顺序调换了位置。与此同时，使用了与志愿精神相关性更强也相对具象的表述。

那么，这两种具有代表性的立法目的的规定意味着什么呢？是否就表明在《志愿服务条例》颁布之前地方建立的志愿服务法律制度的目的与《志愿服务条例》的规定不相符呢？答案是否定的。

首先，就社会主义核心价值观承载法的不同表述来看，二者在本质上是完全一致的。从理论上讲，奉献、友爱、互助、进步的志愿精神是社会主义核心价值观的直接体现，是践行社会主义核心价值观的具体落实；从实践来看，志愿精神的提法在志愿服务行业、在全社会甚至在全人类都得到广泛的认可和深入的传播。2013年12月5日，习近平总书记在给华中农业大学本禹志愿服务队的回信中，提到了弘扬志愿精神。不仅如此，笔者认为志愿精神是社会主义核心价值观的重要组成部分，也是志愿服务法律制度最为内核的精髓，对其进一步扩大或者"升华"，反而容易使其丧失自身的独特品格和优势。

其次，就三层立法目的或者说立法目的三个不同方面的先后次序而言，次序的不同并不能得出"不相符"的结论。第一，社会主义核心价值观承载、志愿服务事业规范与促进和合法权益保障，这三者之间本来就是密切相关，你中有我、我中有你，在价值判断上难以分出孰高孰低。第

71

二，就语言表述方式来看，志愿服务事业规范与促进通常放在中间，其他二者会出现"位置互换"的情形。从汉语语义学的角度来看，无论是放在开头还是放在结尾都表明其地位重要、意义重大。次序的不同，不过是表述方式的差异而已，并不影响实质内容。

第二节 志愿服务基本概念

第二条 本条例适用于在中华人民共和国境内开展的志愿服务以及与志愿服务有关的活动。

本条例所称志愿服务，是指志愿者、志愿服务组织和其他组织自愿、无偿向社会或者他人提供的公益服务。

一、法律规范释义

本条第一款规定了《志愿服务条例》的适用范围和调整对象，第二款进一步明确了志愿服务的基本概念。

《志愿服务条例》的适用范围。作为行政法规，其效力范围从空间、地域来看，当然是及于全国的，通常没有境外适用的效力。随着国际志愿服务的交流和发展，既有境外志愿服务组织及志愿者来我国境内开展志愿服务，也有我国志愿服务组织及志愿者去境外开展志愿服务的，对于这些有涉外因素的国际志愿服务的法律适用问题，《志愿服务条例》第四十三条做了进一步补充："境外志愿服务组织和志愿者在境内开展志愿服务，应当遵守本条例和中华人民共和国有关法律、行政法规以及国家有关规定。组织境内志愿者到境外开展志愿服务，在境内的有关事宜，适用本条例和中华人民共和国有关法律、行政法规以及国家有关规定；在境外开展志愿服务，应当遵守所在国家或者地区的法律。"可见，对于志愿服务组织和志愿者，无论是境外还是境内，只要是在我国境内开展的志愿服务，就应当适用我国的《志愿服务条例》。

《志愿服务条例》的调整对象——志愿服务以及与志愿服务有关的活动。法律的调整对象往往为某类社会关系，而社会关系是人与人之间的关系，因此主体要素是调整对象的首要因素。同时，法律是调整社会主体行为的一种社会规范。下面将结合"志愿服务，是指志愿者、志愿服务组织和其他组织自愿、无偿向社会或者他人提供的公益服务"的概念规定来详细分析调整对象。

《志愿服务条例》调整的主体包括志愿者、志愿服务组织和其他组织以及"社会或者他人"。志愿者是志愿服务的直接提供方，对于志愿服务事业的发展至关重要，一直是衡量志愿服务发展水平的核心指标之一。志愿服务组织是开展志愿服务的重要载体之一，尤其是组织性强、规范化水平高、专业性强的志愿服务更是离不开志愿服务组织的发展。除了依法注册的志愿服务组织外，大量的机关、企事业单位、人民团体、基层群众自治组织、组织本单位力量开展志愿服务的团队以及其他社会自组织都是《志愿服务条例》调整的对象。除了组织提供、直接提供志愿服务的供给一方的主体之外，还有接受志愿服务的需求方，即志愿服务对象，具体而言就是"社会或者他人"。志愿服务的对象十分广泛，主要有自然人，也有动物，比如动物保护志愿者为小动物们提供服务，还有为不特定的对象服务，比如环保志愿者在公园捡垃圾。其实，志愿服务终端的完成一定是由志愿者进行的，但在志愿服务的各个环节中会有多方主体参与，服务与被服务具有相对性，服务对象的判定也相对复杂。总之，《志愿服务条例》调整的是志愿服务的供需双方。

《志愿服务条例》调整的行为包括志愿服务行为以及与志愿服务有关的活动。以志愿服务行为为核心，通过对志愿服务行为的规范与促进（包括有关的活动）来实现立法目的，应该说是各国志愿服务立法的常见做法。《志愿服务条例》第三章对志愿服务方式、志愿服务全过程、特殊类型志愿服务等方面做了详尽规定，突出了《志愿服务条例》调整志愿服务行为以及与志愿服务有关活动的"行为法"特征[1]。

二、基本法理解说

1. 志愿服务的概念

关于什么是志愿服务，很多人都给出过定义。

《联合国志愿者宣言》指出：志愿服务是个体为了增进邻人、社区和社会的福祉而进行的非营利、不支付报酬、非职业化的行为。志愿服务的表现方式很多，从传统的邻里互助到今天的为解除痛苦、解决冲突和消灭贫困而进行的努力等都属于志愿服务[2]。根据联合国的定义，志愿服务有不追求经济回报、服务出于个人自愿和造福于他人或社会等三个特点。

---

[1] 刘太刚. 非营利组织及其法律规制. 北京：中国法制出版社，2009：326.
[2] 第29届奥林匹克运动会组织委员会. 北京奥运会志愿者读本. 北京：中国人民大学出版社，2006.

比如，美国社会工作协会对志愿服务团体的定义是：追求公共利益、本着自我意愿和选择而结合的一群人。参与这种团体工作的人，即称为志愿者，而这种团体工作则称为志愿服务。这一定义从志愿服务团体切入，通俗易懂地阐释了志愿服务追求公益、自愿和团体性的特质。

再比如，《中国志愿服务大辞典》从广义和狭义上对志愿服务进行了界定。广义上指以造福近亲属以外的他人（个人或团体）或环境的所有活动，狭义上是指无偿为非营利机构工作。与狭义的定义相比较，广义的定义中没有对提供服务的主体进行限制，对于服务对象的界定也更为宽泛。

又比如，我国台湾地区的"志愿服务法"对志愿服务做出如下解释："民众出于自由意志，非基于个人义务或法律责任，秉诚心以知识、体能、劳力、经验、技术、时间等贡献社会，不以获取报酬为目的，以提高公共事务效能及增进社会公益所为之各项辅助性服务。"[1]

以上种种关于志愿服务的界定，其内涵与外延基本相同，只是选择切入的角度不同，或是表述的文字各异。我国《志愿服务条例》以行政法规的形式明确了志愿服务是自愿、无偿向社会或者他人提供的公益服务。

2. 志愿服务的分类

关于志愿服务的分类，按照不同的标准会有不同的划分。目前，我国学术界较认可的分类有以下几种：

第一，英国学者史密斯（Justin Davis Smith）的"四分法"。英国学者史密斯将志愿服务分为四种基本类型，即"互助或自助"、"慈善服务或为他人服务"、"参与"和"倡导与运动"。

"互助或自助"（mutual aid or self-help）——人们为了共同的利益或共同的生活环境而贡献他们的时间和精力来相互帮助和帮助自己。这种志愿服务形式最早出现在新石器时代的原始社会。在当今世界的许多地区（包括工业化国家），互助或自助为相当数量的人口提供了基本的社会和经济服务，互助和自助的志愿服务提供了基本的社会福利。

"慈善服务或为他人服务"（philanthropy or service to others）——人们自愿地付出时间和精力去帮助他人，并不期待他人回馈同样的好处和帮助。与互助及自助式的志愿服务不同，慈善服务或为他人服务的受益对象是第三方。早期的研究者将这种志愿服务理解为一种"赠与式关系"，但近期的研究者更倾向于将它理解为一种"交换式关系"，因为志愿者在提

---

[1] 参见台湾地区"志愿服务法"第三条第一项。

供无偿服务的同时也有所收获,如自我价值的实现以及有机会体验到不同的生活、学到新的技能等。

"参与"(participation)——又称公民参与(civic participation)或公民行动(civic engagement),是公民参与社会公共事务治理的重要形式,指公民个人或集体为了确认和解决广受关注的公益问题而自愿付出时间和精力,如担当政府咨询部门的群众代表。

"倡导与运动"(advocacy and campaigning)——人们为了自己或他人的利益付出时间和精力,在国家、地区或国际范围内开展游说、宣传和辩论活动,目的是推动政府修改、完善和实施有利于弱势群体和环境保护的立法和政策。

第二,正式志愿服务与非正式志愿服务。

正式志愿服务,亦称"有组织的志愿服务"(organized volunteering),与"非正式志愿服务"相对应。正式志愿服务是指志愿者通过各式各样的组织参与志愿服务,包括为这些组织提供志愿服务和通过这些组织向第三方提供志愿服务。正式志愿服务组织包括公共服务部门(政府及医院、儿童福利院、养老院、社区服务中心等公共机构)、非政府机构(非营利机构和志愿服务机构)以及各类企业。一般来讲,由组织发起进行的正式志愿服务会有较为明确的服务目标、计划和规范,对志愿者也有较正式的管理措施。正式志愿服务是志愿服务组织化的结果,在现代志愿服务中占主流;随着志愿服务事业的开展,各种专门从事志愿服务或志愿者管理的组织日渐增多;与此同时,注册在各组织之下的志愿者也越来越多。在正式志愿服务方面,中国和西方发达国家的差距还很明显。

非正式志愿服务,又称"个人无偿服务",与"正式志愿服务"相对应,是个人直接的志愿行为。非正式志愿服务是指人们付出自己的时间直接为自己的邻居、朋友或陌生人提供无偿服务。如果说正式志愿服务代表了现代社会的志愿服务主流的话,个人直接提供志愿服务则更多地代表了传统的互助文化与习俗在现代社会的延伸和继承。非正式志愿服务是整个社会志愿服务的重要组成部分,对于微观层面的社会互助、社会关系修复和社会信任的重建有着不可替代的作用,对于整个社会志愿精神的培养也是极为重要的。尽管随着社会福利制度的完善,有组织的志愿服务的发展和慈善资源向民间公益组织的倾斜,个人无偿服务在整个社会的团结机制中的地位会相对下降,但作为其中更为基础的利他主义行为方式,它在重构生活世界与和谐基本人际关系中有着制度性的福利和有组织的志愿服务所不能替代的功能，因此将在人类社会中一直存在下去①。

第三，直接志愿服务与间接志愿服务。

直接志愿服务，是指人们直接提供给受益对象（个人、环境、社区等）的志愿服务。在直接志愿服务中，志愿者与志愿服务对象有直接接触，志愿者所付出的时间和服务等直接作用于志愿服务对象，并对其产生直接效果，如为老年人提供生活照料等。在志愿服务产生初期，志愿活动绝大部分是直接提供给志愿服务对象的，随着志愿者队伍的壮大和志愿活动规模的扩大，开始逐渐产生分化，出现不直接服务于受益对象但最终是为了受益对象更好地得到帮助的志愿服务，也就出现了直接志愿服务与间接志愿服务之分。

间接志愿服务，是指通过为志愿服务组织方工作而间接服务于受益对象的志愿服务。在间接志愿服务中，志愿者与最终的受益对象没有直接接触，志愿者所付出的财物、服务等不是直接作用于志愿服务对象的，而是通过为志愿服务组织提供服务间接服务于受益对象的，如在以助老为宗旨的志愿服务组织中帮助组织管理者收录志愿者档案等。随着志愿服务的发展，越来越多的志愿服务组织应时代潮流而生，作为"第三部门"产生巨大的社会影响。同时，这些组织本身也需要越来越多的力量进行内部的管理和运作，以保证志愿服务的顺畅提供。所以直接服务于志愿服务组织、间接服务于最终受益对象的间接志愿服务越来越多，它们发挥的作用也越来越大。随着志愿服务组织的增加，间接志愿服务将日益重要，发挥不可替代的作用。

第四，日常志愿服务与非常态志愿服务。

根据目前志愿服务的实践，可将志愿服务分为日常志愿服务与非常态志愿服务。日常志愿服务内容广泛，是对突发事件、大型活动之外的所有常态下进行的志愿服务的总称。非常态志愿服务不具备日常志愿服务的常规性，通常是针对某一大型赛会活动或是突发的紧急情况而进行，是非常重要的志愿服务活动，如2021年参与河南"7·20"洪灾一线救援的志愿服务活动就是典型的非常态志愿服务。

三、具体事例评析

通过对地方性法规和行政规章的文本分析发现：《志愿服务条例》颁

---

① 北京志愿服务发展研究会. 中国志愿服务大辞典. 北京：中国大百科全书出版社，2014：45.

行之后，地方立法对志愿服务概念的界定与其完全一致；但是，在《志愿服务条例》颁行之前的立法中，对于志愿服务的定义还是有些差别的。

差别之一在于，概念界定中是否强调"经志愿服务组织安排"。比如，《河北省志愿服务条例》第三条第一款规定："本条例所称志愿服务，是指经志愿服务组织安排，自愿、无偿为国家、社会和他人提供服务的公益行为。"修订前的《洛阳市志愿服务管理办法》第三条第三款规定："志愿服务是指不以营利为目的，经志愿服务组织安排，由志愿者具体实施的自愿帮助他人、服务社会和关爱自然的公益性活动。"这些地方立法都列明要求"经志愿服务组织安排"，而《志愿服务条例》并无这一限制。换句话说，为了更好地促进志愿服务事业发展，《志愿服务条例》采取了更加包容、宽泛的定义，将"经志愿服务组织安排"以外的其他种种志愿服务行为都纳入调整范围，甚至包括个人志愿行为。因此，《志愿服务条例》实施后，各个地方立法应当检视"志愿服务"的界定以符合上位法的规定。

差别之二在于，概念界定中采用"无偿""不以获取报酬为目的""非营利"的表述。比如，2005年颁布、2015年修订的《吉林省志愿服务条例》采用了"不以获取报酬为目的"的表述，该条例第三条第一款规定："本条例所称志愿服务是指志愿者及志愿服务组织不以获取报酬为目的，利用自己的时间、技能和资源等，自愿为国家、社会和他人提供服务的公益性行为。"再比如，《成都市志愿服务条例》采用了"非营利"的表述，该条例第三条规定："本条例所称志愿服务，是指志愿者出于自愿，由志愿者组织和志愿者所实施的非营利性的社会公益行为。"那么，这些不同的表述有无实质区别呢？应该说，这三种表述是没有实质区别的。首先，这些地方立法在对主体志愿者、志愿服务组织以及基本原则的界定中都突出了"无偿"的规定。其次，究其不同立法的表述，立法原意主要在于克服实践中部分人员对于"无偿"等于"无成本"的误解。总之，无论采用以上何种表述，都不影响志愿服务的概念本质，也不会影响志愿服务法律制度的贯彻与落实。

差别之三在于，概念界定中的主体不同。比如，服务供给一方，有仅提及"志愿者"或者"志愿者、志愿服务组织"的，也有没有提及的；接受服务一方，除了"他人和社会"以外，有提及"国家、自然"等的，也有比如《合肥市志愿服务条例》第四条第一款规定："本条例所称志愿服务，是指志愿者和志愿服务组织自愿、无偿地帮助他人、服务社会、保护自然的公益性行为。"这些差别结合地方立法上下文义来看，与《志愿服务条例》也并无实质差别，对其正常实施不会造成不良影响。

第三节 志愿服务法制原则

第三条 开展志愿服务，应当遵循自愿、无偿、平等、诚信、合法的原则，不得违背社会公德、损害社会公共利益和他人合法权益，不得危害国家安全。

一、法律规范释义

本条规定了开展志愿服务应当遵循的基本原则，包括自愿原则、无偿原则、平等原则、诚信原则和合法原则，同时提出不得违背社会公德，并指出不得损害社会公共利益和他人合法权益、不得危害国家安全等，进一步明确了合法原则的基本要求。

自愿原则。主要有以下两层含义：第一，是指志愿者并没有提供服务的法定或约定的义务要求，而自愿选择参加志愿服务。这一原则可以将志愿服务与"职务"行为、合同义务行为等区别开来。第二，坚持自愿原则，反对"强制"志愿、"被志愿"。志愿服务绝不能通过行政命令、强制要求、摊派等方式来"发动"志愿者参加，而只能是志愿者主动的、自由意志的选择。比如，《志愿服务条例》第四十条规定了强行指派志愿者、志愿服务组织提供服务应当承担的法律责任等。

无偿原则。亦称非营利原则。它有以下含义：第一，指志愿者参加志愿服务不以获取物质报酬为目的。其实，这是对志愿者提供服务的动机提出了要求。志愿者参加志愿服务的动机各异，比如奉献爱心、回报社会、扩大社交、提升能力和素养、实现自我价值等等，但是一定不是为了获取物质报酬。这里的物质报酬，是指"服务"的市场对价，并不包括志愿者为维系志愿服务持续进行而产生的基本成本，比如误餐费、交通补助等。第二，是指志愿服务组织开展活动不以营利为目的。当然，"非营利"并不意味着志愿服务组织不能参与任何营利性活动，而是要求志愿服务组织通过经营取得的收入和利润必须用于志愿服务事业，不得在组织发起人、成员中分配利润，即禁止利润分配原则，从而保证志愿服务的"无偿性"。

平等原则。志愿服务关系涉及主体较多，较为复杂。比如，有志愿服务领导、管理机关与志愿服务组织及志愿者之间的志愿服务领导、管理关系，有行业志愿服务组织与其他志愿服务组织及志愿者之间的行业管理服务关系，有志愿服务组织之间的指导、支持、合作关系，还有志愿服务组织与志愿者、志愿服务对象之间的直接服务关系。这里，平等原则主要是指最后一种志愿服务关系中的三方主体之间的关系平等。志愿服务组织与志愿者之间是平等的法律主体，平等享有相应的法律权利并履行相应的义务。志愿者与志愿服务对象（如果是法律主体的话）之间法律地位平等，志愿者并不因为"自愿无偿"而享有"优越"地位，志愿服务对象也并不因为接受"无偿"服务而被克减相应的权利，总之，服务者与被服务者之间是平等的。志愿服务组织与志愿服务对象之间也是平等的，无论是志愿服务对象向组织提出服务需求，还是志愿服务组织主动提供服务，双方都是平等的。这一基本原则在《志愿服务条例》中也有相应规则进行规定，比如，志愿服务组织要尊重志愿者及志愿服务对象，保护个人信息及个人隐私，志愿者应服从志愿服务组织管理等。

诚信原则。诚信的原则是要求在开展志愿服务活动中诚实、讲信用，不得欺诈或者有其他违背诚实信用的行为。志愿服务目前在全国都有较高的社会认知度和社会美誉度，志愿者的微笑成为许多地方的亮丽名片。党的十九大报告特别指出"推进诚信建设"。因此，《志愿服务条例》将诚信作为开展志愿服务活动的一项重要原则，预防和杜绝志愿服务出现负面事件，不断提升志愿服务的社会公信力，使得人人愿意成为志愿者，人人喜爱志愿者。

合法原则。《志愿服务条例》是志愿服务制度化建设的基础性、综合性法律。制定法律的重要目的就是保护志愿者合法权益、规范志愿服务活动，把志愿服务活动纳入法治化轨道。开展志愿服务活动应当依照《志愿服务条例》的规定进行。当然，除了《志愿服务条例》，我国的《民法典》《刑法》《涉外民事关系法律适用法》《公益事业捐赠法》《企业所得税法》《个人所得税法》《慈善法》《境外非政府组织境内活动管理法》《社会团体登记管理条例》《基金会管理条例》等对开展志愿服务活动也做出了相关规定，对于这些规定，开展志愿服务活动时应当遵守。

公德原则。也即不得违背社会公德、损害社会公共利益和他人合法权益，不得危害国家安全的原则。志愿服务是自愿无偿的，但是志愿服务的前提是参与志愿服务的社会主体要遵纪守法，不得违背社会公德、损害国家安全，不得损害社会公共利益和他人合法权益。《志愿服务条例》等相关法规都对志愿服务活动的开展有明确的禁止性规定，参与志愿服务的各方主体应当严格遵守。如果在志愿服务活动中违背了社会公德、损害了社会公共利益和他人合法权益、危害了国家安全，就应当依法承担相应的法律责任。

二、基本法理解说

开展志愿服务活动的基本原则，与志愿服务的本质特征密切相关。其中，自愿原则和无偿原则引起的社会关注较多，因此下面将结合志愿服务的本质特征，来对这两项基本原则做进一步的阐释。

第一，自愿原则。

志愿在英文中表述为"voluntary"，含义是"自愿的、主动的、自发的"。中文中有着同样的含义。"志"，是心之所往；"愿"，是情之所愿、自己愿意。因此，"志愿"从字面意思来看就是"有志向心的自愿行为"。具体而言，包括两层意思：一层意思是个人实现某种价值的意愿，另一层意思是自发的行动。二者都强调了个体的自由意志和个人选择，是自觉的参与。

志愿者进行志愿服务必须是出于自愿选择，非受第三人或外界的强制，这样才能使志愿服务与一般的国家机关或社会组织的职务行为区分开来。虽然目前大多数的志愿活动都是由政府或社会组织发动的，但志愿者都是作为个人自愿参与其中的，在参与过程中始终保有选择是否参与的权利，因而是自愿的。志愿服务不能作为一种义务而强加于任何社会成员。当然，志愿服务也不是运动性的。自愿性是志愿服务区别于其他社会行为的首要前提。

在此，不得不提及另一个理论观点，就是志愿服务的"义务化"。"义务化是志愿服务的本质特征之一，从人类社会的原始互助行为到现代志愿服务的诞生与发展，义务化都是促进志愿服务日趋完善的必要条件"，"个人和社会存在着相互依存、共同发展的权利义务关系，这种权利义务关系是人类社会发展的基础性关系之一。得到支持和帮助是权利，付出和奉献则是必要的义务"[1]。志愿服务的"义务化"在某些国家的法律政策规定中得到了一定的体现。比如，西班牙《志愿服务法》第十五条规定，"志工之服务年资得产生服兵役之效果"[2]。我国教育部印发的《学生志愿服务管理暂行办法》第九条规定："高校应给予自行开展志愿服务的学生全面支持，扶持志愿服务类学生社团建设，并将志愿服务纳入实践学分管理。"西班牙用志愿服务折抵服兵役，我国教育部用志愿服务置换实践学分，许

---

[1] 张晓红，苏超莉. 大学生"被志愿"：志愿服务的自愿性与义务化. 中国青年社会科学，2017（1）：122-127.

[2] 莫于川. 中国志愿服务立法的新探索. 北京：法律出版社，2009：431.

多国家用类似的方法来激励志愿者,促进志愿服务的发展。

那么,到底应当如何理解"自愿"与"义务"之间的关系呢?

联合国志愿服务人员组织 2011 年《世界志愿服务状况报告》对"自愿"的界定,在一定程度上回答了这一问题。报告指出:"自愿,是指志愿服务是志愿者自由意志选择的结果,而不是法定或者约定或者学业上的义务。志愿服务决定的做出可以是受到了同龄人的压力、个人价值观的影响,或者是文化、社会义务或责任的影响,但是当事人仍享有是否自愿的意志自由。例如,西班牙法律中提到的将社区服务作为服兵役的替代,或者是作为罪犯服刑的替代,不是志愿服务。"可见,即使作为激励措施,"义务"性也受到了一定的排斥。

不过,志愿服务目前在我国仍然处于发展阶段,通过多种手段和途径来促进志愿服务的发展是十分必要的。但是从志愿服务的本质及其长远发展来看,应当逐渐降低对"义务化"的依赖,克服、摆脱"义务化"的影响,坚持"自愿性"本质。当然,当志愿服务发展到一定水平时,或者说通过一定的"义务化"促进"自愿性"后,志愿服务也就全面实现"自愿"了。

第二,无偿原则。

志愿服务是无偿奉献的。志愿服务的动机是非营利趋向的,不以物质报酬为目的,明显区分于追求个人利益最大化的经济行为。这就保证了志愿服务的本质是奉献社会、服务社会。在志愿服务活动中,志愿者不得向接受志愿服务的组织或者个人索取、变相索取报酬,也不得收受、变相收受报酬,还不得接受志愿服务对象的捐赠。总之,志愿者不得以志愿者身份从事任何以营利为目的的活动。

当然,志愿服务的无偿性并不等同于完全免费。在志愿服务过程中,志愿者需要投入一定的时间和精力,因此志愿者可以得到一些补贴,如交通补贴、餐饮补贴等。尽管这些补贴在一定程度上可以弥补他在志愿服务过程中的成本投入,但是这些补贴的价值实际上远远低于他付出后所应该得到的收入。

同时,志愿服务组织也不得以营利为目的组织志愿服务,让志愿者成为免费或廉价的社会劳动力,变相地进行商业服务活动。当然,为了保障和促进志愿服务事业的健康发展,国家支持和鼓励志愿服务组织积极开辟多元的经费来源渠道。

其实,在西方一些法治国家,人们对志愿服务与义务服务、志愿者与义工有所区分。比如在西欧和日本,志愿服务为非营利性服务,志愿者可以要求、接受志愿服务对象为其提供基本食宿和最低生活费用。我们应该提倡并鼓励志愿者和志愿服务组织贡献自己的时间和精力、无偿地为志愿服务对象提供帮助的志愿奉献精神。与此同时，我们也应该倡导全社会尊重志愿者、志愿服务组织的志愿服务工作，尽可能为志愿者、志愿服务组织提供开展志愿服务工作所需的各种必要条件。

三、典型案例评析

有关基本原则的理解，尤其是自愿原则与无偿原则，志愿服务实践中涌现了一些相关案例值得关注。

第一，自愿与"被志愿"。

实践中，对自愿与"被志愿"之争案例很多。比如大学生群体就十分关注这个问题。许多高校十分鼓励学生参加志愿服务，推行相关政策，如申请入党需要累积一定的志愿服务时长，在学生人才培养方案中设置志愿服务学分，把志愿服务列入综合素质测定考核，与保研、奖学金等挂钩。此外，志愿服务证明在留学申请和海外求职时也有一定帮助。北京大学的某毕业生提道，"身边主动做志愿服务的同学不多，有些为了增加阅历去做网球公开赛和大型会议的志愿者，有些支教的同学是为保研。"中国人民大学某学生谈道，"真正想做志愿服务的人会长期坚持参加协会组织的活动，有部分同学会选择有空时偶尔参加，也有极少数学生不太认真，只是为了某些要求而不得不参加志愿服务。"[①] 那么，如何来看待这些质疑呢？

首先，志愿服务并不仅仅是要求个人牺牲自我价值，而是个人自我价值与社会价值的有机统一。我们帮助一个弱者，体现了社会的弱者关怀机制；我们参与一项公益事业，比如环保、信息公开，意味着在改善和发展公共环境方面社会能力在提升。每个人都可能经历某些方面的弱势情境，比如金钱、健康、心理、年龄等等，对于弱者的关怀和公共环境的改善，亦是对我们社会处境的改善。可见，志愿服务追求公共价值是个人实现个体责任和社会责任的统一。

其次，任何事业的发展都不可能是一蹴而就的，志愿服务也不例外。许多国家在志愿服务发展过程中都曾经采用过政策杠杆来促进其发展。比如上文提到的西班牙，再比如德国先后制定了《奖励志愿社会年法》及

---

① 大学生志愿服务为何被质疑？如何做"好事"?. (2017-08-07) [2018-06-07]. http://zgzyz.cyol.com/content/2017-08/07/content_16368695.htm.

《奖励志愿生态年法》，鼓励16岁到27岁的青年可暂时离开校园，投身社会或环保志愿服务的行列。志愿者可在租税、交通、社会保险等方面享有优惠①。

最后，志愿服务"帮助他人，使社会生活更美好"的"公益性"本质特征，使得其与共产党员的先进性、政府的全心全意为人民服务、青年学生的公民教育健康成长等要求高度契合，其不可避免地在一定程度上成为实现这些目标的抓手和衡量的标准之一，党政部门及学校的重视反过来又促进了志愿服务的普及和发展。应该说，这对于改变我国目前志愿服务整体水平并不发达、志愿服务区域发展不均衡、行业领域发展不平衡、志愿服务的价值尚未被全社会所认同、志愿精神尚未得到广泛传播、志愿服务对于现代治理的作用尚未充分发挥的现状，是有着积极促进作用的②。

针对大学生群体而言，其既面临着严峻的学习和就业压力，又肩负着报效国家、做国家建设的接班人的重要使命，志愿服务的价值理念与这些现实需求并非相互矛盾，而应加以合理引导与融合，使得志愿服务能够发挥最大的效应。总之，这些所谓的"被志愿"是通往完全"自愿"意义上的志愿服务的必由之路，不可一味地批评打击，而应当进行正确的价值引领。

第二，无偿与志愿者补贴。

志愿服务实践中，经常会向参与志愿服务活动的志愿者提供一定的补贴。比如，某社会服务机构向高校青年志愿者协会招募志愿者，就提出每人每天100元的补贴等。对此，也引发了一些疑问，无偿原则下能否发放补贴呢？

联合国志愿服务人员组织2011年《世界志愿服务状况报告》对"无偿"的精辟阐释，能够很好地解答上述疑问。"无偿（无经济动机），获取经济报酬不是志愿服务的首要目的，这里的无偿当然不排除对志愿服务花费的成本、补贴或者误餐、交通补助等等进行支付。这些事项的支付不仅不应排除，而且是值得提倡的良好做法，因为这样能够为志愿服务的可持续发展提供更好的保障和机会。在工作时间内提供的志愿服务，只要志愿者没有获取额外经济报酬的目的，也算作是志愿服务。在这种情况下，理解为公司自愿放弃了员工的工作时间，作为承担公司社会责任的一种方

---

① 曹波. 志愿者权益保护若干法律问题思考. 上海：复旦大学，2009.
② 张晓红，苏超莉. 大学生"被志愿"：志愿服务的自愿性与义务化. 中国青年社会科学，2017（1）：122-127.

式。同样，全职志愿服务项目，无论是国内的还是国际的，会为志愿者提供以维持服务地当地基本生活水平为标准而发放的津贴，依然是在无偿的范围之内。津贴的核定还会考虑远离家乡环境和失去正常的收入来源等因素。"

第三，无偿与商业机构志愿者招募。

北京某人力资源管理有限公司招募大学生志愿者，希望他们在"五月天 LIFE《人生无限公司》2017 MAYDAY LIFE TOUR—北京站"活动中提供观众服务工作，并许诺发放志愿服务时长记录证明。为了近距离一睹"五月天"的风采，学生们积极报名。现实生活中有不少类似的商业机构通过招募志愿者的方式来实现公司经营与运行的案例。面对此类"志愿服务"，也有不少人质疑，这是志愿服务吗？

回答当然是否定的。首先，志愿服务的无偿性要求志愿服务组织开展志愿服务的目的是非营利的。而很显然的是，这些商业机构都是营利法人，开展的活动也是以营利为目的的。其次，企业等营利法人当然也能提供志愿服务，企业志愿服务是其承担社会责任的重要表现形式。但是这里的企业等营利法人是以志愿服务提供方的方式出现的，而不是志愿服务的接受方，或者说通过使用企业外部志愿者来实现企业自身的利润最大化，这完全是曲解甚至背离了志愿服务无偿性原则。最后，志愿服务就像是一块金字招牌，无论是出于有心还是无意、善意还是恶意，一些与志愿服务毫无关系的人和事都被贴上"志愿服务""志愿者"的标签，混淆了公众对"志愿者""志愿服务"的认识，值得高度关注。虽然人人是志愿者，志愿服务人人可为、时时可为、事事可为是志愿服务事业的美好愿景，但也绝不能滥用。

第四节　志愿服务体制和职责

第四条　县级以上人民政府应当将志愿服务事业纳入国民经济和社会发展规划，合理安排志愿服务所需资金，促进广覆盖、多层次、宽领域开展志愿服务。

第五条　国家和地方精神文明建设指导机构建立志愿服务工作协调机制，加强对志愿服务工作的统筹规划、协调指导、督促检查和经验推广。

国务院民政部门负责全国志愿服务行政管理工作；县级以上地方人民政府民政部门负责本行政区域内志愿服务行政管理工作。

县级以上人民政府有关部门按照各自职责，负责与志愿服务有关的工作。

工会、共产主义青年团、妇女联合会等有关人民团体和群众团体应当在各自的工作范围内做好相应的志愿服务工作。

一、法律规范释义

《志愿服务条例》首次规定我国志愿服务的工作协调机制，明确了行政管理机关以及各级人民政府、各有关部门、工青妇等的职责。具体而言，包括以下内容：

第一，县级以上人民政府负责宏观规划、资金安排与积极促进。县级以上人民政府负责的是志愿服务的全局性、宏观性的工作。"规划"是指将志愿服务纳入整个国民经济和社会发展之中，资金安排也是针对整个行政区划范围的志愿服务整体而言，不断促进志愿服务事业朝着覆盖广、层次多、领域宽的方向发展，是要提升志愿服务事业的整体工作局面和发展水平。结合《志愿服务条例》的规定，具体工作包括：根据经济社会发展情况制定促进志愿服务事业发展的政策和措施，依法通过购买服务等方式支持志愿服务运营管理，建立健全志愿服务统计和发布制度，鼓励公共服务机构等对有良好志愿服务记录的志愿者给予优待，等等。

第二，国家和地方精神文明建设指导机构建立工作协调机制。志愿服务是一项社会性公共事业，党政机关、事业单位、人民团体、社会力量等都扮演着非常重要的角色，承担着重要的职责和责任。因此，在志愿服务工作的实施和推进中，国家和地方精神文明建设指导机构负责统筹建立工作协调机制，负责志愿服务的资源整合、统筹规划、协调指导、督促检查和经验推广。

第三，国务院民政部门及地方人民政府民政部门负责行政管理。志愿服务虽然是一项社会性公共事业，志愿服务立法也是社会性立法，但是随着近年来志愿服务的飞速发展，实践中也出现了一些乱象，亟须进行相应的规范。民政部门作为志愿服务工作的行政管理机关，对志愿服务进行管理与规范。根据《志愿服务条例》的规定，具体包括：对泄露志愿者有关信息、侵害志愿服务对象个人隐私的志愿服务组织的规范管理，对向志愿服务对象收取或者变相收取报酬的志愿服务组织、志愿者的行政处罚，对以志愿服务名义进行营利性活动的组织和个人的依法查处等。

第四，县级以上人民政府其他有关部门负责职责范围内的志愿服务工作。这里的"其他有关部门"，应该是指除了民政部门以外的工作部门。

比如，北京市社会建设工作办公室，教育部门、科技部门、文化部门、卫生部门等。这些工作部门应当结合自身的职权职责，积极推进志愿服务事业发展。根据《志愿服务条例》的规定，具体包括：在各自职责范围内为志愿服务提供指导和帮助，对在志愿服务事业发展中做出突出贡献的志愿者、志愿服务组织予以表彰、奖励，等等。

第五，工青妇等负责相应的志愿服务工作。在我国志愿服务事业的发展历程中，工青妇等人民团体积极发挥着各自的作用。无论是从全国还是从很多地方来看，共青团对现代志愿服务事业的发展功不可没。在中央，1993年共青团中央在全国范围内发起实施中国青年志愿者行动，将现代志愿服务理念和中华民族的传统美德进行了有机融合，并于1994年发起成立中国青年志愿者协会，这是我国成立最早的、规模最大的从事社会公益活动的全国性社会团体。在地方，北京、广州等地的志愿服务最早萌芽，它们最初的志愿服务立法甚至都离不开共青团组织的推动与促进。因此，《志愿服务条例》特别指出，工青妇等虽然法律地位为人民团体，但也同样应当在各自的工作范围内做好相应的志愿服务工作。

二、基本法理解说

志愿精神的大力弘扬和深入人心，志愿服务事业的繁荣发展，既需要党政各级领导部门的支持和促进，也需要通过行政机关的监督管理进一步规范志愿服务行为，同时还需要赋予志愿服务组织及其他主体的自主性尤其是行业组织的自律性，积极引导志愿服务事业的健康有序发展。按照中央的决策部署，经过这些年的强力普及和积极推动，目前我国已经形成了文明委统一领导、文明办牵头协调，由民政部门和相关部门各负其责，全社会共同参与的志愿服务工作机制，该工作机制在推动工作中发挥着重要的基础作用和保障作用。

现代志愿服务的发展，离不开志愿服务组织的兴起。志愿服务组织兴起的背景是"20世纪80年代以来，人们越来越认识到政府与企业在解决社会问题方面的局限性。除政府部门与营利部门外，一个良性运行的社会还需要有志愿者与志愿服务发挥'润滑剂'的作用"①。尽管如此，在志愿服务组织兴起的历程中、在志愿服务事业不断发展的过程中，党政领导、政府促进与监管等发挥着至关重要的作用。我国的志愿服务体系是典型的

---

① 邓国胜. 中国志愿服务发展的模式. 社会科学研究，2002（2）：108-110.

政府主导型志愿服务体系,或者是政府主导下建立起来的志愿服务体系。在我国,开展志愿服务的组织类型很多,既有政府部门和人民团体,又有民间组织、社会团体和企业单位,但从志愿服务组织的数量和结构的完整性上看,政府推动和发起的志愿服务组织和志愿服务活动占绝大多数。

其实,从世界上志愿服务发展较为成熟的国家和地区的经验来看,政府在推动志愿服务事业方面发挥了不可替代的作用。政府通过把志愿服务纳入国民经济和社会发展规划,为志愿服务的发展制定方针政策并提供稳定的资金保障,出台各项切实有效的优惠政策和表彰激励措施,鼓励社会各界和公众积极参与志愿服务,大力支持志愿服务事业的发展。例如,美国各级政府对志愿服务的资助数额巨大,占志愿服务资助来源的43%以上;加拿大每年为志愿服务事业的投入是865亿加元,其中政府投入占60%;英国非政府组织的收入来源也主要依靠政府资助。政府不遗余力地推进志愿服务事业的发展能够带来良好的社会效应。从各国公共服务改革的经验来看,随着社会管理体制的发展和完善,政府可以将自己的部分管理权力分流给志愿服务组织,使志愿服务组织能够协助政府承担部分公共服务职能。这样不仅可以减轻政府的负担,也可以有效降低公共服务的成本,提高公共服务的质量[①]。

文明委统一领导、文明办牵头协调。2008年,在中央文明委领导下,成立了由中央文明办牵头、有关部门参与的全国志愿服务牵头小组,负责全国志愿服务活动的总体规划和协调指导,督促检查各地开展志愿服务活动的情况,总结推广先进经验。2013年1月,中央文明委第一次全体会议增加了负责全国志愿服务活动总体规划、协调指导、督促检查的职责,进一步完善了志愿服务的领导体制。在《志愿服务条例》的立法过程中,文明办作为立法牵头单位,积极推进志愿服务制度化、法治化进程。总之,文明委、文明办在指导督促各地、各有关部门、各单位以及社会各界,各展所长、各尽其能,汇集资源,形成志愿服务合力等方面发挥着重要作用。

民政部门的行政管理。长期以来,我国民政部门负责制定我国的社会团体、基金会、社会服务机构(民办非企业单位)的发展规划和方针政策,负责起草相关的法律法规,制定部门规章,依法承担对社会团体、基

---

① 张晓红,赵少华,等.中国特色志愿服务模式.北京:新华出版社,2018:47.

金会和社会服务机构的登记与监督管理职责[①]。志愿服务组织的组织形式为社会团体、基金会和社会服务机构。除了登记等监管以外，根据《志愿服务条例》的规定，民政部在推进志愿服务组织实现多元化发展、行业自律和党建工作等方面也发挥着重要作用。同时，在推进志愿服务信息化发展的过程中，民政部推出了全国志愿服务信息系统，对志愿者注册、志愿服务时长记录以及志愿服务记录证明出具等工作的开展提供重要的技术支撑。此外，民政部在保障志愿服务事业健康有序发展、防止志愿服务滥用方面也肩负着重要的监督管理职责。

共青团等人民团体的积极推动。中国的青年志愿者活动是由共青团系统发起的。在地方，以"志愿者之城"深圳为例，1989年深圳团市委为了服务外来人口，维护他们的合法权益，在全国率先开通了"热线电话"和"热线信箱"。当时由于团市委权益部的人员有限，因此有人就提出采用志愿服务的形式，充分动员民间的人力资源。随着形势的发展，1990年成立了"深圳市青少年义务社会工作者联合会"[②]。在全国，1993年12月，共青团率先竖起"青年志愿者"旗帜，在全国范围内启动了"中国青年志愿者行动"。1994年12月，共青团中央发起成立中国青年志愿者协会，这是国家批准成立的第一个全国性志愿服务社团。20多年来，中国青年志愿者事业从无到有、从小到大蓬勃发展。2022年国务院新闻办公室发布的《新时代的中国青年》白皮书显示，截至2021年底，14岁至35岁注册志愿者已超9 000万人，他们活跃在社区建设、大型赛事、环境保护、扶贫开发、卫生健康、应急救援、文化传承等各个领域，弘扬奉献、友爱、互助、进步的志愿精神，在全社会形成团结互助、平等友爱、共同前进的新风尚。目前，全国有7 600多个共青团指导的县级志愿服务、文艺体育类青年社会组织，带动成立青年活动团体15万余个，基本实现县域全覆盖。全部省（区、市）、新疆生产建设兵团和2 000多所高校建立了青年志愿者协会。中国青年志愿者扶贫接力计划研究生支教团、大学生志愿服务"西部计划"连续18年派遣41万余名研究生、大学毕业生，到中西部2 100多个县（市、区、旗）开展扶贫支教、卫生医疗等志愿服务工作。青年始终是大型赛事志愿服务的主体力量，给千家万户乃至全世界留下深刻印象。"中国青年志愿者海外服务计划"累计派出超过700名青年志愿者，在亚洲、非洲、拉丁美洲的20多个国家开展医疗卫生、农业技术、土木工程、

---

① 阚珂. 中华人民共和国慈善法释义. 北京：法律出版社，2016：16.
② 谭建光. 中国广东志愿服务发展报告. 广州：广东人民出版社，2005：9.

工业技术、经济管理、社会发展等方面的志愿服务。中国军队青年官兵积极参加联合国维和行动，胸怀人间大爱，恪守维和使命责任，秉持人道主义精神，为世界和平与发展注入更多正能量。

其他部门承担的监管职责。除了民政部门外，财政、税务、审计、公安、工商等部门也对志愿服务活动承担着不同的监管职责，财政、税务、审计等部门对志愿服务组织的财务会计、享受税收优惠、财务会计报告的审计等情况进行监督管理，公安、工商等部门对志愿者、志愿服务组织的虚假志愿服务行为、"营利性"行为等进行管理。另外，志愿服务活动包括促进教育、科学、文化、卫生、体育等社会公益事业的发展，包括对老人、未成年人、残障人士等社会弱势群体的关爱，这些领域的主管部门在各自的职责范围内对志愿服务组织进行监督管理。

三、典型案例评析

《志愿服务条例》颁布实施后进行志愿服务立法的地方，在各自的地方性法律法规中关于管理体制的规定完全与《志愿服务条例》一致。然而，在《志愿服务条例》颁布实施以前，地方立法则有些不同。下面将以志愿服务实践发展水平较高、速度较快、成效较好的北京、上海和广东省为例，对此进行说明。

《北京市志愿服务促进条例》第五条规定："首都精神文明建设委员会和各区精神文明建设委员会加强对志愿服务工作的统一领导，建立健全由精神文明建设委员会办事机构牵头、有关部门和单位参加的志愿服务工作协调机制。精神文明建设委员会办事机构负责本行政区域内志愿服务工作的统筹规划、协调指导、督促检查、经验推广和宣传表彰，将志愿服务工作纳入群众性精神文明创建活动内容"。经过多年发展，北京在实践中已经形成首都文明委领导，首都文明办指导，社会工作委员会、民政、综治、共青团等部门共同参与，北京市志愿服务联合会具体实施的工作体制。在志愿工作机构方面，北京形成了"三会一中心"（联合会、基金会、研究会、市志愿服务指导中心）的市级工作机构体系，统筹推进全市志愿服务工作。上海、广东省情况也是如此。《上海市志愿服务条例》第八条规定："市、区精神文明建设委员会加强统一领导，建立和完善由精神文明建设委员会办公室牵头、有关部门和单位参加的协调机制，统筹规划本行政区域的志愿服务工作发展，协调指导有关部门和单位、社会力量协同开展志愿服务，督促检查工作情况，总结推广工作经验和宣传表彰先进典型。"《广东省志愿服务条例》规定，"县级以上人民政府应当引导、支持和促进志愿服务事业的发展,将志愿服务事业纳入国民经济和社会发展规划,为志愿服务活动提供保障";同时第五条规定,"省志愿者联合会指导和协调本省行政区域内的志愿服务活动,市、县(区)志愿者联合会(协会)或者义工联合会(协会)指导和协调本行政区域内的志愿服务活动。志愿者联合会在同级共青团组织的指导下开展工作,并接受民政主管部门的监督管理"。

结合这些颇具代表性的地方立法,不难看出:《志愿服务条例》引入行政管理和规制手段,突出民政部门的行政管理职权;地方立法重视共青团组织的指导,充分发挥志愿者联合会等行业组织的作用。两者之间还是存在一定差异的,日后无论是《志愿服务条例》的贯彻落实,还是地方立法的修订,处理好志愿服务的体制机制问题十分关键。值得一提的是,志愿服务的发展与其他行业不同,其不仅仅是行政管理的问题,更多的是社会共治的问题;不单单是"规范"的问题,而且是或者说更重要的是"促进"的问题,"规范"只是手段,"促进"才是根本目标[①]。

思考与讨论

1. 我国为何要制定《志愿服务条例》?
2. 志愿服务的定义是什么?
3. 你认为哪些活动属于志愿服务?
4. 志愿服务活动中所遵循的基本原则是什么?
5. 我国志愿服务的管理机关有哪些?

---

① 许莲丽. 地方立法对志愿服务制度化的推进效应:以北京市为例. 中国社会工作,2018(22):50-51.

第六章
志愿者与志愿服务组织

志愿者和志愿服务组织是《志愿服务条例》所规范的重要对象。一方面，本章明确了志愿者的定义，以及志愿者如何进行个人基本信息注册；另一方面，本章对志愿服务组织的概念加以明确，规定了志愿服务组织的三种主要组织形式，对志愿服务组织成立行业组织和志愿服务组织中的党建活动开展予以规范。

第一节 志愿者与志愿服务组织的定义

第六条 本条例所称志愿者，是指以自己的时间、知识、技能、体力等从事志愿服务的自然人。

本条例所称志愿服务组织，是指依法成立，以开展志愿服务为宗旨的非营利性组织。

一、法律规范释义

第六条是关于志愿者及志愿服务组织的定义的说明。联合国将志愿者（volunteer）定义为"自愿进行社会公共利益服务而不获取任何利益、金钱、名利的活动者"，具体指在不为任何物质报酬的情况下，能够主动承担社会责任而不获取报酬，奉献个人时间和行动的人。

二、基本法理解说

如前文所述，按照《志愿服务条例》的规定，志愿者是要以自身的时间、知识、技能、体力来从事志愿服务的自然人，其定义包括了三个方面的要义：首先，志愿者在从事志愿服务的过程中需要具备四种类型的资源，即"时间、知识、技能、体力"；其次，志愿者需要提供的是具有志愿性质的服务；最后，志愿者一定是自然人。此三个方面的要义，缺少任意一个方面都不能称为志愿者。《志愿服务条例》所称志愿者，是较为狭义的理解。通常认为，从广义上说，凡是从事志愿服务的人都是志愿者，即志愿者就是不以获取报酬为目的，自愿、无偿以智力、体力、技能为他人和社会提供服务的人。从狭义上说，志愿者仅指经过志愿服务组织登记注册从事志愿服务的人，不包括未通过志愿服务组织从事志愿服务的人。

由此，我们可以分解得出，志愿服务有几个基本特征，即自愿性、无偿性和公益性。自愿性是志愿服务的首要特征。所谓自愿性，是指基于自己的自由意志，自主服务于他人和社会的利益。与自愿相对应的是强制，即不得不从事某种行为，或者说负有一定的个人义务或者法律责任。依照自愿性的要求，志愿服务提供者可以自主决定是否从事志愿服务，自愿受到志愿服务法律关系的调整。在地方立法实践中，自愿性在志愿者、志愿服务的定义或者志愿服务法原则中均有体现。多地以专条专款的形式明确了任何组织和个人不得强行指派志愿服务组织提供服务，不得强迫他人从事志愿服务。无偿性是志愿服务的重要特征，甚至被视为志愿服务区别于市场服务与国家服务的本质特征。市场服务是有偿的，它体现等价交换的经济原则和权利义务对等的法律原则；国家服务即公共服务与市场服务不同，但它通常与公民的纳税义务相关联，公共服务通常以税收为基础，有些公共服务还与收费相联系；志愿服务与市场服务和公共服务不同，它是无偿提供的一种服务，提供志愿服务的组织和个人不能接受相应的报酬。

志愿服务的无偿性是志愿服务的基本特征，其主要体现为志愿服务组织和志愿者从事志愿服务不以获取报酬为目的。不以获取报酬为目的是志愿服务的主观要件。志愿服务的无偿并不意味着志愿服务提供者得不到任何形式的回报，只是不能表现为金钱、物品等方面的对价偿付，无偿性不排除志愿者可以得到相应的从事志愿服务活动限度内的基本补贴以及相应的保险，也不排除来自政府和社会的精神性或象征性的表彰和奖励。公益性是志愿服务的价值特征，同时决定了志愿服务行为的目的属性。志愿服务行为可以根据志愿服务对象的不同而分为两类：一类主要针对的是弱势群体的帮扶，如对残疾人、贫困人口的帮助等，这种志愿服务可以被纳入社会保障体系的范畴之中；还有一类主要是为大型赛会或者其他大型活动提供服务。前者表现为志愿服务对象上的个体性，即最终获益的是志愿服务对象个人，而后者最终获益的是不特定的多数人或者说是公众受益。当然，这并不是严格意义上的逻辑划分，而是一种描述式的划分。

通过志愿服务的公益性特征，我们可以排除单纯基于家庭、友谊等私人情感和利益提供服务的行为。自愿性、无偿性与公益性在社会志愿服务活动与地方性志愿服务立法中并不存在争议，能够获得较为广泛的认可，但无论是学界、立法界还是志愿服务实务界，对于志愿服务的组织性特征都存在着较多较大争议[①]。

三、典型案例评析

案 例

云南1 900名大学生志愿者参加集训 在南博会期间提供优质服务

2015年第3届中国-南亚博览会暨第23届昆交会（以下简称南博会）开幕倒计时20天之际，从驻昆各高校选拔出的1 900名南博会志愿者齐聚云南中医学院，参加了志愿者培训班的集训。展会期间，他们将运用自己学到的礼仪、南亚和东南亚国家风土人情知识、云南省省情、展会安保知识等内容，服务好各方嘉宾。每届南博会上，穿梭忙碌在展馆内外的青年志愿者都是展会上一道亮丽的风景线，这些来自驻昆各高校的青年学生用他们的热情和周到服务给参与这场国际盛会的中外来宾留下了深刻的印象。本届南博会上，这道青春风景线仍将一如既往地闪耀。在云南中医学院的集训上，志愿者们在专业培训老师的带领下，细致地学习了"志愿者的角色与使命是什么""跨文化交流与礼仪的相关内容"等多方面的专题知识。已连续参加过两届南博会的志愿者李振又一次出现在了此次南博会志愿者的行列中。面对首次成为志愿者的学弟学妹，他分享了自己的服务经验："首先要有时间观念，遵守纪律，熟悉自己和外宾的工作。同时要树立平等观念，在尊重外宾的前提下也尊重我们国家的文化和风俗，做到不卑不亢。"在他看来，每个志愿者都需要用过硬的自身素质、温暖的微笑、周到的服务，向国内外来宾展示当代云岭青年的形象，为云南添彩。为了更专业有序地开展南博会志愿服务，团省委还建立了志愿者信息库，对每一位志愿者的专业、特长、服务

---

① 肖金明，龙晓杰. 志愿服务立法基本概念分析：侧重于志愿服务、志愿者与志愿服务组织概念界定. 浙江学刊，2011 (4)：136–143.

意向等信息进行了存档和储备，通过志愿者数据库的数据挖掘和分析，对志愿者的岗位配备等提供了充足的优化空间。

资料来源：云南1 900名大学生志愿者参加集训 将在南博会期间提供优质服务，http://www.chuxiong.cn/xwpd/snxw/593182.shtml.

【点评】

开展志愿服务的组织者、志愿服务组织不仅是在活动中提供服务，同时要对志愿者进行培训以提高志愿者的个人素质及技能水平。随着南博会的筹办，争当南博会志愿者已成为驻昆高校学子们一年一度的社会实践盛会。每一位通过选拔参与到南博会志愿服务中的高校学子都表示非常自豪，往届南博会的志愿者，也在就业时因此成为用人单位优先选择的"香饽饽"。本案例中开展的培训根据南博会的需要，有针对性地对志愿者进行南亚和东南亚国家风土人情、云南省省情、展会安保及礼仪的综合培训。

案 例

邻里互助综合包户 "西城大妈"笑脸相约

2018年的4月，北京市西城区的志愿者、爱心人士纷纷走进校园、街道、社区，开展形式多样的"学雷锋"志愿服务主题活动，引导更多的人投身到"学雷锋"活动中来。1983年，天桥街道组织11个行业22个单位的团员青年，与30户36位孤寡病残老人签订了《综合包户服务协议书》，义务为包户对象提供送医送药、送米送煤、接送洗澡等服务，开启了北京市"综合包户"志愿服务活动的先河。此后的35年间，各种形式的"学雷锋"志愿服务活动在天桥地区乃至整个西城区薪火相传。"范进卯灶具维修服务队"已经志愿服务了29年。1989年，"虎坊路社区燃气灶具维修岗"以"全国劳动模范"范进卯的名字命名，为社区居民提供燃气灶具的安装、维修以及燃气知识普及等志愿服务。2011年，范师傅退休后，他的徒弟都宇、王迁先后接手这支队伍，继续带领志愿者服务居民。虎坊路社区是20世纪50年代末建成的老社区，社区居民以老年人居多。2012年5月，在李丽英等的倡议带动下，社区成立"助老邻里帮帮团"志愿服务队，带领志愿者从生活助老、安全助老、文化助老三方面开展为老服务。

作为北京市"学雷锋"志愿服务活动最早的发源地之一,天桥街道已有注册志愿者8 176名,志愿服务内容从最初的修鞋、修锁、洗衣,发展到咨询、素质教育、文体健身、科学普及等,成立了8个社区志愿者之家、3个志愿服务岗亭,形成了多方位、全覆盖的"八家、三岗"志愿服务空间布局。如今,不仅天桥街道,西城全区"学雷锋"志愿服务活动都已蔚然成风。目前,西城区注册志愿者团队数量已有4 400余支,实名注册志愿者28.8万人,约占西城区常住人口的21.5%。西城区志愿服务体制机制已逐步完善,志愿服务内容不断丰富创新,正逐渐形成具有西城地域特色的志愿服务体系,"综合包户""西城大妈"等志愿服务品牌深入人心。

资料来源:邻里互助综合包户 "西城大妈"笑脸相约.中国文明网,2018-04-04.

【点评】

近年来,西城区在深化天桥街道"邻里互助 守望幸福"综合包户志愿服务行动的基础上,借鉴德胜街道"志愿者与老人'笑脸'相约"助老志愿服务工作经验,在全区推出"邻里互助 笑脸相约"志愿服务主题活动,为社区有服务需求的高龄空巢、孤寡、失独、失能老人开展多种多样的志愿服务活动,为老年人提供生活照料、健康保健、心理抚慰、应急救助等服务;组织老年人开展"手工编织""文体娱乐""益智游戏"等文化娱乐活动,让老年人"老有所养""老有所乐""老有所学""老有所为",展现当代老年人热爱生活、积极乐观的精神风貌。目前,西城区的志愿者与社区的空巢老人、残疾人都形成了一对一的结对关系,开展日有联系、周有探视、月有活动、年有慰问的"四有服务"。案例体现了志愿精神的传承,同时随着志愿服务的开展也逐渐形成了深入人心的品牌项目。志愿精神的第一要义是"自愿",当每一个人都形成了"我要为社会做点儿事"的意识,社会才能发展成为健康社会。

第二节 志愿者的个人基本信息注册

第七条 志愿者可以将其身份信息、服务技能、服务时间、联系方式等个人基本信息，通过国务院民政部门指定的志愿服务信息系统自行注册，也可以通过志愿服务组织进行注册。

一、法律规范释义

本条内容规定的是关于志愿者基本信息注册的要求，包括了注册的内容以及途径。按照此条文规定，需要注册的志愿者可以将其身份信息、服务技能、服务时间、联系方式等个人基本信息进行注册，注册途径有两种，一是通过国务院民政部门指定的志愿服务信息系统自行注册，也可以通过志愿服务组织进行注册。

二、基本法理解说

志愿者进行注册有两个渠道，一是以民政部门指定的系统自行注册，二是通过志愿服务组织进行注册。当然这些信息要真实、准确、完整。民政部在全国志愿者队伍建设信息系统的基础上进行了升级改造，开发了全国志愿服务信息系统——中国志愿服务网站。志愿者可通过在浏览器地址栏中输入全国志愿服务信息系统网址（https://chinavolunteer.mca.gov.cn/），点击页面上方"志愿者注册"链接进行个人注册。志愿者需要选择自己所属省份，进入该省份志愿者注册页面，填写真实姓名、证件号码、政治面貌、籍贯、民族、电子邮箱等注册信息，点击页面底部"申请成为实名注册志愿者"按钮完成注册[1]。

"志愿中国"是在共青团中央指导下的中国注册志愿者信息系统，是共青团中央联合国家发展和改革委员会、中国人民银行开展的青年信用体系建设先导工程。"志愿中国"网站提供团员和志愿者注册，志愿服务组织注册和管理注册，志愿者保险及相关激励领取等核心功能。目前"志愿中国"信息系统共注册志愿者9 000万余人，覆盖32个省（区、市）[2]。为保证志愿服务工作的长期稳定开展，志愿者注册工作十分必要。通过注册平台对志愿者的服务时间、服务内容、服务对象等进行详细的登记，更加规范地管理志愿者，在对志愿服务工作进行有效的评价和长期运行的同时保障了志愿者的权益。

---

[1] 中国志愿服务网，https://chinavolunteer.mca.gov.cn/NVSI/LEAP/site/index.html#home.

[2] 志愿中国网，http://www.zyz.org.cn/.

三、典型案例评析

案 例

四川万名法援志愿者获"身份证"

2006年11月25日上午,四川600名法律援助志愿者在成都市幸福梅林广场郑重宣誓,启动"构建和谐社会,法律援助志愿者万人大行动"活动。与此同时,四川省21个市州同步在当地举行了启动仪式。在活动现场,来自社会各界的志愿者们领到了法律援助的"身份证"——法律援助志愿服务证。这本蓝色的服务证,扉页上印有"帮助他人 服务社会"的誓词,记有志愿者的姓名、地址以及注册机构和资格证号等各种信息,服务证还将记录每一个志愿者每次志愿服务的情况,法律援助志愿者队伍也将更加正规,服务的时间、内容以及服务对象满意与否的签字都将在这本志愿服务证上体现。预计3年至5年的时间,全省法律志愿者将扩充到10万名左右。

资料来源:四川万名法援志愿者获"身份证" 法援队伍更正规. 搜狐网,2006-11-26.

【点评】

完善志愿服务管理的前提是要完善志愿者的注册管理,志愿者注册是规范志愿服务的第一步。本案例中志愿服务证的使用一方面促进了志愿者的管理,另一方面也增加了志愿者的荣誉感和使命感。此举将意味着法律援助为弱势群体推开更广阔的大门,如果志愿者因为志愿服务受到各种奖励,也会在服务证上的"荣誉记录"中记录下来。法律援助志愿者无疑是对法律服务资源不足的补充。很多群众合法权益受到侵害时自己却懵然不知,法律援助志愿者及时提供咨询和帮助,能够让他们的合法权益得到相应的维护。这也是扩大法律援助覆盖面,实现法律援助工作高效率、低成本运作的有效方式,在一定程度上能够解决群众请律师难、打官司难的问题。

案 例

广东推广注册志愿者证 优秀者最多可享79项"福利"

2016年12月4日,为迎接第31个国际志愿者日的到来,团省委联合省发改委等54家单位共同发布启动"志愿广东，信用南粤"广东志愿者守信联合激励计划，指出经过"广东志愿者"信息管理服务平台（"i志愿"系统）注册、认证的广东星级志愿者，将可享受包括升学、创业、积分入户等在内的最高79项激励"福利"。数据显示，广东已经是国内拥有实名注册志愿者人数最多的省份。截至目前，广东省共拥有4万个志愿服务组织，注册志愿者超过780万人，其中一星志愿者243 177人，二星志愿者30 569人，三星志愿者16 184人，四星志愿者3 265人，五星级志愿者6 208人。

依据《广东省星级志愿者资质认证管理办法》，志愿者在"广东志愿者"信息管理服务平台注册后，参加志愿服务时间累计达到100小时的，认定为"一星志愿者"；达到300小时的，认定为"二星志愿者"；达到600小时的，认定为"三星志愿者"；达到1 000小时的，认定为"四星志愿者"；达到1 500小时的，认定为"五星志愿者"。《关于实施广东省志愿者守信联合激励加快推进青年信用体系建设的行动计划（征求意见稿）》已明确的激励措施共42条，其中星级志愿者将会在教育、就业创业、文化旅游、社会保障、金融等方面获得便利和优惠，而个人志愿服务记录在升学、就业、晋升、贷款时都将作为重要参考。对于志愿服务超过1 500小时的广东省五星志愿者，政策还规定，志愿者在申请积分入户时社会服务得分将按单项累计最高分计算，不受年限得分等条件限制，同时在同等条件下优先办理；五星志愿者还可在省内公园、旅游景点等场所原则上享受免票游览等便利服务。此外，腾讯、阿里巴巴、百度、东方航空等近20家企事业单位和社会组织，提供了招聘优先录用、消费优惠、诚信机票、创业扶持等各类激励措施。由于志愿者获得联合激励的第一步是注册志愿者证，广东省将从12月起面向全省发行推广注册志愿者证。作为国内首个全面发行注册志愿者证的省份，省志愿者联合会联合中国银行广东省分行、光大银行广州分行对广东志愿者平台的注册志愿者提供专属身份凭证。注册志愿者证的卡片内置储存个人信息的芯片，配有个人数码照片等，卡片数据与"i志愿"平台对接。

资料来源：广东推广注册志愿者证 优秀者最多可享79项"福利". 搜狐网，2022-03-31.

【点评】

本案例中，广东省联合激励对象为有完整良好的志愿服务记录、连续三年无不良信用记录的志愿者，其中广东省五星志愿者为特别优秀志愿者并可享受更多激励措施。相关企业还联合成立志愿者守信激励爱心联盟，持续更新、提供对志愿者更有针对性的激励措施。"i 志愿"平台系统随时随地就可以做公益，注册志愿者可以自主选择服务活动，从而提高了志愿者的主动性。通过平台注册志愿者证，让志愿者享受多项"福利"，更好地激励了志愿者参与志愿服务的斗志。案例中的做法在一定程度上弥补了激励机制的偏差，志愿服务工作虽然是志愿的，但是也需要对志愿者有一定的激励，这样才能吸引更多的人持续加入志愿服务队伍。

案 例

"志愿云"系统

2008 年北京奥运会前期，奥组委须招募大量优秀志愿者服务奥运会，面临招募和管理的问题，奥组委开发了北京奥运会志愿服务注册管理系统。奥运会过后，其带动的志愿服务事业方兴未艾，志愿服务在全国各地蓬勃发展，许多奥运时期积累下来的经验成果适应转化，原来的奥运会志愿服务注册管理系统也适应实际需要，综合国内各省、各地市志愿者管理系统的优点，同时结合志愿者信息系统标准，经过了不断的改造升级，在 2007 年、2010 年和 2013 年三次大的改版后逐渐趋于完善，从此前的面向赛会到面向全北京市，再到跨省市面向全国，乃至消弭地域限制，诞生了现在的"志愿云"系统。

"志愿云"系统作为一个产品化的志愿者信息系统，旨在建立志愿者记录和激励长效激励，实现志愿团体科学管理，实现志愿者和项目有效对接，最终实现志愿服务需求和供给的对接。通过"志愿云"系统的功能，可帮助管理部门及有关组织制定志愿服务的相关政策，引导社会资源支持志愿服务发展，提高志愿者参与志愿服务的荣誉感与积极性。

"志愿云"系统提供志愿者注册的功能，志愿者在系统中点击网页进入注册页面，按要求填写相应的信息注册，通过实名认证后才可以获得系统分配的统一志愿者编号，然后志愿者可以参加在线培训，加入志愿团体，参加志愿项目，记录服务时间，下载服务证明和评价志愿团体或项目。这种实名制注册的功能，通过姓名和身份证件号对志愿者注册进行管理，杜绝反复注册，是对志愿者和团体的诚信约束，是志愿者和志愿团体诚信的体现。志愿者进行实名注册，以实名的方式参与项目，志愿者的诚信可以保证团体和项目良好地运行，志愿者参与志愿项目的志愿服务记录将终生保留，以此为基础又可以实现后续对志愿者的激励回馈、保险证明等。"志愿云"系统的志愿者注册，可实现条块结合的志愿者分类和管理，既可通过地域分布，又可以通过行业系统，还可以通过自由加入的方式来实现对志愿者的有效分类和管理。另外，志愿者在一地注册并参与志愿服务后，当因为各种原因离开某城市转往其他城市，再参与志愿服务时，登录"志愿云"系统，其所有的志愿服务记录便可以实现异地转移和接续。

志愿团体"云"管理：志愿团体在系统中注册，按照要求，填写完账户信息、团体基本信息、联系人信息和负责人信息，点击提交，会交由该注册团体所选择的上级团体来审核。通过最终审核后，就可以管理本团体的志愿者、志愿项目，审核下级团体的志愿项目，认领志愿者发布的志愿服务需求。"志愿云"系统拥有无穷分级、灵活多变的志愿团体授权模式。志愿团体除具备基本的本团体志愿者和项目的管理权限外，较高级的还可以拥有直接发布项目、拥有下级团体、拥有志愿者库和快捷审批角色等多种类别权限，所有关于志愿团体的管理功能可以自由组合，并且分别授权，实现对某个或者某一类团体的授权。"志愿云"系统采用扁平化和组织化相结合的志愿团体组织结构方式，可以有效避免各自的结构弊端，发挥各自优势。在对外展现上，所有志愿团体均为平行的关系，志愿团体的排名取决于该团体的活跃度，这使得所有的志愿团体均站在同一平行线上，相互间借鉴学习，互相交流，营造出百花齐放各领风骚的志愿服务局面。志愿团体在对内管理上则按照一级管理一级的方式，这使得志愿团体之间的归属明确、脉络清晰，在项目管理上规则完善，上下一贯，实现了对志愿团体的有序、严谨的科学管理。

在"志愿云"系统中，志愿项目须依托志愿团体来发布，且须交由上级团体审批（除非团体开通直接发布项目权限）。这种层层负责审批的志愿项目发布模式，可以规避项目发布风险，使平台的项目发布效率进一步提高。发布的项目通过审核后，就可以进行对该项目志愿者的招募、录用、联系、排班、计时和评价等功能。同时，志愿项目可以按照设定的项目起止日期和招募起止日期自动调整项目状态，减少管理人员工作量。一个完整的志愿服务项目展开，前期要对志愿服务需求进行调研，再对志愿服务需求进行评估，设计出符合需求的项目，之后要对志愿服务项目进行宣传推广，营造出志愿服务的氛围，号召和动员大家参与到该项目中来。"志愿云"系统帮助每个志愿服务项目实现了完整流程管理，项目的负责人熟悉了系统的操作流程，很容易就会发现系统的优越性。志愿者想要参与项目负责人发布的项目，就要先进行实名注册，当项目负责人选拔出合适的志愿者人选后，往往会对志愿者进行必要的培训，确保有一定的能力进行志愿服务。"志愿云"系统还提供了大量的培训课件，项目负责人可以选择这种在线培训的方式。项目负责人必须明白志愿者除了自身须履行的义务外还享有相应的权利，包括接受培训的权利，要给志愿者基本的保障、保险，要为志愿者记录服务时间，"志愿云"系统在线生成志愿服务证和计时证。志愿服务证具有身份识别、时间记录、激励回馈、保险证明等功能。当志愿项目结束后，双方可进行互相评价，总结志愿服务中的得失，好的经验和做法继续延续下去，不好的经验和做法则及时修正和摒弃，努力将志愿服务做到更好，让志愿者满意，让接受志愿服务的对象也满意。以上志愿服务项目展开，简言之，围绕"调、设、宣、注、招、培、管、保、激、评、记、转"，通过网络技术手段，依托"志愿云"系统平台，便捷高效地开展志愿服务项目的日常管理。另外，在"志愿云"系统中，志愿者的计时方式灵活多样，最大限度地满足多种情况的需要。每个志愿项目发布时，系统会默认进行自动计时，在项目结束时给所有参与项目的志愿者自动记录服务时间。当录入数量较大时，可以生成工时码发给志愿者自行录入。志愿者如果发觉负责人所给工时不对，还可以自己申报工时。

志愿数据"云"分析："志愿云"系统每天凌晨根据志愿者数据、志愿团体数据、志愿项目数据、志愿者与团体关系数据、志愿者与项目关系数据、团体与团体关系数据、志愿者服务时间数据、志愿者评价数据、志愿团体评价数据等自动分析出志愿者、志愿团体和志愿项目的统计结果。这些统计结果可有助于管理者用来观察和探讨志愿服务的大体发展状况，并因之制定或改动相应的志愿服务制度，将志愿服务引向更好的发展道路。

资料来源：中国志愿服务联合会网，https://www.cvf.org.cn/cvf/contents/12206/8908.shtml。

【点评】

一套完善的注册平台可以更好引导和激励志愿者参与志愿服务，便捷地记录志愿服务时间。依照志愿服务时间，有关机构可以对志愿者评定星级、制定激励措施，让志愿者在"奉献"的同时享受应有的"福利"。"志愿云"系统不仅经受过奥运会等重大志愿者活动高峰期的考验，而且还随着互联网的发展不断进行升级和完善。2021年，"志愿云"全国版小程序上线，提供志愿者和团体注册、活动报名、项目发布、成员管理、时长记录等功能。除了"志愿云"外，我国各地也在积极探索便捷的志愿服务线上系统，例如"志愿深圳"小程序、北京"地铁志愿者"App等。

第三节 志愿服务组织的组织形式、行业管理和党建活动

第八条 志愿服务组织可以采取社会团体、社会服务机构、基金会等组织形式。志愿服务组织的登记管理按照有关法律、行政法规的规定执行。

第九条 志愿服务组织可以依法成立行业组织，反映行业诉求，推动行业交流，促进志愿服务事业发展。

第十条 在志愿服务组织中，根据中国共产党章程的规定，设立中国共产党的组织，开展党的活动。志愿服务组织应当为党组织的活动提供必要条件。

一、法律规范释义

第八条是关于志愿服务组织的组织形式的说明，第九条、第十条是关于志愿服务组织成立管理及党建活动的说明。按照条文规定，志愿服务组织可以采取社会团体、社会服务机构、基金会等组织形式进行志愿服务。志愿服务组织的登记管理按照有关法律、行政法规的规定执行。志愿服务组织可以依法成立行业组织，反映行业诉求，推动行业交流，促进志愿服务事业发展。在对志愿服务的政治性要求方面，又明确规定了在志愿服务组织中根据中国共产党章程的规定设立中国共产党的组织，

开展党的活动,尤其还强调了志愿服务组织应当为党组织的活动提供必要条件。

二、基本法理解说

志愿服务的行业组织是枢纽型组织。从广义上分析,志愿服务组织包括一切经过官方认可或者未经官方认可的以组织形式存在的实体。在我国,广义的志愿服务组织可能以如下一些形态存在:

一是微型志愿者团队,即两个以上的人聚集起来志愿从事服务他人或者社会的活动,并且形成了长期的行为。

二是自发形成的未经过登记且有一定规模的志愿服务组织。

三是自发形成并在工商部门登记的以志愿服务活动为主要内容的企业,主要是一些专门从事志愿服务的组织,它们符合《社会团体登记管理条例》的一般要求,但因为没有合适的主管机关而在工商部门登记。

四是组织志愿服务活动的机关、非营利性事业单位和社会团体。

五是国家机关、非营利性事业单位、社会团体以及村民(居民)委员会等在内部成立的从事志愿服务的组织。

六是依据《社会团体登记管理条例》登记成立的专门从事志愿服务的社会团体法人。狭义的志愿服务组织是指依法在民政部门登记注册、专门从事志愿服务的公益性社会团体。

三、典型案例评析

案 例

2018年起,地铁将实行按服务贡献量换取免费票,未提供服务的志愿者不再获得赠票。领取免费票的时间将按月计算,以上月服务贡献值进行发放,取票方式变更为到车站取票机领取。该项规定实施前,地铁志愿者的赠票是按照季度发放,通过审核的志愿者不管是否提供服务,每个月都可获取6张免费票,每季度18张。在实际工作中,并不是每个志愿者都切实提供了服务。据了解,以一个较大站区为例,注册志愿者有将近3 000人,每季度领票的志愿者有1 500人左右,但实际提供服务的志愿者仅有100人左右，占比只有3‰。目前，志愿者的服务包括日常报送和现场服务两种。日常报送主要包括举报乞讨卖艺、发放小广告以及发现违规翻越闸机等行为。现场服务则包括参与车站客流疏导、参与车站宣传、突发情况下到站协助工作等，能获得较高的分数。日常报送一般在1分左右，而现场服务则需要至少20分。

  北京地铁公司平安地铁志愿服务总队自2015年9月开始面向全市招募平安地铁志愿者。在日常乘坐地铁过程中就可以开展志愿服务，具体内容包括：主动发现和抵制违反《北京市轨道交通运营安全条例》的行为，并及时报告相关情况；在乘车过程中自觉维护地铁乘车秩序，按序进出车站，引导乘客文明乘车、文明乘梯；自觉维护地铁站车环境，随手捡拾站内车内垃圾、小广告；做突发事件处置的协助者，当遇到地铁故障等突发情况时，积极配合工作人员做好乘客组织疏散工作；做可疑人和可疑物的发现者、报告者，发现可疑人、可疑物、可疑事及时报告；做乘客自助服务的引导者、指导者，主动帮助有需要的乘客进行自助服务等。虽然服务的内容并不算难，但为了确保乘客安全，地铁现在增加了志愿者的申请难度。目前，申请者要每月乘地铁超20次，且通过关于地铁应急知识的简单考试。考题是十道单选题，包括地铁大客流疏散措施、地铁车门发生夹人夹物情况的处理以及安全标识的辨认等。

  资料来源：刘珜. 北京地铁明年变更志愿者赠票规则　志愿者不服务不再获赠地铁票. 搜狐网，2022-03-31.

【点评】

  本案例中，地铁票是作为参与志愿服务的一种"福利"，对于没有参与志愿服务的志愿者理应取消领取地铁票的资格。新规定实施前，地铁志愿者的"福利"发放存在很大的问题。"志愿者不管是否提供服务，每个月都可获取6张免费票"导致了部分参与志愿服务的志愿者产生心理落差，也让一些贪图"福利"的人钻了空子。按照新规则，参与现场服务越多的志愿者，能获得越高的"积分"，从而获得更多的免费票。相反，没有参与现场服务也不参与日常报送的志愿者，则不能获得赠票。同时，地铁也建立了相应的志愿者退出机制，不符合条件的志愿者也需要退出，以便提高志愿者团队的整体水平。

案 例

张家港市打造"志愿者+行业服务"新模式

近年来,张家港市着力推进学雷锋志愿服务制度化常态化,着力扩大志愿服务覆盖面影响力。该市各职能部门也积极行动,有组织、有计划地开展规范化、专业化的行业志愿服务,吸纳社会志愿者广泛参与,打造"志愿者+行业服务"的新模式,有效延伸了服务触角,得到了市民的认可。在发动本行业工作人员积极参与的基础上,广泛吸纳社会志愿者加入行业志愿服务队伍,并积极开展志愿服务基础知识和专业技能培训,保证行业志愿服务队伍的基本素质和专业技能。文广、城管等部门还成立了行业志愿者协会,越来越多的社会志愿者加入协会成为行业志愿服务的主力军,通过协会的桥梁作用,消除了群众对政府部门的陌生感,密切了血肉联系,形成"政社联动"的良好局面。各职能部门紧密结合各自行业的特点,精心策划针对性强、操作性强的志愿服务项目,建立供需对接平台,实现志愿者、服务对象和活动内容的有效衔接。要加强志愿服务基础知识和专业技能培训,不断提升行业志愿服务队伍服务技能,推进志愿服务更加专业化,打造一批具有行业特色的志愿服务品牌。

资料来源:中国文明网,http://images2.wenming.cn/web_wenming/syjj/dfcz/js/201703/t20170306_4095371.shtml。

【点评】

强化行业志愿服务领导,培育行业志愿服务队伍,提升行业志愿服务水平。市文明办负责统筹协调全市行业志愿服务工作,加强与各方面的联系沟通,从政策、平台、培训、项目等方面为各行业部门有效开展行业志愿服务提供支持,并加强督查考核。各行业部门落实志愿服务专职工作人员,并做好志愿者招募培训、志愿服务项目设计开展、志愿服务时间记录、志愿者后勤保障等各项工作,推动行业志愿服务规范、长效发展。行业组织的职能在于反映行业诉求,推动行业交流,除此之外各自行业有各自的特点,对接有针对性的志愿服务项目可以提升志愿服务的水平,打造具有行业特色的品牌服务,从而促进志愿服务事业发展。行业志愿服务联盟由文化、城管、综治、教育、环保等部门倡导成立,是相关行业部门志愿服务工作的大联合,其有效运行有利于打破部门壁垒,实现志愿服务资源的共建共享,推动行业志愿服务生态圈建设。通过政府推动、媒体宣传、联盟推进工作的共同努力，越来越多的行业主管部门和社会组织、志愿团队、志愿者参与行业志愿服务实施，推动其志愿服务工作的整体进步。

思考与讨论

1. 志愿者的定义是什么？
2. 志愿服务组织的定义是什么？
3. 志愿者如何进行信息注册？
4. 志愿服务组织可以采取哪些形式？
5. 你知道有哪些志愿服务行业组织？试列举三个。

第七章
志愿服务活动的基本要求

志愿服务活动是志愿者开展志愿服务的重要形式，也是《志愿服务条例》规范的重点内容。本章对志愿服务活动开展的形态，志愿服务有关的信息与风险，志愿服务协议的签订，志愿服务能力、志愿者培训、志愿服务活动开展资格，志愿服务条件、保险和标志，志愿服务记录、志愿服务证明的开具、志愿者的信息保护，志愿者的义务等做了具体规定。

第一节　志愿服务活动形态

第十一条　志愿者可以参与志愿服务组织开展的志愿服务活动，也可以自行依法开展志愿服务活动。

一、法律规范释义

该条是关于志愿者开展志愿服务活动方式的规定，即组织开展与自行开展。

该条规定了志愿者参与志愿服务的两种方式，一是参与到志愿服务组织开展的活动中，二是自行开展活动。对于该条的理解可以从这两个方面展开。

1. 组织开展

组织开展即为志愿服务组织牵头开展志愿活动、志愿者加入其中的志愿服务活动形态。志愿服务组织的成立往往有其特定的目的，成立后也经常组织特定的活动，有的志愿服务组织已经形成了品牌志愿服务项目。志愿服务组织由志愿服务团队所组成，志愿者可以通过加入志愿服务组织或者参加志愿服务组织发布的项目进行志愿服务活动。例如张家港市文化志愿者协会在2013年在民政局注册登记，成为全省首家文化志愿者协会。该志愿服务组织的重点项目活动包括关爱特殊群体志愿服务、文化艺术辅导志愿服务、公益播映演出志愿服务等，志愿者可以通过参与志愿服务组织的活动来进行志愿服务。志愿服务组织开展的志愿活动可以通过其官方网站或者当地的志愿服务网站（例如"志愿北京"等）知悉。志愿者可以通过项目区域、服务类别、服务对象等指标筛选自己感兴趣的志愿服务活动。这种志愿服务活动的形态特征是活动组织正规、可持续性较强、参与人员广泛。

2. 自行开展

自行开展即为志愿者不通过志愿服务组织，自己主动进行志愿服务的活动形态。首先，志愿服务本身就有较强的民间色彩。志愿服务活动的发起和开展往往是由爱心人士或者有社会责任感的组织主动发起的，志愿服务组织是其成熟化后的样态。志愿服务组织成长的初期也往往表现为自行开展志愿服务活动。其次，志愿服务组织注册登记的要求较高，例如要求有固定成员、经费来源等。这些条件使得很多活跃的民间志愿团队因为种种原因无法注册。因此，自行开展志愿服务活动是我国当下志愿服务活动的重要形态。最后，志愿服务组织所开展的活动项目有限，并不能满足志愿者多样的志愿服务需求。在这种情况下，志愿者往往自己组织起来针对现实需要开展个性化的志愿服务活动。这种志愿服务活动的形态特征是活动组织民间性、活动周期短，参与人员往往局限于组织成员之中。

在我国当前情况下，志愿服务活动组织化可以说是发展方向，正如党的十九大报告所指出的要推进"志愿服务制度化"，但是也要注意到自行开展志愿服务活动是由志愿服务活动的特性所决定的，二者不可偏废。

二、基本法理解说

志愿服务组织与草根组织：《志愿服务条例》第六条明确了志愿服务组织的合法性，即"志愿服务组织，是指依法成立，以开展志愿服务为宗旨的非营利性组织"。是否根据法律依法成立，是志愿服务组织与草根组织的本质区别。

根据《社会团体登记管理条例》第十条的规定，成立社会团体，应当具备下列条件：(1) 有50个以上的个人会员或者30个以上的单位会员；个人会员、单位会员混合组成的，会员总数不得少于50个；(2) 有规范的名称和相应的组织机构；(3) 有固定的住所；(4) 有与其业务活动相适应的专职工作人员；（5）有合法的资产和经费来源，全国性的社会团体有10万元以上活动资金，地方性的社会团体和跨行政区域的社会团体有3万元以上活动资金；（6）有独立承担民事责任的能力。社会团体的名称应当符合法律、法规的规定，不得违背社会道德风尚。社会团体的名称应当与其业务范围、成员分布、活动地域相一致，准确反映其特征。全国性的社会团体的名称冠以"中国""全国""中华"等字样的，应当按照国家有关规定经过批准，地方性的社会团体的名称不得冠以"中国""全国""中华"等字样。

2018年2月，民政部办公厅发布了《关于2017年度社会工作和志愿服务法规政策规划落实情况的通报》。该通报显示，截至2017年底，在民政部门依法登记的、名称中含有"志愿"或"义工"字样的志愿服务组织达11 328家，单位和社区内部成立志愿服务团队567 537个，全国志愿服务站点总量达91 975个。

志愿服务组织经过依法登记一方面有利于其自身规范化发展，吸引志愿者参与志愿服务活动，获得政府购买服务机会[①]；另一方面也有利于党政部门获得准确的动态消息，便于指导活动开展，同时现实也确实是经过认可的志愿服务组织在开展志愿服务活动的过程中对于志愿者安全等问题更有保障。可以说，志愿服务组织依法登记对于志愿者、志愿服务组织、志愿服务管理部门都是有利的。2016年中宣部、中央文明办、民政部、教育部、财政部、中华全国总工会、共青团中央、全国妇联联合印发了《关于支持和发展志愿服务组织的意见》，对于志愿服务组织的登记进行了明确的说明，提出要"推进志愿服务组织依法登记"，要求各地"提供便捷高效的服务，引导符合登记条件的志愿服务组织依法登记……在不违背社会组织管理法律法规基本精神基础上，可以按照活动地域适当放宽成立志愿服务组织所需条件，各有关部门要在活动场地、活动资金、人才培养等方面提供优先支持，激发志愿服务组织依法登记的积极性与主动性"。因此，有条件的草根组织可以积极主动地去民政部门进行登记，促进组织的规范化运作。

---

① 例如，宁波市民政局《关于公布2018年第三批向社会组织购买服务项目的通知》中对于承接主体有明确要求："依法在我市各级民政部门注册登记的社会组织，要求具有完善的组织架构、健全的财务制度和独立的银行账户，有实施拟购买项目的工作团队和较好的执行能力。"

三、典型案例评析

> **案 例**
>
> **最佳志愿服务组织——上海科技馆志愿者服务总队**
>
> 组织名称：上海科技馆志愿者服务总队
>
> 成立时间：2001年12月18日
>
> 注册志愿者人数：500余人
>
> 累计开展志愿服务时数：9 600万小时
>
> 人均开展志愿服务时数：2 400小时
>
> 项目负责人：杨国庆
>
> 经常开展的志愿服务项目：展区导览、维序，机器操作，科学表演，课件制作，网站微信宣传，对外科普宣传。
>
> 主要事迹：上海科技馆志愿者服务总队自2001年成立以来，十五年如一日践行雷锋精神，共组织30余万人次志愿者接待了来自全世界的4 000余万名观众，以实际行动为科技创新助力。目前总队拥有注册志愿者500余人，分队16个，人均服务时数2 400小时。每年还有来自全市50所高校和7所重点高中超过2.8万人次的学生志愿者全方位参与到馆的日常科普活动中来。
>
> 资料来源：http://www.volunteer.sh.cn/website/News/NewsItem.aspx?id=11639。
>
> 【点评】
>
> 上海科技馆志愿者分为三类：社会招募志愿者、大学生志愿者和馆内党员志愿者。其中，大学生志愿者可以通过阅读校内相关招募信息，加入学校志愿服务团队来进行志愿服务。以上海大学为例，上海大学于2002年4月成立了上海大学科技馆志愿者服务队，是首批参加科技馆志愿者活动的七所高校之一，从科技馆开馆以来承担了大量志愿服务工作。通过在上海大学志愿服务招募系统中发布信息招募志愿者来加入志愿服务活动。社会招募志愿者则可以通过上海志愿者网、报刊等其他渠道发布招募信息，志愿者通过填报进行志愿服务活动。这一过程就是典型的通过加入志愿服务组织来开展志愿服务活动的样态。这种方式不仅保证了志愿服务组织有长期稳定的志愿者参加，也使得志愿者有序参与到志愿服务互动中来。

案 例

最美北京人的"扫桥爷爷":窦珍老人的故事

窦珍,1927年出生,曾是北京市供电局的一名司机。他是热心公益的志愿者。2002年以来,几乎每一天他都带着自己的扫帚、簸箕和抹布义务清扫连心桥,方便过往行人。不仅扫桥,他还铺路。连心桥与南三环连接之处有一条50平方米的小路,雨雪天满是泥泞,过往行人苦不堪言。窦珍自愿捐赠3 000元钱,将泥泞路变成石板路,这条路自此改名为"爱民路"。好人窦珍曾被评为"身边雷锋——最美北京人",并入选2012年度"中国好人榜"。

资料来源:北京组建窦珍志愿者服务队 百人接过"扫桥爷爷"扫帚. 中国文明网,2013-11-27.

【点评】

窦珍老人就是个人自行开展志愿服务活动的典型代表。学雷锋,做好事,一直倡导从身边小事做起。自行开展志愿服务活动是践行"自愿、无偿"志愿服务精神的重要表现。自行开展志愿服务在个人践行志愿服务的同时,也会将志愿精神传递出去,感染更多的人加入志愿服务中来。窦珍老人过世后,右安门街道所辖16个社区的志愿服务队正式更名为"窦珍志愿服务队"向老人致敬。首都文明办号召广大市民群众开展"学窦珍,行善举,做好人"活动也在社会引起了强烈反响,窦珍老人的凡人善举在全社会形成向上向善的精神力量。

第二节 志愿服务有关信息与风险

第十二条 志愿服务组织可以招募志愿者开展志愿服务活动;招募时,应当说明与志愿服务有关的真实、准确、完整的信息以及在志愿服务过程中可能发生的风险。

第十三条 需要志愿服务的组织或者个人可以向志愿服务组织提出申请,并提供与志愿服务有关的真实、准确、完整的信息,说明在志愿服务过程中可能发生的风险。志愿服务组织应当对有关信息进行核实,并及时予以答复。

一、法律规范释义

第十二条规定志愿服务组织招募志愿者时要对信息及风险进行说明。第十三条规定申请志愿服务的组织和个人要对信息及风险进行说明，志愿服务组织要对信息进行核实并答复。

1. 组织招募中的信息及风险告知

招募志愿者是志愿服务组织的一项重大工作。招募志愿者的过程实际上是志愿服务组织与志愿者之间达成民事协议的过程，因此，涉及双方的权利义务的变动，需要特别慎重，尤其要注重保障志愿者的合法权益。志愿服务组织可以向社会公开招募志愿者。志愿服务组织招募志愿者时，应当公布与志愿服务活动有关的真实、准确、完整的信息，并明确告知在志愿服务过程中可能出现的风险。发布信息和告知风险体现了对志愿服务组织活动公开透明的要求，有利于保障志愿者的合法权益，避免志愿者在不知情的情况下从事非自愿性志愿服务。同时，风险的提前告知有助于志愿者做好风险防控工作，避免因不知风险或者轻视风险而造成人身或者财产损失（见表 7-1）。

表 7-1　巾帼志愿者在家政志愿服务中的风险告知与防范应对

志愿服务领域	可能遇到的风险	防范和应对措施
家政服务	志愿者在服务中出现身体不适	根据自己的身体状况选择力所能及的志愿活动，随身携带经常服用的药品。遇到身体不适时，可向志愿服务对象说明情况请求帮助
家政服务	志愿者在服务中受重伤甚至死亡，如骨折、严重烫烧伤、高空坠落等	尽量避免高危活动，如有需要应做好安全保障措施，也可以要求志愿服务对象提供相应的安全保障措施或提供相应设备的使用方法培训。一旦发生骨折、严重烫烧伤、死亡等情况，志愿服务对象或其他志愿者应立即将伤亡志愿者送往附近医院并联系志愿者组织及伤者家属；志愿者组织应及时、尽力帮助志愿者。志愿者可与志愿服务对象签订风险合同，志愿者组织可为志愿者购买保险来处理风险

2. 申请志愿服务中的信息及风险告知

对志愿服务活动有需求的组织或个人可通过申请获取志愿服务，其途径可通过专门从事志愿服务活动的组织获得，也可通过从事志愿服务活动的国家机关、社会团体和非营利公益组织获得。在部分省市可以通过当地的志愿服务网络平台实现志愿服务需求的对接，通过发布个人项目的方式获取志愿服务或通过找寻合适的志愿服务组织承接志愿服务。

由于有需求的组织和个人对未来将要展开的志愿服务活动信息及可能面临的风险最为了解，其在申请志愿服务时，应如实告知相关真实信息和潜在风险，以便更好地开展志愿服务工作。志愿服务组织本着对志愿服务对象及志愿者负责任的态度，应及时准确地对相关申请所涉信息和风险进行核实，在核实之后要对是否能提供志愿服务、如何提供志愿服务等信息告知申请的组织和个人。

二、基本法理解说

1. 志愿服务中的信息告知

信息告知是保护志愿者知情权，即知悉、获取信息的自由与权利的体现。根据《志愿服务条例》的规定，志愿服务中的信息告知主体有两类，第一类是招募志愿者的志愿服务组织，第二类是向志愿服务组织申请志愿服务的组织和个人。这两类主体都应当将信息真实、准确、完整地进行告知。

告知信息的具体内容应该包括服务内容、时间、地点、志愿者条件、招募人数及其风险等。我国不同地方的志愿服务立法对于志愿服务中的信息告知都有具体的规定。在地方的实际操作过程中，除了要按照《志愿服务条例》的规定进行告知外，还应当根据地方的志愿服务立法并结合具体的服务项目对相应的细节予以告知。例如《河北省志愿服务条例》第十七条规定："志愿服务组织招募志愿者时，应当公告志愿服务项目和志愿者的条件、数量、服务内容、保障和风险等信息。"

2. 志愿服务中的风险

当今社会已经成为"风险社会"，志愿服务中也有风险的存在。例如，赛会志愿者因高温天气导致中暑，交通文明劝导志愿者在引导车辆时因技术不熟练被车辆剐伤，社区志愿者因欠缺医疗常识在照顾老年人时导致志愿服务对象身体受到伤害，应急救援志愿者因自然灾害等导致生命受到威胁，等等。

志愿服务中的风险大致可以分为两类：一类是志愿者在从事志愿服务过程中自身可能遭受的损失，另一类是志愿者在服务过程中对志愿服务对象或他人造成的损失。志愿服务中的风险不可忽视，一方面是因为一旦发生危险则严重挫伤志愿者的服务积极性，另一方面也对志愿服务对象造成损失，使其日后对志愿者的服务有"不专业"的印象而产生抵触心理，致使志愿服务不能长远健康发展。志愿服务组织应该避免组织具有较高风险的志愿服务活动，高风险的服务活动更适于交由专业人士进行。除了风险的告知外，在志愿服务过程中还要做好风险评估、风险防控等，高风险的志愿服务还要做好购买保险、签订协议、制定应急预案等工作。

在我国的法规及规范性文件中，无论是中央文件还是地方针对志愿服务的专门立法都对志愿服务中的风险防范给予了关注。现将中央层面法律中的部分相关条文列举如表7-2所示。

表7-2 中央层面立法中对于志愿服务中的风险的规定

序号	名称	内容
1	《文化志愿服务管理办法》	第九条第二款 招募文化志愿者，应当明确公告文化志愿服务项目和文化志愿者的条件、数量、服务内容、保障条件以及可能发生的风险等信息。
2	《学生志愿服务管理暂行办法》	第八条 学校组织学生参加志愿服务，应充分尊重学生的自主意愿，按照公开招募、自愿报名（未成年人需经监护人书面同意）、择优录取、定岗服务的方式展开，切实做好相关指导、培训和风险防控工作。学校应结合实际，制订学生志愿服务计划，有计划、有步骤地组织学生参加志愿服务。 第十条 学生志愿服务程序 ……（二）学校工作机构进行登记备案，包括进行风险评估、提供物质保障、技能培训等；…… 第十三条 学校组织开展志愿服务，应切实做好风险防控，加强学生安全教育、管理和保护，必要时要为学生购买或者要求服务对象购买相关保险。学生自行开展志愿服务，学校应要求学生做好风险防控，必要时购买保险。
3	《中国社会服务志愿者队伍建设指导纲要（2013—2020年)》	推动建立志愿者保险制度，明确志愿者保险的责任主体、涉险范围和风险承担机制，为志愿者参与社会服务解除后顾之忧。
4	《关于积极促进志愿消防队伍发展的指导意见》	（十九）加强领导。各地要把发展志愿消防队伍作为消防工作的重要内容，纳入城乡消防基础设施建设规划，纳入社会管理综合治理、文明创建和平安地区等考评范围。各级公安、发展改革、民政、财政、人力资源社会保障等部门要统筹协调，加强对志愿消防队伍发展建设的宏观规划和管理指导，积极推进有关志愿消防队伍的地方立法，结合本地实际制定志愿消防队发展指导意见，加快完善志愿消防队伍组织管理体制、运行服务模式、风险防范和权益保障机制，提供保证和维持志愿消防服务的必要条件，维护志愿消防队及其人员的合法权益，把志愿消防队伍发展建设全面纳入法治化轨道。

续表

序号	名称	内容
5	《"春雨工程"：全国文化志愿者边疆行工作实施方案》	1. 签订协议。文化志愿服务机构与参与活动的文化志愿者签订书面协议，对志愿服务内容、时间、地点、双方权利与义务、风险保障措施、协议变更或解除、争议解决方式和其他需要协议的事项进行约定。 2. 购买保险。文化志愿服务机构为参与活动的文化志愿者购买与该志愿服务风险相适应的人身保险。
6	《关于进一步推进志愿者注册工作的通知》	对已注册的志愿者，要进行志愿服务理念和内涵、基本要求和知识技能，志愿者权利义务，风险和安全知识等基础培训；从事特殊领域志愿服务项目的，要进行相关志愿服务所需的特定专业知识和技能培训。

早在 1999 年施行的《广东省青年志愿服务条例》就对风险予以了规定："青年志愿者组织根据青年志愿者所从事志愿活动的需要，为参加志愿服务的青年志愿者提供相应的人身保险。""青年志愿者在志愿服务过程中造成服务对象损害的，由青年志愿者协会依法承担民事责任；青年志愿者协会承担民事责任后，可以向有故意或重大过失且有赔偿能力的青年志愿者追偿部分或者全部赔偿费用。"2001 年起施行的《山东省青年志愿服务规定》第九条规定："青年志愿者组织应当为参加有人身伤害危险的志愿服务的青年志愿者提供必要的人身保险。"经 2020 年 12 月 25 日北京市第十五届人民代表大会常务委员会第二十七次会议修订、自 2021 年 3 月 1 日起施行的《北京市志愿服务促进条例》第四十一条第一款规定，"本市为通过'志愿北京'信息平台注册并开展志愿服务活动的志愿者购买人身意外伤害保险"。我国台湾地区的"志愿服务法"规定："志愿服务运用单位应为志工办理意外事故保险，必要时，并得补助交通、误餐及特殊保险等经费。""志工依志愿服务运用单位之指示进行志愿服务时，因故意或过失不法侵害他人权利者，由志愿服务运用单位负损害赔偿责任。前项情形，志工有故意或重大过失时，赔偿之志愿服务运用单位对之有求偿权。"

现按照实施时间的先后顺序，对近年来地方层面对于志愿服务中的风险的规定予以列举，如表 7-3 所示。

在具有高度风险的志愿服务领域，各地开始对此进行专门规定，对此类志愿服务管理、志愿者招募、培训等予以规范化，从而减少危险事故的发生。例如北京市突发事件应急委员会办公室和共青团北京市委员会联合制定《北京市应急志愿者管理暂行办法》对应急志愿服务进行了规范。此做法值得提倡和各地学习。

表 7-3　地方立法中关于志愿服务风险的规定

序号	名称	内容
1	《珠海经济特区志愿服务条例》	第二十八条　志愿服务组织可以根据自身条件和实际需要，为志愿者办理相应的人身保险。从事高风险志愿服务活动时，志愿服务组织应当为志愿者办理必要的人身保险。 第二十九条　志愿服务组织应当避免安排志愿者从事具有高风险的志愿服务活动，但志愿服务组织与志愿者另有约定的除外。 志愿服务组织和志愿者在参加应急救援志愿服务时，应当接受统一指挥和管理。
2	《合肥市志愿服务条例》	第十四条　志愿服务组织招募志愿者从事志愿活动时，应当公布志愿服务活动项目的详细内容，并告知在从事志愿活动过程中可能出现的风险。 第十八条　需要志愿服务的，可以向志愿服务组织提出申请，并如实告知所需志愿服务的内容和风险。志愿服务组织应当及时进行风险评估并给予答复；对不能提供志愿服务的，应当说明原因。
3	《山西省志愿服务条例》	第十三条　志愿服务组织招募志愿者，应当公告志愿服务项目和志愿者的条件、招募人数、服务内容以及在志愿服务过程中可能发生的风险等信息。 第十九条　需要志愿服务的组织或者个人，可以通过志愿服务信息系统发布所需志愿服务真实、准确、完整的信息，并说明在志愿服务过程中可能发生的风险，也可以向志愿服务组织提出申请。志愿服务组织对志愿服务需求信息进行核实和风险评估，并及时予以回复。
4	《大连市志愿服务条例》	第十八条　志愿服务组织在招募志愿者时，应当公布与本组织从事的志愿服务活动有关的真实、准确、完整的信息，并明确告知在志愿服务过程中可能出现的风险。 第二十一条　志愿服务组织应当避免安排志愿者从事需要承担重大管理责任、经济责任或者具有较高风险的志愿服务活动；但志愿服务组织与志愿者另有约定的除外。
5	《包头市志愿服务条例》	第九条　志愿服务组织可以向社会招募志愿者。 志愿服务组织招募志愿者时，应当公布志愿服务项目和志愿者的条件、招募人数、服务内容、服务对象、培训、管理等必要事项，并告知在从事志愿服务活动过程中可能出现的风险。

续表

序号	名称	内容
6	《福州市志愿服务条例》	第二十一条第一款 需要志愿服务的组织或者个人，可以向志愿服务组织提出申请。申请时必须提供与志愿服务有关的真实、准确、完整信息，说明潜在的风险，并按照志愿服务组织的要求提供相关材料。 第二十四条 接受志愿服务的组织和个人，应当为志愿者提供必要的物质、安全保障。 组织抢险、救灾等可能存在高风险的志愿服务活动时，志愿服务组织应当为参加志愿服务的志愿者办理相应的人身保险。
7	《西藏自治区志愿服务条例》	第十七条 志愿者组织一般应当避免安排志愿者从事需要承担重大管理责任、经济责任或者具有较大人身伤害风险的服务活动。 为大型社会活动提供志愿服务的志愿者组织，应当制定志愿服务应急预案，并对志愿者身份进行核实。 第十九条 志愿者组织可以根据志愿活动的需要为志愿者办理相应的人身保险。 志愿者组织安排志愿者从事有相应风险的志愿服务活动，应当为志愿者办理相应的人身保险。 第二十三条 有志愿服务需求的单位和个人可以向志愿者组织提出申请，并告知需要志愿服务事项的完整信息和潜在风险。志愿者组织对志愿服务申请应当及时予以答复。
8	《重庆市志愿服务条例》	第十六条 志愿服务组织招募志愿者时，应当公告志愿服务项目和志愿者的条件、数量、服务内容、保障和风险等信息。 第十八条 志愿服务组织可以根据自身条件和实际需要，为志愿者办理相应的保险。 志愿服务组织开展应急救援、大型社会活动、境外志愿服务等具有较大人身伤害风险的志愿服务活动，应当为志愿者购买相应的人身意外伤害保险。
9	《广州市志愿服务条例》	第十一条 志愿服务组织招募志愿者时，应当公布本组织及其志愿服务活动的真实、完整的信息，并告知志愿服务活动中可能出现的风险。

续表

序号	名称	内容
10	《湖北省志愿服务条例》	第十六条　志愿服务组织招募志愿者,应当公告志愿服务项目、服务内容、志愿者的条件和数量等信息,告知志愿服务过程中可能发生的风险。 第三十三条　志愿服务组织应当为参加有较高人身安全风险的志愿服务活动的志愿者办理人身意外伤害保险。 大型社会活动的举办者应当为志愿者办理人身意外伤害保险。 鼓励保险公司根据志愿服务的特点,设立相关险种,对志愿者实行免费或者优惠承保。

笔者曾在2008年北京奥运会和残奥会前夕受组委会的委托,带领研究生就赛会志愿者在赛会期间的突发事件及应对措施做了专门研究,分析概括出70种赛会风险类型,有针对性地分别提出了志愿者预防和应对措施、场馆工作人员应对措施、志愿服务领导管理者应对措施以及有关法律关系与法律依据,还制作了简易手册,以更好地发挥学习培训和指导帮助的积极作用。

三、典型案例评析

案 例

送药品途中遇飞石 一贵州籍志愿者遇难

2013年4月22日,由成都前往雅安经邛崃高何镇至龙门山路段发生坠石,一名向灾区运送药品的贵州遵义籍志愿者不幸遇难。据成都电视台葛晓霞记者介绍,4月22日下午,他们跟随一支志愿者车队由成都出发,准备经邛崃市高何镇前往雅安。当车队行至龙门山附近时,山上突然坠下巨石。头车驾驶室内坐在副驾驶位置上的一名女志愿者被砸中,随后车队停止前进。了解到有志愿者被砸伤后,冒着随时会有滚石坠落的危险,同行的其他人员冲上前将被砸中女子救出。

女子被救出后,经医生检查,已经没有生命体征。这名女子生前就职于成都一家医药公司,当天她主动请缨,前往灾区运送药品,不想在途中遭遇不测。据介绍,事故路段为一条长约15公里的盘山路,地震发生后常出现山体滑坡及巨石滚落,因此,4月21日该路段全天交通管制,非救援车辆不得通过。21日,记者乘坐摩托车经过该路段时,看到路上多处塌陷,常见滚落的巨石挡住车道。

资料来源:送药品途中遇飞石 一贵州籍志愿者遇难. http://edu.people.com.cn/n/2013/0423/c1053-21242101.html.

【点评】

该案例发生在雅安地震期间,该志愿者心系灾区的精神是值得倡导的。但是需要注意的是地震容易造成次生灾害,例如山体滑坡、泥石流等,若在应急救援或者在应急志愿服务过程中不对潜在的风险进行防控,很容易造成对参与救援人员的人身伤害。志愿服务组织在组织具有风险的志愿服务活动时,应将可能发生的风险对志愿者详加说明,并做好必要的防控措施。志愿者在已知风险的情况下,再去参加志愿服务。不能因一时兴起而参与到高度危险的服务活动中,在参与过程中也要牢固树立风险意识,谨慎地从事志愿服务活动。这既是对自己生命财产安全的负责,也是对紧急救援活动的负责。

第三节 志愿服务协议的签订

第十四条 志愿者、志愿服务组织、志愿服务对象可以根据需要签订协议,明确当事人的权利和义务,约定志愿服务的内容、方式、时间、地点、工作条件和安全保障措施等。

一、法律规范释义

第十四条是关于志愿服务中签约的规定,即《志愿服务条例》提倡通过签订服务协议的方式明确权利义务及服务的具体内容等。

志愿服务协议的订立是为了明确志愿服务法律关系各方当事人权利义务从而保障志愿服务活动的顺利开展。协议的订立主体通常包括三方,分别为志愿服务组织、志愿服务对象、志愿者。三方主体均可通过签署协议的方式明确权利义务关系。举例来说,志愿服务组织可以和志愿服务对象签订协议,明确可以提供的服务内容和服务时间,确保服务的长期稳定。志愿服务组织还可以与志愿者签订协议,明确志愿者享有的权利义务及服务的具体内容等,从而保护志愿者的合法权益,同时也可以降低组织自身的法律风险①。

订立协议的内容可以根据需要具体规定。基本内容包括各方的权利义务以及志愿服务的内容、方式、时间和地点等，但也可以在协商一致的情况下对协议的内容做出具体调整。订立该协议的意义有二：第一，有利于保障志愿者的合法权益。以前开展的志愿服务活动随意性较强，大都没有订立协议，因此志愿者享有的权利不明晰，导致了志愿者在遭到侵权时难以获得有效救济，挫伤了其积极性。而通过订立协议的方式将志愿服务各方的权利义务明确下来，能够激发志愿者从事志愿服务的热情，解除其后顾之忧。第二，有利于防范和化解争议。志愿服务协议不仅规定了各方的权利义务，也明确了解决争议的方法和责任承担方式，这样可以防患于未然，从而减少争议发生的概率，有助于规范并促进志愿服务活动的有序开展。从规范各方主体的行为角度出发，采取书面协议的方式更有利于明确各自的权利义务，避免纠纷，在条件允许的情况下，应当尽可能地采取这种方式。

二、基本法理解说

志愿服务协议即志愿服务组织与接受志愿服务的组织以及志愿者之间，就志愿服务的主要内容和各方权利协商一致，双方或三方之间对于志愿者从事志愿服务所签署的协议②。

志愿服务协议的签订是以一种更为正式的形式即书面的方式对权利义务予以了规定。若没有签订协议参加志愿服务可以理解为一种口头协议。虽然签订协议会给志愿者、志愿服务组织等带来一些组织成本以及便捷性负担等，但是从长远考虑，志愿服务协议具有正规性，若发生矛盾纠纷，拥有协议比较容易化解。因此，《志愿服务条例》提倡在志愿服务中签订协议，尤其在一些特定情况下。

从文义解释的角度看，《志愿服务条例》没有对签订志愿服务协议进行硬性规定，只是表明"可以"签订。但是，这并不意味着可以不签订志愿服务协议。从我国法律法规体系的角度看，除了《志愿服务条例》

---

① 因志愿服务通常需要从事相关劳动，所以在实践中志愿服务关系和劳务关系存在极大的相似性。若没有签订相关协议且无法提供是志愿服务的证明，则很容易使得志愿服务组织有被"勒索"劳动报酬的法律风险。上海曾出现某公益组织被志愿者索要未签劳动合同双倍工资的案件。

② 北京志愿服务发展研究会. 中国志愿服务大辞典. 北京：中国大百科全书出版社，2014：71.

外，我国各地还制定了相应的地方性法规及政府规章等。各地不仅要遵守《志愿服务条例》，还要遵守地方的法规等。例如，《北京市志愿服务促进条例》就对必须签订志愿服务协议的情形和协议内容进行了规定，其第十八条规定："开展志愿服务活动，志愿者、志愿服务组织、志愿服务对象之间应当通过当面协商、电子数据交换等方式达成协议，约定志愿服务的内容、方式、时间、地点、工作条件和安全保障措施等，明确当事人的权利和义务。有下列情形之一的，应当签订书面协议：（一）志愿服务活动对人身安全、身心健康有较高风险的；（二）志愿服务期限在一个月以上的；（三）为大型社会活动提供志愿服务的；（四）组织志愿者在本市行政区域外开展志愿服务活动的；（五）境外人员在本市行政区域内参加志愿服务组织开展的志愿服务活动的；（六）任何一方要求签订书面协议的；（七）法律、法规规定的其他情形。"

三、典型案例评析

案 例

志愿者进社区服务为何要先签协议？

很多社区工作者平时会接触到不少志愿者前来咨询进驻社区为居民服务的事宜，但是这样的行为却并不怎么受社区的欢迎。这是为什么？

原来，在他们的印象中，一拨又一拨的志愿者，总是打一枪，就换一个地方。比如来社区搞一次活动，热热闹闹地过了半天一天，他们就走了，从此不再上门。

这样的服务，就像蜻蜓点水，也让大家觉得，当志愿者学雷锋做好事，只是一个形式。

但是，在长河街道天官社区，却有五支志愿者服务队伍。他们与社区签下了协议，服务期限至少长达一年。他们根据自己的特长，定时定点为居民服务，真正成为居民们的身边人。

五支志愿者队伍对应五个爱心平台

天官社区位于杭州市滨江区，是个有着千年历史的古镇。走进天官社区，随处都能看到古色古香的老房子，巷子里的老人们坐在竹椅上晒太阳聊着家常，一派古镇风光。

镇子虽不大，但是很少看到年轻人。社区书记周叶春告诉记者，如今年轻人都到城里读书、打工去了，长年居住在小镇里的，大都是老人和小孩。"正是因为这样，我们社区开设了爱心助医、爱心助学、爱心助残、爱心助老、爱心助民五个爱心平台。"

五个爱心平台的创建，不仅仅靠社区的力量，还有五支志愿者队伍的辛勤付出。

每个周六上午，长河小学的老师都会到社区里给镇上的留守儿童辅导功课作业。

到了下午，就是ABC俱乐部时间了。浙江中医药大学外国语学院的大学生们当起小老师，给孩子们带来生动有趣的英语课。

还有一些老人，一碰上这些懂医的大学生，就会咨询一些事情。年纪大了，身体总会出各种各样的状况，老人们一问这些学生，心里就踏实很多。哪些毛病要注意，哪些毛病要马上去医院检查，哪些毛病没什么大问题，学生们解释得很仔细、很耐心。

另外，还有浙江医药高等专科学校的志愿者们，他们和天官社区工疗站结成了对子，每周都会给工疗站里面的残疾人进行生理和心理上的辅导。

如果家中有什么电器坏了也不用担心，每个月，电子电气工程学院的学生们会主动到社区，为居民免费维修家电。

签下合作协议，做好事不能形式主义

这五支志愿者队伍中，最长的，已经为社区居民服务了两年多时间；最短的，都已经有一年了。

他们根本不像以往的志愿者那样，打一枪换一个地方，而是把根扎下来，长长久久地为天官社区的居民做事情，还和社区签订了志愿者服务协议。

"协议是我要求签的。"天官社区社工汤锦金说。汤锦金在天官社区负责宣传文教工作，经常会接到大学生打来电话，要求来社区组织一场为居民服务的活动。

很多学生有社会实践的任务，每年寒暑假快要结束的时候，就有学生来天官社区敲章，证明他已经参与过社会实践。

每次有学生来敲章的时候，汤锦金都会问一声，你有没有做过好事啊？通常学生都会摇头。"我又不好去为难人家，最后只能帮他盖个章。

每到这个时候,我就会觉得很无奈,感觉就像在教人撒谎,做好事只是为了个形式。"汤锦金说:"所以我坚持,既然大学生要上门做好事,那就要拿出诚意真心,实实在在地给居民们带来好处。"

为此,汤锦金对前来联系志愿者活动的学生,问的第一句话就是:"你是只搞一次活动,还是长期的?如果只此一次,那我劝你还是不要搞了!"

汤锦金还特意拟了一个合作协议范本,上面明确规定:志愿者队伍需要确定负责人,并选派联络员,与社区保持联系;在突发赈灾活动中,志愿服务单位尽量给予支持;每年至少提供4次志愿服务活动;及时总结参与志愿服务活动的经验,每年至少提供4次有关信息。

合作意向时间通常为一年以上,"这个条件其实是为了培养志愿者们的长期责任心。"汤锦金说,"对老百姓来说,也是件好事,不会出现学雷锋日雷锋扎堆,平时冷冷清清的局面。"

长期驻点服务让志愿者队伍更规范

"其实对于我们写实践报告来说,搞一次活动完全够了,没有必要这么长长久久坚持下去。"浙江中医药大学外国语学院志愿者服务队负责人楼佳伊说,"但是和汤锦金沟通后,觉得落实一个点,进行长久服务,对我们本身素质的提高,未必不是一件好事。"

楼佳伊告诉记者,她的同学中,有些人毕了业想当老师,来社区实践就相当于提前练兵。而和孩子们相处久了,产生了感情,也更难放下这份牵挂。

在ABC俱乐部课堂上,孩子们黏着这些年轻人,一口一个老师,让他们死心塌地常驻社区。楼佳伊说:"虽然碰到有些难教的孩子,也会非常头痛,但是看到他们无辜的小脸,又会特别心疼。"

电子电气工程学院的周根,也对长期驻点服务非常认同:"有些同学参加志愿者,抱着玩一玩的态度,甚至在活动服务时不好好做事,反而打打闹闹。"

周根说:"这些人肯定不适合来当志愿者。所以,我们会在长期服务中观察,逐步淘汰部分人员,留下最合适的人。这些志愿者既能够给老百姓带去最好的服务,也能够规范我们的志愿者队伍。"

【点评】

该案例是志愿服务组织与志愿服务对象签订协议。正如案例所体现的,和社区签订志愿服务协议，有利于服务的长期性，容易克服志愿服务"打一枪换一个地方"的普遍问题。通过协议的签订把服务内容固定下来，容易让社区居民享受到稳定长期的志愿服务，同时也容易形成品牌效应，让社区居民对来进行志愿服务的大学生产生更强的认同感，便于志愿服务活动的开展。对于志愿服务组织和志愿者来说，协议的签订使他们更有责任感，会将该项社区志愿服务视为一种长期的事业，而不是一时兴起，从而踏踏实实、长长久久地为社区的居民做事情。

第四节 志愿服务能力、培训和资格

第十五条 志愿服务组织安排志愿者参与志愿服务活动，应当与志愿者的年龄、知识、技能和身体状况相适应，不得要求志愿者提供超出其能力的志愿服务。

第十六条 志愿服务组织安排志愿者参与的志愿服务活动需要专门知识、技能的，应当对志愿者开展相关培训。

开展专业志愿服务活动，应当执行国家或者行业组织制定的标准和规程。法律、行政法规对开展志愿服务活动有职业资格要求的，志愿者应当依法取得相应的资格。

一、法律规范释义

第十五条是关于志愿服务能力的规定，要求志愿服务要和志愿者的能力相适应。第十六条是关于志愿服务培训的规定，并对培训的标准、规格、资质做出了规定。

1. 志愿服务能力

志愿服务能力包括志愿者的年龄、知识、技能、身体状况等。志愿服务组织安排志愿者进行活动时，要考虑安排的活动和志愿者的能力相适应。这一方面要求合适的志愿者做合适的志愿服务活动，以发挥志愿者最大的能力创造最大的社会价值；另一方面则要求志愿服务组织不得安排超出志愿者服务能力范围的活动。例如，安排高龄老年志愿者从事应急志愿服务（与年龄、身体状况不相适应）、安排未取得资质的志愿者从事心理疏导志愿服务（与技能不相适应）等都是不提倡的。

2. 培训和资格

对志愿者进行的必要的知识和技能培训,包括基础知识和特殊知识两个部分。对志愿者进行培训是志愿服务实施过程中必不可少的一个环节,目的是让志愿者掌握具体的技术和建立工作网络,为其承担特殊的责任做好准备;根据工作岗位的要求,使志愿者掌握工作所需要的知识、技能及态度,确保服务质量达到应有的水平。适当的培训可以让志愿者对工作更有信心,帮助他们发掘潜能,促进个人发展。培训的方式有很多,一般包括讲座、阅读、研讨、实地考察、观看录像、专题讨论、案例、角色扮演、示范等[①]。

开展专业的志愿服务活动则须按照专业的国家或者行业组织制定的标准来,若是法律法规要求需要具有某种职业资格才能开展志愿服务,则志愿者必须具备职业资格,不能因为是志愿服务就降低专业性的要求。例如,上海闵行区志愿者协会招募心理疏导项目志愿者时对志愿者的要求包括"有二级或三级心理咨询师证书,有面询个案、团体辅导经验,有社区心理咨询经验等"。再如,广东开展珊瑚礁普查公开征集潜水志愿者要求具有 AOW(进阶开放水域潜水员)证,还有 30 瓶气的出海经历[②]。在我国的志愿者中,具有相关专业资格的志愿者比例仍然较低,应当鼓励拥有某项专业技术的志愿者参与到专业志愿服务中,并通过培训等方式提升志愿服务的专业性。

二、基本法理解说

志愿服务培训。随着社会的发展,志愿服务走向专业化是大势所趋,志愿服务的专业化必然离不开专业化的志愿者队伍。但志愿者参加志愿活动时具备自愿奉献的精神,却不一定具备专业的素质,因此,需要对志愿者进行教育培训,以不断促进志愿服务专业化。对志愿者进行相关知识和技能的教育和培训对于顺利开展志愿服务活动,保障志愿者的合法权益,提高志愿者素质而言十分关键。

志愿服务的教育培训机制既是志愿服务发展的关键,又是当前志愿服务活动的短板。培训经费、培训师资、培训场所的短缺,严重制约志愿服务质量和志愿者能力的提升。教育培训问题可谓志愿服务的基础工程,目

[①] 北京志愿服务发展研究会. 中国志愿服务大辞典. 北京:中国大百科全书出版社,2014:49.

[②] 广东开展珊瑚礁普查,公开征集潜水志愿者. 深圳商报,2017-07-27(A11).

前，在志愿服务组织发育不成熟、志愿服务活动方兴未艾之时，政府应当采取多种方式支持构建志愿服务教育培训体系，包括培训经费、专业师资、专门场所、培训内容灵活设计等。同时，有能力和资源的社会力量也应当积极参与其中，贡献力量。加快构建并不断完善志愿服务教育培训体系，重点加强专业化的培训体系建设。

志愿服务近些年也有了快速的发展。根据民政部办公厅发布的《关于2017年度社会工作和志愿服务法规政策规划落实情况的通报》，在2017年一年各地培训志愿者超过261万人次。多地成立了专门的志愿者学校或志愿服务学院，为志愿服务培训提供了良好的平台。例如，广州志愿者学院于2010年成立，是全国首家由政府主导兴办的志愿者学校；青岛市志愿服务学院由青岛市文明办与青岛市职业技术学院合作成立，是全国首家文明办与高校联办的公益性志愿服务学院，在全国首次开创了政校合作办学开展志愿服务培训新模式；等等。这些志愿者学校或志愿服务学院成立的一个重要目的即为志愿者培训创造条件，在成立后这些学校或学院承担了大量的志愿服务培训工作。

三、典型案例评析

案 例

应急志愿者参与防汛备灾演练活动

为进一步提升北京应急志愿者参与突发事件处置能力，密切与防汛抢险专业队伍的合作，2017年5月2日，北京市应急志愿者服务总队所属北京民防浩天救援队，联合房山区民防救援队等应急志愿服务组织，参加了由市防汛办组织的综合演练活动。

本次演练地点选择在位于房山区窦店镇下坡店村的水墨林溪小区举行，随着总指挥一声令下，工作人员启动高空喷洒模拟雨天降水，各救援队伍立即迅速展开抢险行动。北京民防浩天救援队按照应急预案要求派出8名队员携带专业装备驾车赶赴现场，一方面会同小区物业工作人员在地库入口处堆垒沙袋防止雨水倒灌，并紧急疏散被困群众转移物资，另一方面积极配合市排水集团抢险队员采用专业设备进行排水清淤作业。在演练中北京民防浩天救援队展现了作风过硬、业务精湛、反应迅速、勇于担当的北京应急志愿者良好素养，充分发挥了防汛抢险中坚力量作用。

本次演练主要为落实"将险情控制在萌芽状态"的工作方针,以防汛与抢险融合、专业队伍与民间力量组合、宣教动员与应急演练结合的形式,全面检验各类救援队伍在防汛抢险方面的专业水平,加快推进多部门协同作战处置能力,提升基层社区群众避险逃生意识。

据悉,2017年5月12日是我国第九个全国防灾减灾日,主题是"减轻社区灾害风险,提升基层减灾能力",每年的6月1日起北京市也将正式进入汛期。北京市应急志愿者服务总队近期将紧密围绕防灾减灾日主题,动员全市应急志愿服务组织深入基层社区开展一系列宣教演练活动,同时还将组织开展防汛抢险业务训练,以进一步向市民普及安全防范意识,提升应急志愿者专业水平,增强队伍救援能力。

【点评】

志愿服务培训活动种类是多种多样的,除了常见的讲座培训外还可以针对具体的志愿服务活动采取多样的培训形式。在该案例中,北京市应急志愿者服务总队所属北京民防浩天救援队,联合房山区民防救援队等应急志愿服务组织采用了参加综合演练活动的培训方式。所谓演练就是通过设定某种危险紧急情况,并针对该紧急情况设定预案进行应急处理的活动。演练可以还原真实的灾害发生场景,可以在实践中检验志愿者的应急处理能力和对于应急处理程序的熟练程度。通过演练的培训方式,一方面可以增强志愿者的应急反应能力,使志愿者在灾害发生后能够临危不惧、胸有成竹;另一方面也是对社区居民的宣传学习,通过观摩学习可以增强市民的防灾减灾意识。

第五节　志愿服务条件、保险和标志

第十七条　志愿服务组织应当为志愿者参与志愿服务活动提供必要条件,解决志愿者在志愿服务过程中遇到的困难,维护志愿者的合法权益。

志愿服务组织安排志愿者参与可能发生人身危险的志愿服务活动前,应当为志愿者购买相应的人身意外伤害保险。

第十八条　志愿服务组织开展志愿服务活动,可以使用志愿服务标志。

一、法律规范释义

第十七条是关于志愿服务组织义务的规定，分为保障义务和保险义务，保障义务要求志愿服务组织为志愿活动提供必要条件、解决志愿服务中遇到的困难、维护志愿者的合法权益；保险义务要求志愿服务组织在安排可能发生人身危险的志愿服务活动前为志愿者购买人身意外伤害险。第十八条是关于志愿服务标志的规定，即组织在开展志愿服务活动中，可以使用志愿服务标志。

1. 志愿服务组织的义务

保障义务。保障义务指的是无论志愿服务种类为何，志愿服务组织都应当尽到的普遍的、基本的义务，这是激发志愿者参与热情的应有之义。这样的义务包括为志愿服务活动提供必要条件、解决志愿者在服务过程中遇到的困难、维护志愿者的合法权益等。为志愿服务活动提供必要条件包括场地设施、物质条件等。例如为交通文明劝导志愿者提供醒目的服装，为赛会志愿者提供饮用水和常用药品等。解决志愿者在服务中遇到的困难包括为出行不便的志愿者提供交通指引、提供交通补助或者统一带队出行，为促成志愿服务与服务对象前期进行沟通协商等。维护志愿者的合法权益指的是在志愿服务过程中，志愿者可能会和志愿服务对象发生纠纷或者自身因为过失或者意外发生人身伤害或者财产损失。在这种情况下，作为志愿服务活动的组织方，志愿服务组织应当依法维护志愿者的权益，包括与志愿服务对象协商解决纠纷、和投保的保险公司商定赔偿方案等，避免因志愿者个人力量的不足使得其合法权益得不到维护。一般而言，保障义务包括专门培训、交通通信、餐饮住宿、服装标识、医疗药品、必备工具、购买保险、安全保障等。

保险义务。志愿者在参与志愿服务的过程中，有可能因种种原因遭受意外，进而造成人身伤害或者财产损失。为参与可能发生人身危险的慈善服务的志愿者购买人身意外伤害保险，是转嫁、化解志愿者在开展志愿服务过程中遭遇的人身伤害损失风险，打消志愿者后顾之忧的有效措施和科学手段，是保障志愿者权益的重要机制。

《志愿服务条例》并没有对志愿服务组织所有的志愿服务活动都要求购买保险。保险义务只针对可能发生人身危险的志愿服务活动，保险的种类为人身意外伤害保险。志愿服务组织的投保义务是为了防范风险而特别规定的，从而使志愿者放心地投入志愿服务活动中，并在发生危险事故后可以第一时间得到救济，打消志愿服务组织因风险存在而不敢组织服务活动的顾虑。在实践中志愿服务组织有条件的话可以不限于《志愿服务条例》规定的投保范围和品类，可以扩大投保志愿者的范围，针对特别的志愿服务活动增加志愿服务保险险种等。例如，北京市自2014年在全国率先推出实名注册志愿者保险，参保对象已将参加可能发生人身危险志愿服务活动的志愿者范围扩大至在"志愿北京"网站实名注册并通过实名认证且从事"志愿北京"网站所发布的志愿服务项目的志愿者，大大扩大了志愿服务保障范围。而且此项保险出资对象为北京市政府，通过政府谈判的方式与保险公司达成方案，推出专门针对志愿者的注册志愿者保险。因覆盖当地所有志愿者群体，规模较大，每名志愿者一年的保费不到一元甚至更低。政府的"打包"购买不仅比志愿服务组织单独购买人身意外保险价格更低，同时也使得保险方案更有针对性，还减轻了志愿服务组织因保险而造成的服务成本过高的问题。

2. 志愿服务标志

志愿服务标志不等同于志愿服务标识，标识通常是具有象征意义的图案，标志的范围要更为广泛。《奥林匹克标志保护条例》第二条曾对奥林匹克标志的保护范围做了界定：（1）国际奥林匹克委员会的奥林匹克五环图案标志、奥林匹克旗、奥林匹克格言、奥林匹克徽记、奥林匹克会歌；（2）奥林匹克、奥林匹亚、奥林匹克运动会及其简称等专有名称；（3）中国奥林匹克委员会的名称、徽记、标志；（4）中国境内申请承办奥林匹克运动会的名称、徽记、标志；（5）在中国境内举办奥林匹克运动会的名称及其简称、吉祥物、会歌、火炬造型、口号，"主办城市名称+举办年份"等标志，以及其组织机构的名称、徽记；（6）《奥林匹克宪章》和奥林匹克运动会主办城市合同中规定的其他与在中国境内举办的奥林匹克运动会有关的标志。从中可以概括出，志愿服务的标志应该包括志愿服务的名称、标识、徽记、歌曲、旗帜、吉祥物、火炬造型、口号等。

在组织开展志愿服务活动中使用志愿服务标志可以增强志愿者对于志愿服务组织的认同感和归属感，同时标志也是志愿服务组织之间相互区别的重要标记，对于增强组织特色、统一组织文化具有重要意义。

二、基本法理解说

1. 志愿服务组织的义务

地方志愿服务立法中普遍对为志愿者参与志愿服务提供必要条件，保障志愿者合法权益进行了规定，如《山西省志愿服务条例》第七条规定，志愿服务组织、志愿服务对象根据服务需要，为志愿者提供必要的物质和安全保障；2016年2月1日起施行的《湖北省志愿服务条例》第十五条规定，志愿服务组织应当为志愿者提供必要的条件和保障。

2. 志愿服务与保险

根据《保险法》第十二条的规定，人身保险是以人的寿命和身体为保险标的的保险。理论和实务上按照保障范围将人身保险划分为人寿保险、人身意外伤害保险和健康保险。其中人身意外伤害保险是以被保险人的身体利益作为保险标的的，即被保险人在保险期限内因遭受意外事故而身体受到伤害及因此致残、致死时，保险人按合同约定给付保险金的人身保险。

从中央层面的文件看，早在2008年就开始对志愿服务中的保险问题有所关注。2008年中央文明委发布的《关于深入开展志愿服务活动的意见》专门提出要成立中国志愿服务基金会，设在中央文明办。根据需要为志愿者参加志愿服务购买保险和提供物质保障，把人们参与志愿服务的积极性保护好、引导好、发挥好，促进志愿服务活动持续健康发展。中央文明委《关于推进志愿服务制度化的意见》明确要求应当根据需要为志愿者购买必要的保险。

对专项志愿服务活动例如西部计划、阳光行动、助残志愿服务等，中央也多次发文提出要做好志愿服务保险购买工作，例如，2011年共青团中央、教育部、财政部、人力资源和社会保障部印发的《2011年大学生志愿服务西部计划实施方案》明确提出："相关保险由全国项目办统一投保大学生志愿服务西部计划志愿者综合保障险。保费每人200元人民币。人身意外伤害、身故（含疾病身故）保险责任，保额15万元，住院医疗保险责任，保额16万元，疾病门诊责任，保额5 000元。"2015年中国残联、中央文明办、民政部、共青团中央发布的《关于进一步做好志愿助残工作的通知》规定："要依法维护助残志愿者和助残志愿服务组织的合法权益，为他们开展志愿助残服务提供相应保障。相关行业要按照'典型示范、重点扶持、全面推进'的原则，积极引导本系统内项目资金等资源，用于支持开展志愿服务的保险、交通、培训等工作。"

关于不同领域的志愿者的全国性文件也对保险问题进行了规定，例如文化志愿者、学生志愿者、消防志愿者等。2016年文化部发布的《文化志愿服务管理办法》第十九条规定："开展文化志愿服务，文化志愿服务组织单位应根据实际情况为文化志愿者办理人身意外伤害保险。"2015年教育部发布的《学生志愿服务管理暂行办法》第十三条规定："学校组织开展志愿服务，应切实做好风险防控，加强学生安全教育、管理和保护，必要时要为学生购买或者要求服务对象购买相关保险。学生自行开展志愿服务，学校应要求学生做好风险防控，必要时购买保险。"2014年共青团中央、中国残联发布的《关于实施中国青年志愿者助残"阳光行动"的通知》规定："积极争取文明办、财政、民政等有关部门支持，将志愿助残纳入政府购买公共服务工作范畴。涉及就业支持的志愿助残工作，应列入残疾人就业保障金支持范围。各级共青团、残联组织要积极整合本系统内项目资金等资源，用于支持志愿者开展志愿服务期间的保险、交通、培训等工作；加强表彰激励，把志愿助残工作典型纳入中国青年志愿者优秀个人奖、组织奖、项目奖和全国自强与助残等表彰范畴。共青团中央、中国残联通过搭建项目平台等方式，将政策、资源、经费等向基层倾斜，支持基层助残志愿者骨干培训、示范基地培育和项目实施推广等工作。加强对志愿助残工作常态运行方面的研究，适时将中国注册志愿者星级认证制度引入志愿助残工作，试点推广助残志愿者保险工作。进一步争取各方支持，逐步健全政府、社会、企业共同支持志愿助残工作的保障机制。"公安部、国家发展和改革委员会、民政部、财政部、人力资源和社会保障部联合发布的《关于积极促进志愿消防队伍发展的指导意见》鼓励志愿消防队参照政府专职消防队员标准，为志愿消防员办理人身意外伤害保险。

2016年中宣部、中央文明办、民政部等部门发布的《关于支持和发展志愿服务组织的意见》对志愿服务保险保障做了更为细致的规定："鼓励多渠道筹资为志愿者购买保险，鼓励保险公司与志愿服务组织合作，设计开发符合志愿服务特点、适应志愿服务发展需要的险种，为志愿服务活动承保，为志愿服务组织健康持续发展提供有力保障。"

地方立法也对志愿服务中的保险问题给予关注，例如《湖北省志愿服务条例》第三十三条规定，志愿服务组织应当为参加有较高人身安全风险的志愿服务活动的志愿者办理人身意外伤害保险。大型社会活动的举办者应当为志愿者办理人身意外伤害保险。《重庆市志愿服务条例》第十八条规定，志愿服务组织可以根据自身条件和实际需要，为志愿者办理相应的保险。志愿服务组织开展应急救援、大型社会活动、境外志愿服务等具有较大人身伤害风险的志愿服务活动，应当为志愿者购买相应的人身意外伤害保险。

实践中，购买志愿者人身意外伤害保险主要面临无经费来源、志愿者个人投保费用较高、保险公司承保意愿不强等问题。针对这些问题，已有地方探索由政府出资为当地所有实名注册志愿者提供免费保险的做法。除了上文所提及的北京市的做法外，上海等地也开始进行探索。上海市从2010年开始，就为其全体注册志愿者投保了团体保险。2015年又推出了"志愿者1+1保险计划"，注册志愿者只需自付1元保费即可获得与上海市志愿者协会团体保单相同的保障，即享有双倍保险保障，保额可达40万元。通过财政的集中投入和志愿者自愿低价购买，覆盖了所有政府必须为志愿者投保的情形，如政府举办大型赛会招募志愿者的保险、应对突发事件招募应急救援志愿者的保险等，既为志愿者参与慈善服务提供了坚实保障，又解决了投保经费，支持了慈善事业发展，还在总量上节约了财政资金，实现了一举多得。

为了更为详细地了解保险的运作情况，下面介绍2017年度北京市实名注册志愿者意外伤害保险。

（1）参保对象为"志愿北京"网站实名注册并通过实名认证且从事"志愿北京"网站所发布的志愿服务项目的志愿者。

（2）保险期间为一年。

（3）保障范围：一是在北京地区范围内，志愿者在提供志愿服务时，以及在接受培训、复训和演练及往返途中发生的意外伤害。二是因工作需要，志愿者受"志愿北京"网站备案的志愿服务组织委派，到京外开展志愿服务期间及往返途中发生的意外伤害。

（4）保障方案（见表7-4）。

表7-4 北京志愿服务保障方案

保障项目		保障标准
意外身故	指遭受外来的、突发的、非本意的、非疾病的客观事件直接致使身故	150万元
意外伤残	依据人身保险伤残评定级别按比例确定	
附加意外医疗费用	报销比例；0免赔；100%	200万元
附加意外住院津贴	单次不超过90天、全年累计不超过180天	1500元/天
猝死	指由潜在疾病、身体机能障碍或其他非外来性原因所导致的、在出现急性症状后发生的突然死亡，以医院的诊断或公安、司法机关的鉴定为准	150万元
附加意外伤害紧急救援费用	因意外事故发生的救护车、直升机转运费用	200万元/次

(5) 理赔服务指南。

告知志愿服务组织方出险情况→拨打中国人寿95519服务热线→配合客服人员登记出险情况→根据理赔专员的指导准备理赔资料→将理赔资料寄送至指定地点→保险公司审核个人提供的理赔资料，并核定赔付金额→关注提供的账户，确认收到理赔款。

3. 志愿服务标志

我国志愿服务标志从地域划分来看，有全国标志和地方标志两种。

2014年，中央文明办、民政部、共青团中央联合发布了中国志愿服务统一标识（见图7-1）。该标志大致由一个"志"字组成。"志"字的上半部分是一只展翅飞翔的鸽子。鸽子是和平的使者、友好的象征，传递的是幸福、友爱，放飞的是和平、和谐。"志"字的下半部分由中国书法中草书的"心"字构成，同时也像是一条飘逸的彩带，即表现了志愿者在开展志愿服务时的愉悦心情，也象征着志愿者将爱心联结在一起，服务他人、奉献社会。整个标识寓意用爱心托起梦想，用爱心放飞梦想，充分体现了社会主义核心价值观的内在要求，展示了奉献、友爱、互助、进步的志愿精神。

图7-1 中国志愿服务统一标识

除此之外，全国范围内的志愿服务组织、地方志愿服务组织也可以自己设计标识，组织会歌、会旗等。例如中国青年志愿者协会、北京市慈善义工联合会都自行设计了组织标识，分别如图7-2、图7-3所示。

图7-2 中国青年志愿者协会标识　　图7-3 北京市慈善义工联合会标识

与志愿服务标识紧密相关的概念包括志愿服务文化产品，志愿服务文化产品主要有这几类：志愿者马甲、运动套装、吉祥物人偶服等服装类产品；志愿者帽子、腰包、手套等饰品类产品；志愿者徽章、宣传手册、手提袋等文化类产品。文化产品可以通过志愿者喜闻乐见的形式和志愿者标志结合起来，起到提升志愿服务影响力、提升志愿服务积极性的作用。

例如，云南省专门为青年志愿者设计了吉祥物（见图7-4）。

图7-4　云南省为南博会青年志愿者设计的吉祥物"云云"和"晶晶"

云南省青年志愿者的吉祥物的设计灵感来自云南独有的珍稀物种——滇金丝猴，通过拟人化的方式把滇金丝猴的形象做成了卡通式样。吉祥物"晶晶"是女性形象，象征志愿者队伍中女性的活泼、细心和灵动。吉祥物"云云"是男性形象，象征志愿者队伍中男性阳光、健康、积极的一面。

三、典型案例评析

案 例

"志愿蓝"相映国家阅兵庆典——1 299名志愿者幕后服务"9·3"阅兵

2015年9月3日，中国人民抗日战争胜利暨世界反法西斯战争胜利70周年纪念大会在天安门广场隆重举行。当全世界的目光聚焦在长安街上威武、震撼的阅兵方阵时，在观礼台幕后，1 299名北京志愿者用自己的微笑、汗水和默默奉献，为大会的成功举行做出了自己的贡献。

精心组织阅兵"志愿蓝"服务工作

坚持高标准选拔。坚持高标准、严要求，从全市300余万实名注册志愿者中选拔1 299名优秀志愿者参与服务。坚持"3个百分之百"的招募标准（百分之百是党团员、百分之百在"志愿北京"网站实名注册、百分之百有大型活动志愿服务经历），注重志愿者的实战经验和精神面貌。

多渠道志愿者来源。主要由3个部分构成：一是高校青年志愿者。发挥首都高校青年志愿者服务经验丰富的优势，由北大、清华、北工大、国关学院、二外和首都大学生英才学校组织近500名参与过APEC会议、世界田径锦标赛等活动的优秀志愿者参与服务。二是城区青年志愿者。由东城、西城、朝阳、海淀、丰台、石景山等6个城区团委组织400名骨干志愿者就近参与服务。三是企业青年志愿者。考虑地铁等交通转运需求，由部分市属企业组织近400名骨干就便参与服务。

高质量志愿者队伍。一是整体志愿素养高。服务阅兵的1299名志愿者绝大多数是所在高校和单位中的优秀志愿者代表，其中还包括中国青年志愿者优秀个人奖获得者和北京市五星级志愿者。志愿者中有党员641名，团员658名，党员占比近50%。二是有着丰富的实战经验。在观礼台服务岗、管理岗等重要岗位，安排了参与过APEC会议等活动的骨干志愿者，有60名志愿者直接从世锦赛志愿服务转入阅兵服务。三是强调专业性。例如，在观礼台区安排了英语、日语、俄语、德语、法语、西班牙语、阿拉伯语、朝鲜语等专业的大学生志愿者为参加观礼的外宾提供语言服务。

注重专题服务培训。采取集中通用培训、系统专业培训和个人强化培训相结合。8月15日，组织1299名志愿者参加全员集中培训，这是北京志愿者培训历史上单体培训人数最多的一次。对活动背景、礼仪要求、救援常识、岗位介绍、现场踏勘以及"三会"（"会站、会笑、会说话"）、"三熟"（停车场在哪里、卫生间在哪里、观礼台在哪里）、"三知道"（观礼嘉宾身体不适知道怎么办、自己身体不适知道怎么办、遇到突发情况知道怎么办）等服务规范进行系统化培训。

保障让"志愿蓝"更亮丽

统一为每名志愿者配备"志愿蓝"长袖T恤、短袖T恤、长裤、帽子、腰包等服装和配件。服装采用2008年北京奥运会等活动以来北京志愿者通用色彩和图案（志愿蓝、祥云纹），并在T恤衫右臂加印本次纪念大会统一标识。统一提供人身意外伤害保险，意外身故和医疗最高可赔付120万元，同时还有住院补贴、直升机医疗转运等服务。在小细节上配备手电筒、闪光夜间识别笑脸、人丹、创可贴、巧克力（硬糖）等物资。

资料来源："志愿蓝"相映国家阅兵庆典：1299名志愿者幕后服务9·3阅兵，http://qnzz.youth.cn/place/shengji/201509/t20150904_7079414.htm。

【点评】

该案例体现了志愿服务组织的保障义务，为志愿者的志愿服务提供充分的物质保障，同时也尽到了保险义务，为志愿者统一提供人身意外伤害保险，意外身故和医疗最高可赔付120万元，同时还有住院补贴、直升机医疗转运等服务。同时，该案例中统一使用了志愿服务标志。通过图片我们可以看出参加此次活动的志愿者统一身着蓝色的志愿服装，包括长袖T恤、短袖T恤、长裤、帽子、腰包等服装和配件。而且服装配件中都统一印制了北京志愿服务联合会的标志。从整体形象上志愿者整体划一，形成了一道亮丽的风景线。此外，该案例中的志愿服务组织还对志愿者进行了专门的培训，通过集中通用培训、系统专业培训和个人强化培训相结合的方式为志愿服务创造了更好的条件。

案 例

马鞍山市志愿者受伤首获保险赔付

2020年12月19日，在马鞍山市文明办会议室里，志愿者钱某某的妈妈从保险公司负责人的手中接过5071元的理赔金。这是马鞍山市志愿者从事志愿服务时受伤首获保险赔付的案例。

2019年10月，马鞍山市文明办与平安养老保险股份有限公司马鞍山中心支公司签订了《马鞍山市注册志愿者团体意外伤害保险服务协议》，统一为全市注册志愿者购买了志愿服务期间的意外伤害险。这项志愿服务保障措施能为全市35万多名志愿者解决参与志愿服务的"后顾之忧"，其中保险理赔内容包括最高2万元的门诊治疗保险，以及意外伤残最高赔付额10万元。

2020年7月，受上游来水和本地强降雨的双重影响，马鞍山江河湖泊水位猛升，防汛形势极为严峻。在外地上大学的钱同学暑期回到家乡，报名参加了"护河镇返乡大学生志愿者服务队"。7月17日早上，钱同学跟妈妈一起开车前往防汛埂段，不幸途中发生交通事故，钱同学受伤比较严重，额头缝合19针，颈椎有一处骨裂。经上海医院治疗后，恢复良好。

钱同学受伤后，马鞍山市文明办及时联系平安保险公司，希望将受伤志愿者的损失降到最低。平安保险公司也根据赔付流程，按照条款约定的赔付比例进行了赔付，保障了志愿者权益。

资料来源：马鞍山市志愿者受伤首获保险赔付，https://m.thepaper.cn/baijiahao_10469827.

【点评】

该案例发生在安徽省马鞍山市，且是首例通过保险赔付的案例。马鞍山市为注册志愿者统一购买了意外伤害保险，有助于保障志愿者发生意外时通过保险进行理赔。钱同学在志愿服务中不幸发生了交通事故，当地文明办及时联系保险公司进行赔付。通过保险的形式，一方面弥补了志愿者在活动中受到的损失；另一方面也让志愿者在从事志愿服务活动时不再有所顾虑，提升了他们服务的热情和积极性。

第六节　志愿服务记录、证明和信息保护

第十九条　志愿服务组织安排志愿者参与志愿服务活动，应当如实记录志愿者个人基本信息、志愿服务情况、培训情况、表彰奖励情况、评价情况等信息，按照统一的信息数据标准录入国务院民政部门指定的志愿服务信息系统，实现数据互联互通。

志愿者需要志愿服务记录证明的，志愿服务组织应当依据志愿服务记录无偿、如实出具。

记录志愿服务信息和出具志愿服务记录证明的办法，由国务院民政部门会同有关单位制定。

第二十条　志愿服务组织、志愿服务对象应当尊重志愿者的人格尊严；未经志愿者本人同意，不得公开或者泄露其有关信息。

第二十一条　志愿服务组织、志愿者应当尊重志愿服务对象人格尊严，不得侵害志愿服务对象个人隐私，不得向志愿服务对象收取或者变相收取报酬。

一、法律规范释义

第十九条是关于志愿服务组织对志愿者服务信息如实记录和出具志愿

服务记录证明义务的规定。第二十条和第二十一条是关于志愿服务信息保护和人格尊严的规定，第二十一条规定对志愿者信息的保护义务，第二十一条规定对志愿服务对象信息的保护义务。

1. 志愿服务记录

志愿者参与志愿服务，在不求回报、积极奉献社会的同时，也在获得相关履历评价、记录证明等方面存在一定的诉求。对志愿者进行实名登记做好相关的记录，既有利于志愿服务组织规范管理、掌握开展志愿服务的情况，也是志愿服务组织对志愿者应当履行的义务。

志愿服务组织对志愿者实名登记，是实现志愿者科学管理的基本条件，是志愿服务取得良好成效的基础，是开展志愿服务记录和出具志愿服务记录证明的前提。建立规范统一的志愿者实名登记制度，对志愿者年龄、技能、特长等相关信息进行登记，一是可以建立志愿者信息数据库，了解志愿者参加慈善服务的意愿及其专业特长，有利于合理配置志愿者资源，避免重叠浪费；二是增强志愿者的归属感，对志愿者改进服务态度、增强服务技能、提高服务质量都能起到积极的促进作用，有利于志愿者自身行为的约束和规范；三是有利于国家掌握志愿者信息资源，在需要时能够及时整合、动员社会力量。

志愿服务组织对志愿者记录内容主要包括个人基本信息、志愿服务情况、培训情况、表彰奖励情况、评价情况等。个人基本信息主要是指志愿者的姓名、性别、年龄、身份证号、专业特长、可提供服务时间、联系方式等信息；根据一些慈善服务的需要，还可以登记民族、政治面貌、学历、居住区域、从业状况、服务区域等信息。

志愿服务组织开展志愿服务记录工作，要注意以下几个方面的问题：一是记录主体。要把握"谁组织，谁记录"的原则，志愿服务组织招募使用志愿者开展志愿服务，就应该由志愿服务组织对志愿者的服务情况进行记录，不能由其他组织或个人记录。二是记录内容。按照《志愿服务记录办法》的规定，志愿服务组织应当记录志愿者的个人基本信息、志愿服务信息、培训信息、表彰奖励信息、被投诉信息等内容。其中，志愿者个人基本信息应当包括姓名、性别、出生年月、身份证号码、服务技能、联系方式等；志愿服务信息应当包括志愿者参加志愿服务活动（项目）的名称、日期、地点、服务对象、服务内容、服务时间、服务质量评价、活动（项目）负责人、记录人等；培训信息应当包括志愿者参加志愿服务有关知识和服务技能培训的内容、组织者、日期、地点、学时等。三是服务时间计算。志愿者参与不同的志愿服务项目只是服务分工不同，每个志愿者付出的时间是同等的,其时间记录不应区别对待。记录志愿服务时间应以小时为单位,记录志愿者实际提供志愿服务的时间。四是记录转移和共享。随着志愿者在全国各地以及不同组织之间流动机会的不断增多,志愿服务记录转移和共享工作对保持志愿服务记录连续性、完整性显得尤为重要。实践中,在志愿者要求开具志愿服务证明以及开展星级评定工作时,为了获得完整的服务记录,慈善组织也需要通过信息系统等平台进行志愿服务记录的转移和共享①。

2. 志愿服务记录证明

志愿服务记录证明是志愿服务记录制度的重要组成部分,是志愿者参加志愿服务活动的真实体现。我国现行全国性法律法规没有对志愿服务记录证明进行规定,大部分地方志愿服务立法和《志愿服务记录办法》使用的是"志愿服务证明",只有《山西省志愿服务条例》使用了"志愿服务记录证明"的表述。《志愿服务记录办法》规定,志愿服务证明应当载明当事人的志愿者身份、志愿服务时间和内容。这些信息也是慈善组织应当记录和证明志愿者参与服务的核心信息。

3. 信息保护

第二十条和第二十一条规定了尊重志愿者和志愿服务对象的人格尊严,保护志愿者和志愿服务对象的信息,是《志愿服务条例》的亮点规范。所谓人格尊严,是一个自然人作为人类存在的基本的自尊心以及应当受到社会和他人最起码的尊重的权利。我国《宪法》第三十八条规定:"中华人民共和国公民的人格尊严不受侵犯。禁止用任何方法对公民进行侮辱、诽谤和诬告陷害。"《志愿服务条例》根据《宪法》第三十八条的原则,规定志愿服务组织及志愿服务对象应该尊重志愿者,同样志愿服务组织和志愿者也负有尊重志愿服务对象的义务。具体而言,人格尊严包括名誉权、肖像权、姓名权、隐私权、荣誉权等。第二十条主要侧重强调保护志愿者的个人信息,包括志愿服务组织和志愿服务对象所知悉的志愿者姓名、电话、身份证号、家庭住址等。第二十一条强调保护志愿服务对象的个人隐私,及不得收取或变相收取报酬。志愿服务对象的个人隐私包括身体健康状况、家庭经济状况、家庭住址、家庭成员信息等。所谓收取报酬指的是志愿服务收取费用作为酬劳,包括直接收取志愿服务对象的金钱、财物、贵重礼品等。所谓变相收取报酬指的是从表面上看不是直接为志愿

---

① 解释参考了《慈善法》第六十五条释义。

服务付费，但其实质是为了营利而收取费用的形式。例如，强行要求志愿服务对象购买服务所需要的工具，要求志愿服务对象为志愿者误工提供补贴等。根据《志愿服务条例》规定，志愿服务组织、志愿者向志愿服务对象收取或者变相收取报酬的，将由民政部门予以警告，责令退还收取的报酬；情节严重的，对有关组织或者个人并处所收取报酬一倍以上五倍以下的罚款。

二、基本法理解说

志愿服务记录。开展志愿服务记录工作，建立志愿服务记录制度，是推动志愿服务制度化发展的要求。中央文明委《关于推进志愿服务制度化的意见》对志愿服务记录提出了明确要求："志愿服务活动结束后，由城乡社区、志愿服务组织、公益慈善类组织、社会服务机构等，根据统一的内容、格式和记录方式，对志愿者的服务进行及时、完整、准确记录，为表彰激励提供依据。"开展志愿服务记录工作，建立志愿服务记录制度，是回应社会现实需求的举措。志愿服务情况是公民社会责任意识和诚信的重要体现。随着我国经济社会的发展，志愿服务经历越来越成为人们工作、学习、生活必不可少的一部分。如外企招聘、国外学校招生往往要求候选人提供志愿服务证明。开展志愿服务记录工作，建立志愿服务记录制度，是提供真实有效志愿服务证明的基础。近年来，许多人大代表、专家学者、志愿者都强烈呼吁建立志愿服务记录制度，规范志愿服务记录行为。开展志愿服务记录工作，建立志愿服务记录制度，对志愿者提供志愿服务信息进行有效记载和管理，既有利于各有关部门充分掌握志愿者服务信息，及时制定和调整政策，充分合理地配置、使用志愿服务，也有助于建立志愿服务激励回馈机制，保障志愿者和志愿服务对象的合法权益，激发公众参与志愿服务的热情。

除了《志愿服务条例》对志愿服务的记录和证明做了规定之外，《慈善法》第六十五条也对慈善组织对志愿服务者的记录和证明义务做了规定："慈善组织应当对志愿者实名登记，记录志愿者的服务时间、内容、评价等信息。根据志愿者的要求，慈善组织应当无偿、如实出具志愿服务记录证明。"

关于志愿服务记录。我国现行国家层面的法律法规没有对志愿服务记录进行规定，只有一些地方性志愿服务立法使用过"志愿服务记录"的表述。2020年民政部针对志愿服务记录和证明印发了《志愿服务记录与证明出具办法（试行）》，详细规定了志愿服务记录原则、记录内容、志愿服务信息具体内容等。根据《志愿服务记录与证明出具办法（试行）》的规定，志愿服务记录，是指志愿服务组织和依法开展志愿服务活动的其他组织通过志愿服务信息系统或者纸质载体等形式，记录志愿者参与志愿服务活动的有关信息。地方也针对志愿服务记录出台了一系列规范性文件，例如《福建省志愿服务记录办法实施细则（试行）》《陕西省志愿服务记录办法实施细则（试行）》《上海市志愿服务记录办法（试行）》等。

记录证明。根据2015年中央文明办、民政部、教育部、共青团中央联合印发的《关于规范志愿服务记录证明工作的指导意见》，志愿服务组织在出具志愿服务记录证明时应注意三个问题。一是证明出具主体。按照"谁记录，谁证明"的原则，证明必须由记录了志愿者参加服务的慈善组织出具。二是证明格式。慈善组织应按照统一规范的格式为志愿者开具证明。志愿服务记录证明应包含下列信息：（1）志愿者身份信息，包括志愿者姓名、证件类型和号码、志愿者编号等；（2）志愿服务信息，主要为志愿者参加志愿服务活动的服务时间（以小时为单位）和内容；（3）出具主体信息，包括出具主体的名称、负责人、经办人、联系方式等；（4）其他信息，包括证明编号、出具证明的日期及其他需要说明的事项等。志愿服务记录证明应加盖出具主体公章。如需补充证明志愿者参加志愿服务活动的其他信息，可以附件形式附后。该指导意见同时给出了证明推荐格式。三是证明出具流程。志愿服务记录证明应当按照志愿者申请，慈善组织受理、出具证明和公示的程序办理出具。

三、典型案例评析

> **案　例**
>
> ### 卖家承诺：网上可查，"志愿汇"上可加时长
>
> 北青报记者发现，在一家主要经营论文排版、保研咨询的网店里，还出售志愿证明商品。在北青报记者表明来意后，商家要记者添加一个QQ号，谨慎地发来支教证书、国际证书、马拉松志愿者证书等多个"产品链接"，要记者在链接里选择商品。
>
> 这些证书是真的吗？商家解释，她目前在上学，长期参加志愿活动，与多家单位有很好的合作关系，志愿证明都是直接从单位拿来的，买家可根据自己的需求填写时间、姓名等信息。
>
> 在北青报记者表示担心学校在志愿网站核查信息时，商家表示，可以

在这些网站上做"手脚",但需要支付65元。"你不用怕,我们可以在志愿中国下面的'志愿汇'后台上给你加志愿时长,肯定能通过。"商家说,"这个是我们完全掌握主动权,纸质证书盖章也是正规章。"

据了解,"志愿汇"是一个中国注册志愿者信息系统。志愿者可在上面查询志愿服务,获得志愿时长。一般而言,高校对上面显示的志愿时长是认可的。

那么,商家是通过什么途径在"志愿汇"上添加志愿时长的?商家支支吾吾地说:"我们和'志愿汇'有合作,也很小心的,一定能给你报上。"接着,该商家还不耐烦地说,交易是建立在相互信任的基础上的,不信就不要买了。

花130元"志愿中国"时长增30小时

为了验证真假,北青报记者用130元在淘宝网店上购买了纸质的"中国支教联盟"志愿者证明和"联网可查"商品。商家发来一个资料统计链接,上面需要填写真实姓名、淘宝名、所选证书类型、支教期间、身份证号码等个人信息,要联网的话还要填写电话、毕业年份、政治面貌、志愿时长等。由于记者选的是支教志愿活动,商家推荐填写四川凉山州尼地乡中心小学支教地点,并提示支教期间一定要填写过去的时间,否则会影响"志愿汇"信息的录入。

"你下载'志愿汇'App,第二天直接登录无须注册,登录名是身份证号码,密码为后八位。"按照提示,记者录入了相关信息,选择了30个小时的志愿时长。第二天,打开"志愿汇"后,上面果然显示了30个小时的志愿时长,还有详细的志愿地点、时间,和记者填写的信息一致。

紧接着,记者登录"志愿中国"网站,输入账号、密码后发现,记者的名字、身份证号、志愿时长、志愿活动信息都有显示,与"志愿汇"上的信息一致。此外,"志愿中国"上还可自动生成志愿服务记录证明书,志愿者可下载打印。

那么,商家还可以人为增加志愿时长吗?商家表示,每录入一次都会有记录,如果需要增加时长还得再购买一次。

资料来源:130元可网购志愿中国支教时长.[2022-03-31]. https://www.sohu.com/a/160466855_255783.

【点评】

该案例体现了目前我国志愿服务领域记录和证明存在的乱象。造成该种现象的原因一是志愿服务的记录不规范，从而造成了权力的寻租空间；二是志愿者服务动机不单纯，试图不劳而获。由于志愿服务费时费力，不愿意参加志愿服务，但是为了奖励、评优等又试图获得志愿服务证明。要解决这个问题，有关部门需要对网络上存在的开具需要证明的商家进行取缔，进一步落实志愿服务虚假证明责任追究制度，规范志愿服务的记录流程。同时志愿者也要正确树立志愿服务意识，不应为了追求奖励而索取证明，偏离志愿服务的本质，背离志愿服务的精神。

案 例

开封探索志愿服务礼遇制度 引领崇德向善社会风尚

"您好，您的志愿者证二维码扫描成功，欢迎入园参观。"2016年12月5日上午，开封龙亭公园正门入口处不同于往常，多了一个标识醒目的志愿者入园参观专用通道。在通道入口处，龙亭公园工作人员和市志愿者协会的志愿者为前来游园的志愿者免费入园提供热情服务。这是开封市积极探索志愿服务礼遇制度、引领崇德向善社会风尚、扎实推进创建全国文明城市的一项创新行动。当日，龙亭公园、铁塔公园和天波杨府三家知名旅游景区同时向志愿者免费开放，为第31个国际志愿者日增添了一抹阳光。

这次国际志愿者日免费游景区活动由开封市文明办、开封宋都古城文化产业园区管委会联合推出，邀请对象为在全国志愿服务信息系统（志愿云）实名注册的志愿者。

"向志愿者表示崇高的敬意""热烈欢迎志愿者前来参观游览，志愿者辛苦了""弘扬志愿服务精神 共建文明城市"，当日上午，龙亭公园、铁塔公园和天波杨府景区的正门醒目位置都设置或悬挂了以弘扬志愿服务精神为主题的宣传标语、条幅等，营造了浓厚的礼遇志愿者、倡导新风尚氛围。在各个免费开放景点，陆续有志愿者前来游园。在铁塔公园，市志愿者协会志愿者叶永军在通过志愿者证二维码扫描验证后说："以前是我们为别人服务，今天则是我们享受服务，感觉很温暖、很荣幸。作为

志愿服务法制建设

一名志愿者，我一定会以更高的积极性投入到志愿服务活动中，并鼓励更多人参与志愿服务。"被感动的不只是志愿者，活动现场，许多前来游园的游客也纷纷对此点赞。

市委宣传部副部长、市文明办主任何利军说，志愿服务是社会文明程度的重要标志。尽管做好事不图回报是志愿者的品格，但是"让好人有好报"是全社会的责任。近年，开封志愿服务事业蓬勃发展，越来越多的人积极参与扶危济困、捐资助学、助孤助残、环境保护等志愿活动，为推动文明开封、和谐开封建设做了大量默默无闻却卓有成效的工作，他们应该受到社会的尊重和礼遇。探索建立志愿者礼遇制度，可以让志愿者感受到受人尊重和被人认同的自我价值，激发志愿者参加志愿服务活动的热情，同时，使更多人提高对志愿服务的价值认同。

"这仅仅是个开始。"何利军表示，今后，开封市文明办还会在探索完善志愿者礼遇制度方面做更多工作，从精神和物质层面给予志愿者嘉许，以切实提升志愿服务的社会认同感，推动志愿服务事业持续健康发展。

资料来源：开封探索志愿服务礼遇制度 引领崇德向善社会风尚. 中国文明网. 2022-03-31.

【点评】
该案例体现的是志愿者的"礼遇制度"。通过社会宣传、免费景点开放等具体的措施，使志愿者感受到被尊重，这就是条例中规定的尊重志愿者"人格尊严"的具体体现。志愿者为城市的日常转运、环境保护等做了大量的贡献，受到其服务所帮助的市民应该心怀感恩，对志愿者予以尊重，不能将其视为理所应当的行为。通过志愿者礼遇制度，不仅让志愿者自身感受到被尊重，加强对自身服务社会价值的认同，同时对社会来说也是正能量的宣传和教育，使得在社会中形成"我为人人、人人为我"的互帮互助的良好社会氛围。

第七节 志愿者的义务

第二十二条 志愿者接受志愿服务组织安排参与志愿服务活动的，应当服从管理，接受必要的培训。

志愿者应当按照约定提供志愿服务。志愿者因故不能按照约定提供志愿服务的，应当及时告知志愿服务组织或者志愿服务对象。

一、法律规范释义

第二十二条是关于志愿者义务的规定，第一款规定志愿者应当接受组织管理和必要培训的义务。第二款规定志愿者应当按照约定提供志愿服务的义务，包括若不能参加约定志愿服务的，志愿者应当履行提前告知志愿服务组织或者志愿服务对象的义务。

所谓志愿者义务指的是志愿服务组织及相关法律对志愿者行为的各项要求。从该条的规定来看，志愿者义务主要包括两项：一是服从志愿服务组织的管理和培训；二是按照约定提供志愿服务。

1. 服从组织安排和管理

志愿服务是自愿参加的，但并不意味着志愿者可以"来去自由"。志愿者加入志愿服务组织意味着对该志愿服务组织理念的认同，也意味着认同该志愿服务组织的章程。既然选择成为志愿服务组织中的一员，就需要服从其管理，并按照组织安排接受必要的培训。例如《中国青年志愿者协会章程》第十一条第二款中就明确会员需要履行"遵守本协会的章程，执行本协会的决议"和"完成本协会交办的工作"的义务。需要注意的是，该条款适用的前提是"志愿者接受志愿服务组织安排参与志愿服务活动"，若志愿者对于志愿服务组织安排的志愿服务活动有异议而志愿服务组织又无法变更的，志愿者可以不参加与该志愿服务活动有关的管理和培训。志愿服务组织也不得违背志愿者的意志，强行派志愿者参加志愿服务活动。

2. 按照约定提供服务

按照约定提供服务包括志愿者和志愿服务组织的约定或者是志愿者与志愿服务对象的约定。该项义务有两项具体的内涵：一是志愿者若是可以参加志愿服务则需按照约定的时间、地点、服务内容、服务方式等提供志愿服务，避免出现迟到、服务不专业等问题；二是志愿者若因为意外情况等原因不能参加约定志愿服务，应当提前告知志愿服务组织或者志愿服务对象，以方便志愿服务组织另行安排志愿者并让志愿服务对象有特定的心理预期。

二、基本法理解说

志愿者义务。志愿者的义务不限于《志愿服务条例》所规定的义务范围，《志愿服务条例》规定的义务只是一般志愿者均应遵守的义务。根据志愿服务活动种类的不同，志愿者的义务也有所区别。例如2018年4月国家体育总局印发的《关于进一步加强体育赛事活动监督管理的意见》对赛会志愿者的义务进行了更为细致的规定："赛事活动相关人员（包括参赛者、裁判员、志愿者、赛事活动组织机构工作人员等）应当做到：（一）遵守法律法规和相关规定；（二）遵守体育道德，严禁使用兴奋剂，严禁操纵比赛以及冒名顶替、弄虚作假等行为；（三）遵守竞赛规则、规程和赛事活动组委会的其它规定，维护赛事活动正常秩序；（四）遵守社会公德，不得影响和妨碍公共安全，不得在赛事活动举办过程中有违反社会公序良俗的言行。"再比如2016年文化部制定的《文化志愿服务管理办法》第七条规定了文化志愿者应履行的义务："（一）自觉维护文化志愿者的形象与声誉；（二）遵守文化志愿服务管理制度；（三）履行文化志愿服务承诺或协议，完成文化志愿服务组织单位安排的志愿服务任务；（四）尊重服务对象的意愿、人格和隐私，不得向其收取或者变相收取报酬；（五）因故不能参加或完成预先约定的文化志愿服务活动时，履行合理告知的义务；（六）相关法律、法规及规章制度规定的其他义务。"

此外志愿者在地方开展志愿服务，若地方有专门志愿服务立法的，在遵守《志愿服务条例》的同时也应该遵守地方立法。例如《辽宁省志愿服务条例》第十条对志愿者应履行的义务做了更为广泛的列举："（一）提供本人真实、准确、完整的身份、服务技能、服务时间、联系方式等基本信息；（二）接受必要的志愿服务培训；（三）履行志愿服务承诺或者志愿服务协议约定的义务；（四）不得泄露在志愿服务活动中获悉的个人隐私等依法受保护的信息；（五）不得利用志愿者身份从事以营利为目的的活动或者违背社会公德的活动；（六）参加志愿服务组织的，遵守志愿服务组织的章程和管理制度；（七）在志愿服务活动中接受所在的志愿服务组织的安排和管理；（八）因故退出志愿服务活动或者不能完成志愿服务活动时，应当及时告知志愿服务组织或者志愿服务对象；（九）法律、法规规定的其他义务。"

三、典型案例评析

案 例

长沙理工大学志愿者每周末陪失独老人"侃大山"从不爽约

拾掇了下自己，还把家里清扫了一下，家住长沙市雨花区雅塘村的文爹爹，2015年1月6日要比往常早起了一些。前几天，他就接到了电话，志愿者们这天会来。

"来啦，怎么又提东西来了？不是说过不要买东西吗？"听到敲门声，文爹爹赶紧开门，看到门口提着油和米的孩子们，轻声地责备。

这帮志愿者叫"陪聊志愿者"，来自长沙理工大学"火炬手"志愿者协会，自2013年起开启针对失独、空巢老人的聊天、慰问等帮扶活动。眼看要放寒假了，志愿者制定了"新年陪伴计划"，让老人在新年也能感受到有人牵挂。

开始不习惯，现在需要陪伴

"最近我去旅游了，拍了好多照片，你们看咯。"招呼田炼、张俞等志愿者坐下，文爹爹就拿来了去湘西旅游的照片，讲着旅游中的趣事。

64岁的文爹爹是失独老人，2009年女儿因淋巴癌去世后，他与老伴相依为命。老人家中经济条件还算不错，女儿在时最喜欢旅游，她走了之后，两位老人便只能经常用旅游来排遣对孩子的思念与心中的悲痛。

"平时不太想出门，没事就看电视、睡觉。"文爹爹说，志愿者当初找到社区说要来陪聊时，自己很不习惯。但来了几次后，又觉得有人聊天蛮好的，所以就和他们建立了长期的联系。

"人到底还是需要朋友的，现在也习惯与他们聊天，有时还盼着他们来家里热闹下。"文爹爹坦言，自己不愿再提及伤心的往事，但希望有人分享现在的开心与乐趣，不管怎样，日子还得往下过。

陪聊之外，希望能吃顿饭

和文爹爹相比，80岁的何娭毑要孤单得多，2004年儿子和老伴相继离世，留她一个人住在雅塘村社区这套三室两厅的大房子里。

不过何娭毑性格开朗，她每天都会找社区的其他老人搓麻将，或者搞户外活动锻炼身体。

老人不忌讳提起伤心的往事，每次志愿者来，她都会拿出儿子与老伴的照片，讲他们的故事。"我会的运动可不少。"生怕自己的情绪影响志愿者，老人赶紧转换话题，拿出收纳袋，里面有扇子、剑、乒乓球和空竹等。看到孩子们诧异的眼神，娭毑乐呵起来，开始表演抖空竹，屋子里笑声一片。

"我有个小小的建议。"对于志愿者们的陪伴，老人很期待，她说希望孩子们也能陪着吃饭。"前一天打电话来，告诉我来的人数，我好准备饭菜。"何娭毑强调，孩子们不准买东西来，菜也不准买，不然就让他们再提回去。

与失独空巢老人结成"小家庭"

汪伦是长沙理工大学云塘校区的专职心理教师，也是"陪伴计划"的发起人。"当时老人说，一把土埋葬了孩子，也埋葬了自己，这话触动了我。"汪伦说，在与几位失独老人的沟通中，发现这个群体中很多人对生活没有期望也没有乐趣，精神上非常需要慰藉。

"平常我们不带东西，只来陪聊，现在快过年了，才买了油、米等物资。"志愿者负责人罗广益说，学校对这个项目非常重视，学校化学与生物工程学院党委副书记王明彦和几名辅导员也成为志愿者，分头行动去陪伴老人。

爱心行动：为老人制定"新年陪伴计划"

2013年7月起，汪伦组织学生摸底调研，并拍摄了几位失独老人的记录视频，在学校中播放，号召学生们一起来关爱他们。视频播放后，不少学生受感触报名成为志愿者，他们每个周末都去老人家中，陪伴聊天、晒太阳、散步，或做些力所能及的家务事。"一个班对应帮扶一个家庭，目前有14个一对一帮扶的'小家庭'。"汪伦说。

"这些失独老人心中有'坚冰'，只能慢慢去融化。"汪伦坦言，14个帮扶"小家庭"中，并不是所有老人都愿意与志愿者交心，文爹爹的老伴就是案例，她每天仍沉浸在伤悲中，不肯敞开心门。

目前，志愿者还成立了一个"众筹基金"，号召学生每月节省1元钱，捐助给这些老人。"已有400多名学生参与。"汪伦说，下一步希望能征集更多社会志愿者参与，为更多失独、空巢家庭送去温暖。

"我们也希望能有更多社会公益组织参与进来。"长沙市雨花亭街道计划生育协会会长韦育华说，新年会对这些老人给予特别的关注。目前，雨花亭街道和陪聊志愿者制定了"陪伴计划",寒假中学生依然会通过电话等方式与老人们联系。

资料来源:高校志愿者每周末陪失独老人"侃大山",https://hunan.voc.com.cn/article/201501/201501070807381076.html.

【点评】

该案例讲述的是志愿者陪伴失独老人的故事。所谓"失独老人"指的是家中唯一的子女不幸离世的老年人。这样的老年人因为没有子女照顾,晚年更需要社会的关心和爱护。而志愿者要走进他们的内心更是需要花费颇久的时间。但是在习惯他们的陪伴后,老人们对志愿者产生了心理上的依赖感,对志愿者的到来表示期待,并乐于将自己的所见所闻与志愿者分享。有的老人在约定时间到来前还会打扫屋子、购买食材准备饭菜等。在这种情况下,履行约定的志愿服务就格外重要,它承载着老人的期盼,并且一旦不能如约就可能会使得"陪伴计划"落空,导致志愿者约定的义务难以达成。所以志愿者不能"任性"或者"健忘",而应当秉持着认真负责的态度按照约定提供志愿服务。此案例从正面肯定了志愿者的做法,描绘了志愿者每周末陪失独老人"侃大山"从不爽约的画面。从法治意义上说,"从不爽约"既是对志愿者义务的切实履行,也是对志愿者承诺的真诚兑现。

思考与讨论

1. 有的人认为志愿服务就是奉献爱心而不应该要求志愿者承担义务,承担义务反而不利于激发志愿者参与志愿服务活动的积极性。你是否同意这种观点,为什么?

2. 你认为哪些志愿服务活动属于专业志愿服务?试举两例,并说明理由。

3. 结合你参与过的志愿服务活动,讨论志愿服务中存在哪些风险,并说明应该如何减少风险的发生。

4. 若你参加志愿服务活动后,组织志愿服务活动的志愿服务组织不愿向你开具志愿服务证明,该如何解决?

# 第八章
志愿服务的专门类别和规范约束

本章继续讨论志愿服务活动,但聚焦于志愿服务的若干专门类别,包括专业志愿服务、应急志愿服务等特殊类别的志愿服务活动,同时还讨论对于志愿服务的规范约束,主要是志愿服务的禁止性规定和志愿服务的监督规范。

第一节 专业志愿服务

第二十三条 国家鼓励和支持国家机关、企业事业单位、人民团体、社会组织等成立志愿服务队伍开展专业志愿服务活动,鼓励和支持具备专业知识、技能的志愿者提供专业志愿服务。

国家鼓励和支持公共服务机构招募志愿者提供志愿服务。

一、法律规范释义

本条体现的是国家对专业志愿服务的鼓励和支持态度。第一款是对相关部门和组织以及志愿者进行专业志愿服务做出的规定。此处开展专业志愿服务活动的主体包括国家机关、企业事业单位、人民团体、社会组织等,具体为民政部门、工会、共青团、妇联、学校、医院、企业等有关部门和组织。

第二款是对公共服务机构招募志愿者做出的规定。这里的公共服务机构包括博物馆、图书馆、体育馆等为社会公众提供公共服务的机构。

与普通的志愿服务不同,专业志愿服务是指具有某些专业知识技能或获得专业资格的人士提供的志愿服务,如心理康复、翻译、义诊、支教、法律援助等。非专业志愿服务要求较低,绝大部分人都可以参加,这也是志愿服务事业得以广泛发展的原因。但是随着社会的不断变革和志愿服务的发展,社会对专业志愿服务的需求越来越大,非专业志愿服务也越来越难以解决更加复杂的社会问题,如青少年犯罪、心理辅导、医疗救助、法律咨询等。单靠源自朴素的做好人好事的心理但缺乏专业知识的志愿服务对解决这些问题是远远不够的。因此,发展各类专业志愿服务不仅是对社会需求的回应,也受到了党和国家的高度重视。

二、基本法理解说

"专业志愿服务"的英文"pro bono"一词来源于拉丁语"pro bono publico"的缩写,本意是"为了公共利益"(for public good)[1]。概括来说,专业志愿服务就是志愿者利用自己在某个领域的特殊专业知识为需要帮助的人提供的志愿服务。由于志愿者在提供志愿服务的过程中运用了自己掌握的相关专业知识,所以专业志愿服务与普通志愿服务的最大不同之处就在于前者更加专业化,更加精准和高效,更加能够为志愿服务对象提供其最需要的帮助。正是由于专业志愿服务相较于普通志愿服务的这些优势,国家开始日益重视专业志愿服务的相关工作,开始大力促进专业志愿服务活动的开展,以使得志愿服务更加高效,能够不断应对社会日新月异的发展与变化。除国家层面外,一些社会团体和组织也开始更加重视专业志愿服务工作。2017年10月22日至28日是第6个全球专业志愿服务周。在此期间,2017年中国专业志愿服务周活动启动仪式在北京举行。该活动以"专业志愿服务促进社区生态发展"为主题,旨在加强专业志愿服务相关工作,促进专业志愿服务的长远发展。

社会的高速发展使得大众的新需求层出不穷,这些新需求对志愿服务的专业化程度提出了越来越高的要求。一方面,社会组织自身和行业的发展都急需提高专业化程度;另一方面,专业志愿服务通过与组织建设结合,也能够促进行业专业化发展,进而为社会发展带来积极作用。在这种背景下,传统的志愿服务越来越难以满足现实需要,专业化的志愿服务也越来越成为志愿服务事业发展的重要趋势。

在当前阶段,我国社会对志愿服务的需求和有效供给之间存在着不平衡的矛盾。我国的志愿服务事业经过数十年的发展,虽然志愿服务的总量

---

[1] 陆士桢. 中国特色志愿服务概论. 北京:新华出版社,2017:301.

已经颇具规模，但专业志愿服务的总量却相对较少，难以满足社会的需求。这一方面是由于我国知识型和技能型劳动者总量较少，另一方面则是由专业志愿服务的组织数量不足和提供渠道不够畅通导致的。在记者的采访中，北京市某企业职员林女士表示："公司组织的员工志愿服务活动，大多是去敬老院看望老人、去公园捡垃圾、带小孩子过马路等活动。虽然也要去参加，但说实话，我对此兴趣不大，我觉得自己在财务方面的能力或许可以发挥更大的作用，却找不到与公益结合的切入点。"[1] 根据《中国企业志愿服务发展报告（2017）》，2013年、2015年、2017年，中国企业大多还是以从事基础性志愿服务为主，而技能志愿服务和专业志愿服务提供的数量并不多，中国企业的志愿服务大都在数量上相对客观，但在质量上还有较大的提升空间[2]。较之于一般的"做好人好事"的志愿服务，专业志愿服务更加注重通过志愿者自身的专业技能帮助受助者。因此，为了更好地适应社会的需要，志愿服务事业的发展不能仅仅强调志愿服务量的增加，更应该重视志愿服务质的提升。供给侧结构性改革同样也需要适用到志愿服务领域，否则不仅会导致社会需求难以得到满足，还会造成社会资源的浪费，打击社会公众参与志愿服务的积极性。

高校志愿服务是我国志愿服务工作的重要组成部分，这是由于大学生志愿者在数量和质量上都有很大的优势。他们文化素质较高，具备一定的专业知识，而且参与志愿服务的热情也十分高涨。以2008年北京奥运会赛会志愿者为例，仅报名参加奥运会赛会志愿者的首都高校的大学生就占到报名总人数的一半，最终确认录取的赛会志愿者中，首都高校大学生更是占到了3/4以上。此外，还有很多来自各省的优秀大学生也担任了奥运会志愿者。发展专业志愿服务，要充分调动大学生志愿者的积极性。一方面，要对其进行积极引导和科学管理；另一方面，还应当立足于大学生的专业知识学习，有针对性地开展专业技能型志愿服务。这样就使大学生在志愿服务活动中充分发挥他们的专业技能优势，组建起专业化的志愿服务队伍，让他们对专业知识的学习与志愿服务活动紧密结合起来，为不同的志愿服务对象提供高水平专业化的志愿服务，突出专业志愿服务专业化、技能化和知识化的特点。

---

[1] 顾磊. 专业志愿服务发展将带来新契机：志愿服务越专业 社会治理越创新. 人民政协报，2017-10-31（10）.

[2] 张明敏. 志愿服务的专业化发展路径探索. 公益时报，2017-09-26（5）.

志愿服务实践是提高大学生专业实践能力的一个有效途径,因为志愿服务实践能够激发大学生对专业学习的兴趣和热情。在一定程度上,我们可以说专业志愿服务是大学生专业学习的拓展和延伸。它不仅能够检验大学生专业知识的运用能力与水平,也能够提升志愿服务的质量。它在满足志愿服务对象需求的同时可以增强大学生志愿服务的社会知名度和影响力。在提供专业志愿服务的过程中,服务的需求会不断更新,服务的领域也会不断扩大。这些新问题、新要求会激励大学生主动学习新知识、培养新技能,更好地发挥他们的主观能动性。这将有利于大学生开阔视野,增强对社会的了解,使得他们更好地融入社会、适应社会,从而充分体现大学生的社会价值,实现社会、高校和大学生的共赢。从志愿服务的本质上看,志愿精神植根于助人为乐、甘愿奉献的美好品德和精神,是一种不计报酬、自愿奉献的群众性公益精神。志愿服务精神是一个国家的文明程度的反映和象征。这种奉献精神的培育与发扬,可以促使更多人加入志愿服务的队伍,同时激发大学生的爱国主义情感和社会责任感,促进社会主义核心价值体系的建设。

正如党的十九大报告中所提到的要加强志愿服务制度建设,在新时代下中国志愿服务不仅要强调专业化的志愿服务,更应该强调志愿服务事业发展的专业化。志愿服务组织是志愿服务活动的组织者,它不只是由志愿者组成的集合体,更是一个分工协作、高效运转的具有严密的管理体系和完善的规章制度的组织。它是志愿服务主要的提供主体,是志愿服务的中坚力量。通过志愿服务组织汇聚志愿资源,服务将会更有序、更长效。专业志愿服务要求志愿服务组织要具备科学的管理制度和服务体系,要把以人为本的服务理念贯彻到志愿服务的方方面面,尊重差异,尊重个性,充分发挥每个人的积极性创造力,建立完善的运行机制,鼓励志愿者参与组织的日常管理,以为志愿服务组织的运营提供强大的动力。为了使中国志愿服务事业走上专业化道路,需要做到以下两点:一方面,政府及相关部门、企业事业单位和社会组织等要在党的统一领导下共同促进中国志愿服务体系的建设与完善。另一方面,也需要更大程度地激发公众参与志愿服务的热情。如果公众没有进行专业志愿服务的内在动力和主动追求,一切措施都将是无源之水、无本之木。只有广泛地动员群众,才能最大限度地发挥每个成员的自身优势,让每个社会成员都能够利用自己的一技之长更好地提供专业志愿服务,进而促进社会的发展进步。

三、典型案例评析

案 例

大学学生志愿者助力垃圾分类

为进一步做好生活垃圾分类工作,浙江省杭州市开发区城管办组织高校志愿者团队深入社区,开展了一系列内容丰富、形式多样的引导和宣传垃圾分类的活动。当地城管办市容科通过对智能监管平台数据的分析,有针对性地安排高校志愿者进入垃圾分类工作进展缓慢的小区开展活动。每天的垃圾投递高峰期间,志愿者们在楼道口、垃圾投放点现场进行实时引导。他们两两组队,拿着垃圾分类宣传手册和绿色厨余垃圾袋给居民传授相关知识。对于这些大学生志愿者,这样的垃圾分类活动并不是第一次,他们已经非常熟悉垃圾分类的知识,并能成功地将其告知给居民。志愿者每天会对小区内居民投递的厨余垃圾进行巡检抽查,根据巡检抽查的结果进行相应的打分,并对分类不合格的居民进行上门指导,了解该户居民垃圾分类情况较差的原因,对症下药,从根本上解决垃圾分类的难题,督促居民自觉进行垃圾分类。

居民王阿姨表示,这样的宣传方式很好,讲解垃圾分类知识也很到位。当他们宣讲时,大家都不好意思拒绝。大家在听的同时也加深了垃圾分类的意识,由此时时刻刻提醒自己要做一个文明的居民,做好垃圾分类。

资料来源:高校志愿者助力下沙垃圾分类, http://act.thehour.cn/epaper/article/2018-04-11/3642044.

【点评】

现代化是人与自然和谐共生的现代化,要创建"绿色家庭""绿色社区",要坚持"全民共治",要"构建政府为主导、企业为主体、社会组织和公众共同参与的环境治理体系"。社区环境保护是关系亿万公民健康生活的大事,社区环保志愿者作为社区环境保护的重要主体,其志愿服务能力的高低直接决定着环境保护的效果。高校大学生的加入为当地垃圾分类与处理活动的开展提供了重要支持。这些专业的大学生环保志愿者本身经过学习和培训已经掌握了相关环保知识,并且非常熟悉垃圾分类的知识,因此在提供志愿服务的过程中能够更加高效和精准。(习近平. 决胜全面建成小康社会 夺取新时代中国特色社会主义伟大胜利:在中国共产党第十九次全国代表大会上的报告. 北京:人民出版社,2017:51.)

> **案 例**
>
> **法援与消费者同行 法援志愿服务团再启航**
>
> 2018年3月15日,江西省赣州市赣县区司法局组织法律援助志愿者服务团的律师们参与国际消费者权益日集中法治维权宣讲活动。活动通过悬挂宣传横幅、发放宣传资料、提供法律咨询等方式展开。志愿者服务团现场向群众宣传讲解《消费者权益保护法》《反不正当竞争法》《江西省法律援助条例》等法律法规,对与群众生活密切相关的侵权赔偿、消费者维权、法律援助范围等内容进行了现场解答。该法律援助志愿者服务团坚持在发展中保障和改善民生,增进民生福祉,促进社会公平正义。他们还将积极服务脱贫攻坚,保证全体人民在共建共享发展中有更多获得感,加强和创新社会治理,维护社会和谐稳定。他们开展的多渠道、多形式的法律援助维权服务活动,为赣县区人民的消费保驾护航,在全区助力脱贫攻坚中发挥重要作用。
>
> 资料来源:https://jxgz.jxnews.com.cn/system/2018/03/15/016805860.shtml。
>
> **【点评】**
>
> 《江西省法律援助条例》第七条明确规定"支持工会、共青团、妇联、残联等,利用自身资源为经济困难的公民提供法律援助"。国家还要求"完善法律援助制度,扩大援助范围",加大对困难群众维护合法权益的法律援助。法律援助和志愿服务都属于社会公益事业,当地法律志愿者服务团在实践中将二者充分结合起来,为社会弱势群体提供法律和社会生活上的帮助,践行着社会的正能量,促进了社会的和谐健康发展。

第二节 应急志愿服务

第二十四条 发生重大自然灾害、事故灾难和公共卫生事件等突发事件,需要迅速开展救助的,有关人民政府应当建立协调机制,提供需求信息,引导志愿服务组织和志愿者及时有序开展志愿服务活动。

志愿服务组织、志愿者开展应对突发事件的志愿服务活动,应当接受有关人民政府设立的应急指挥机构的统一指挥、协调。

一、法律规范释义

本条是对应急志愿服务的相关规定。第一款规定的是政府的协调义务，第二款规定的是志愿服务组织和志愿者接受指挥和协调的义务。应急志愿服务的前提是发生重大自然灾害、事故灾难和公共卫生事件等突发事件，如地震、洪水、火灾、泥石流、重大交通事故、公共安全事故等。这些突发事件给人民生命财产安全造成重大损失或威胁，严重影响人民群众的生产和生活，因此需要迅速开展救助行动。政府对社会资源与社会生活管理起着支配作用，担负着谋求国民福祉、进行社会治理的法定职责。当危机来临时，只有政府具备领导全社会力量应对危机的能力，这使得政府顺理成章地成为突发事件应对工作的主导力量与总指挥。不断壮大的民间力量成为协助政府提供公共服务的重要支撑。具体来说，在政府不擅长、组织不到位的领域，志愿者、志愿服务组织等社会力量能够发挥自身优势，更好地应对危机。不过我们也应认识到，面对各种突发事件，政府仍然是主要负责人。即使在有各种社会力量协助的情况下，政府仍负有协调义务。政府要及时引导志愿服务组织和志愿者有序开展工作，对他们提供帮助，如为他们提供有关信息、工具和必要的生活物资等。与政府的协调义务相对应，志愿服务组织和志愿者也负有接受政府和有关机构指挥协调的义务。基于应急志愿服务的时间上的紧迫性，志愿服务组织和志愿者在提供服务的过程中应当做到高效、有序。只有接受政府的指导和协调，他们才能够最大限度地发挥自身优势，提高应急志愿服务的效率。如果所有的志愿者在提供服务时都不管不顾、随心所欲，则必然会导致资源的浪费，降低救助效率，造成不必要的损失，甚至会南辕北辙，起到相反的效果。

二、基本法理解说

应急志愿服务是指志愿者、志愿服务组织以及志愿服务活动组织者在自然灾害、事故灾难、公共卫生事件和社会安全事件等公共突发事件的应对中提供、开展的志愿服务[①]。与普通的志愿服务相比，应急志愿服务一个最突出的特点就是时间上的紧迫性。因为突发事件发生后，国家利益、公共利益与人民群众的生命财产危在旦夕，时间就是生命，效率就是一

---

① 莫于川，梁爽. 关于完善中国的应急志愿服务法律保障体系之管见. 河北法学，2011(5)：56-64.

切,只有有序、高效地开展应急志愿服务,才能最大限度地保障安全、减少损失。基于此特点,应急志愿服务的开展应当遵循以下原则:

1. 就近就便原则

就近就便原则,是指志愿者、志愿服务组织及志愿服务活动组织者应当本着便利、就近的精神适当地开展力所能及的志愿服务活动,避免舍近求远、冲动行事,合理、理性、成熟地协调开展志愿服务与自身工作、生活的关系。虽然我国向来有着"一方有难、八方支援"的优良传统与道德风尚,但是在应急志愿服务中,就近就便原则能够降低交通、能源等社会成本与个人经济、时间成本,减轻突发事件发生地的管理与指挥压力。在"5·12"汶川地震发生后,志愿者从四面八方涌向灾区,为抗震救灾做出了巨大贡献,但也有一些志愿者仅凭满腔热血,不考虑个人与社会成本,或是发生了由于路途遥远、精疲力竭而发生车祸导致多人死亡与受伤的惨剧,或是发生了在途中遇到泥石流等自然灾害不幸遇难的悲剧,甚至还发生过志愿者不顾本人工作岗位需要,不具备应急志愿服务能力或弃长用短地盲目参加志愿服务活动,最终被单位开除的事件。因此,志愿服务精神固然值得弘扬,但参加应急志愿服务活动尚须遵守就近就便原则,力所能及、冷静理性地开展。

2. 专业高效原则

专业高效原则,是指开展应急志愿服务活动必须在应急志愿者具备医学、交通、心理、通信或后勤等相关专业知识与技能的前提下,切实有效地进行,追求预期目标与最终效果的统一。在突发事件发生后,国家利益、公共利益与人民群众生命财产安全受到紧迫威胁,时间就是生命,只有专业、高效地开展应急志愿服务,才能尽量减少突发事件带来的灾难与损失。专业高效原则需要有志愿者的招募、培训等制度建设以及应急志愿服务队伍建设等提供有力保障。而专业化的欠缺在一些应急志愿服务中也成为突出问题,使应急志愿服务的效果大打折扣,因而备受人们关注。以汶川地震救灾为例,当时从全国各地前往灾区的志愿者达一百多万人,其中很多人都是徒手进入灾区,他们的唯一动力就是热情。虽然"精神可嘉",但由于缺乏专业救助能力,他们提供的帮助有限。更有一些志愿者缺乏救援知识和自身生存能力,不期沦为"次生灾民",反而需要他人救助,徒增灾区政府的工作压力。在突发事件应对中,只有专业化的志愿服务才能保障救援的效果,否则会因为时间的延误、资源的浪费与秩序的混乱等而导致人民群众蒙受巨大的生命财产损失的后果。因此,相对于常态下的志愿服务来说,应急志愿服务的专业高效至关重要。在危机应对中,国家需要对应急志愿服务行为进行必要的规范、引导和约束，并为之提供必要的支持，构建以制度为支撑的志愿参与体系，以有序化、规范化的方式参与公共危机应对与治理，充分发挥志愿者及志愿服务组织在国家应急救助中的优势。

3. 统一有序原则

统一有序原则，是指应急志愿者、志愿服务组织以及志愿服务活动组织者应当在突发事件发生地政府及其他应急管理机构的统一指挥、安排和管理下，井然有序地开展应急志愿服务活动。需要遵循统一有序原则是应急志愿服务与常态下的志愿服务的重要区别，也是有效开展应急志愿服务的基本要求。没有政府的统一领导和维持良好秩序，有效应对突发事件将无从谈起，后果也将不堪设想。例如，在汶川抗震救灾过程中，有的志愿者未能正确定位自身的专业能力，盲目投身救援队伍，深入灾区后却发现自身并不具备救援所需的专业特长，或者找不到发挥自身专业能力的岗位。勉强留下来的只能成为从事简单劳动的志愿者，例如有些硕士和博士在灾区的最初工作就是运送物资和扛麻包，也有很多不具备专业能力的志愿者勉强从事力所不能及的工作，最终出现了志愿者相对过剩的现象。具体来说，一方面大量志愿者不断涌入灾区；另一方面专业志愿者严重不足，造成了受灾群众的需求未得到满足而志愿者却被大量闲置的奇怪现象。志愿救灾过程中的盲目性、随意性造成了志愿者资源的浪费，不仅对灾区的救援无益，反而增加了当地政府的负担，给抗震救灾的全局工作拖了后腿。

统一有序原则不仅要求政府构建相应的制度进行统筹管理与应对，而且要求应急志愿者、志愿服务组织及志愿服务活动组织者开展应急志愿服务时，负有服从组织、安排与管理的法定义务。秩序是法治的基本价值之一，在具有紧急性特征的突发事件处理与救援中，良好的秩序对于保障生命和财产安全、提高救援效率来说尤其重要。在抢险救灾过程中，有组织的志愿服务更容易与受灾群众的实际需求对接，更能发挥实效。另外，有组织的应急志愿服务有利于保障灾区群众的人身财产安全和灾区社会秩序。在应对突发事件的过程中，有组织的应急志愿服务有助于防范居心不良者以志愿服务为名而行非法行为之实，可以减少发生违法犯罪事件。组织化的应急志愿服务也正是由于其具有与自发的个人志愿者提供服务相比的较大优势，因而成为更受欢迎的形式。

同时我们也应看到，相对于快速发展的志愿服务队伍和日益深入人心的志愿服务活动，我国的志愿服务立法明显滞后。《志愿服务条例》的出台在一定程度上为应急志愿服务活动的开展提供了法律保障,但这些规定还存在不足,最明显的是并没有对志愿者的权利义务做出较为详细的规定。这些因素制约了志愿者提供应急志愿服务的热情,无法满足志愿者参与公共危机治理的需要,也降低了政府应对危机的效率。为此,我们必须完善相关制度,进一步明确政府、志愿服务组织和志愿者的法律地位、权利义务关系,细化志愿服务法规的内容,扫清志愿服务中的障碍,实现应急志愿服务的制度化、规范化和健康化。根据有关志愿者权利的现有研究成果及相关地方立法,志愿者大体享有以下诸类权利:自愿参加或者退出志愿服务活动和志愿服务组织;获得志愿服务活动真实、必要的信息;参加志愿服务活动组织者提供的有关教育、培训;请求志愿服务活动组织者帮助解决在参加志愿服务活动中遇到的困难;对志愿服务活动组织者的工作进行监督,提出建议和意见;要求志愿服务活动组织者出具志愿服务证明;等等。应急志愿服务带有一定的危险性,尤其是参加抢险救援的应急救援志愿服务,其权益保障问题更加突出。在应急志愿服务中,应急志愿者还应享有获得超乎常态下的安全保障权与物质帮助权。安全保障权是指组织志愿者开展有安全风险的应急志愿服务活动时,有关的志愿服务活动组织者应为应急志愿者办理相应的人身意外伤害保险,提供相应的安全保障。物质帮助权是指在对物质、技术条件要求较高的应急志愿服务中,应急志愿者参与应急救援应当得到如专业的设备物质等方面的物质帮助[①]。除了享有特殊的权利,应急志愿者还负有服从统一指挥与安排的法定义务。关于这一点《志愿服务条例》也做出了明确规定:如果应急志愿者不能树立大局意识,明确自己服从统一指挥与安排的法定义务,就会导致国家利益、公共利益及相关受助者遭受巨大的损失。

三、典型案例评析

案 例

堵车不堵心 志愿者给堵车的人们送去温暖

2018年春节期间,罕见的大雾让琼州海峡持续封航,叠加春节黄金

---

① 莫于川,梁爽. 社会应急能力建设与志愿服务法制发展:应急志愿服务是社会力量参与突发事件应对工作的重大课题. 行政法学研究,2010(4):21-29.

周返程高峰，海口三个港口附近一度滞留数万辆汽车、数万名旅客。为确保广大旅客安全顺利出岛，保障市民群众出行顺畅，海南省义工互助协会、阳光义工社、海航志愿服务队、老陶义工服务社、海口民间灾害应急救援队、120急救志愿服务队、海建集团志愿者服务队等社团组织、机关单位志愿服务队第一时间奔赴滞留现场。他们积极协助工作人员维持交通秩序，协调配合相关部门为滞留旅客发放矿泉水、方便面、鸡蛋、饼干等物资，指明厕所所在位置，向滞留旅客解释车辆滞留原因，讲解港口运行情况，做好解释与咨询工作及耐心安抚返程旅客，提醒滞留旅客持续关注交通广播并劝导滞留旅客不要随意丢垃圾。在相关人员的努力下，港区周边数平方公里范围内，路面每隔100米左右就设一座移动公厕，每隔约1公里设一个医疗救护点。志愿者同城管、环卫、民政等部门从凌晨到深夜不间断为滞留旅客提供伴随式服务，科学引导过海旅客、车辆通行，主动帮助行动不便的老人、妇女及儿童提携行李，安全上船。他们的耐心和包容心让焦急赶路的旅客平静下来，受到了旅客的一致好评。

资料来源：关注海口"疏堵大战"：万车滞留下海口的坚守与温度. 中国文明网，2022-03-31.

【点评】

在此次旅客滞留事件中，成千上万的旅客被堵在路上动弹不得，老人和小孩更是苦不堪言。有的旅客疯狂鸣笛发泄情绪，急躁愤怒的情绪不断蔓延，稍有不慎就会引发冲突，甚至造成严重的人员伤亡。在情况十分危急的时候，上万人次的志愿者为焦躁不安的滞留旅客送去了温暖的服务，他们倡导着奉献、友爱、互助、进步的志愿精神帮助旅客顺利踏上回家的旅途，除了顺利完成这次滞留旅客疏散任务之外，更是化解了一场公共安全危机。志愿者和志愿服务组织作为提供公共服务的重要民间力量，在政府统一的管理、指挥和协调下，协同有序地开展应急行动，提供志愿服务，是政府职能的重要补充。社会力量由于自身的特殊身份，既可以及时察觉可能存在的风险，贴近社会基层需要，又可以随时加入应急志愿者队伍，在一些政府没有能力或者不方便出面的领域提供有效的服务，更好地化解危机。

案例

河南各地志愿者积极参与防汛救灾应急志愿服务活动

一方有难,八方支援。郑州的灾情紧紧牵引着广大河南人的心。连日来,河南各地志愿者火速集结。用担当抚平风浪,守护万家安宁。2021年7月20日上午,河南省青年志愿者协会豫青启明应急志愿服务队,全员备勤,第一时间出动参与抢险救援,救助因暴雨积水被困群众。在郑州马寨镇、荥阳市、上街区以及高铁东站、郑州相关地铁站,应急志愿服务队帮助被困车内群众转移至安全地区。连夜帮助相关部门疏散滞留在车站、地铁站旅客服务转移受困群众1 300多名。团郑州市委在交通运输、市政工程、电力、自来水、燃气、通信、消防救援等行业组建起100余支青年突击队,奋战在防汛一线。团平顶山市委在各县(市、区)各重点单位成立防汛抗旱青年突击队。青年志愿者赶到场坊村、西果店村防汛第一线,协助村"两委"人员劝离并妥善安置村内危房住户,并组成日常防汛巡查突击队及时整改巡查中发现的隐患,对村(社区)危房与防汛重点部位保持重点关注。团洛阳市委积极动员团员青年到当地党、团组织报到,按照当地防汛抗旱指挥部门部署配合做好防汛应急抢险工作。各级团组织服从大局、主动作为,组建青年志愿服务队到易积水、易崩堤区域进行安全排查,清扫积水路面,清理堵塞道路,确保街巷和居民家里下水畅通,对住房存在安全隐患的群众进行安全转移,稳步推进防汛救灾工作。

在新乡,面对汛情,广大团员青年勇挑重担。"河小青"志愿服务队和青年团员开展巡河护河、排查隐患、加固河堤等防汛护河准备工作。用实际行动彰显青年力量,保护一方水土。团兰考县委号召动员各个乡镇的青年志愿者积极参与当地防汛应急抢险工作。在汛情来临之前,团兰考县委组建一支16余人的防汛抢险青年志愿服务队。在裕禄大道南段积极参与防汛抢险活动。帮助市政工作人员进行下水道疏通,清除大面积垃圾,防止造成下水道堵塞,并协助交警部门疏通道路,引导行人行走积水较少的区域。

资料来源:河南各地志愿者积极参与防汛救灾应急志愿服务活动.中国文明网,2021—07—22.

志愿服务法制建设

【点评】

在这一案例中,各志愿服务组织和志愿者都能够积极响应政府号召,接受政府的指导和协调,在提供志愿服务过程中能够做到有序、高效地行动,充分发挥自身优势,取得了良好的救灾效果。随着社会的不断发展进步与各种危机的频繁发生,人民群众的服务意识和能力都不断提高,越来越多的人希望以志愿者的身份参与到社会危机的应对与治理中,为社会的健康发展贡献一分力量。在现实生活中,志愿者提供服务的热情十分高涨,志愿者及志愿服务组织等民间力量是政府领导下的全社会应急服务的有益补充,在一些政府能力不足的领域,这些应急志愿者甚至可以发挥主要作用。因此,在政府的统一指挥下,高效地发挥志愿者等社会力量的作用,对于应对危机、保障社会安全稳定和构建社会主义和谐社会都具有不可估量的重要作用。

第三节 志愿服务的禁区

第二十五条 任何组织和个人不得强行指派志愿者、志愿服务组织提供服务,不得以志愿服务名义进行营利性活动。

一、法律规范释义

本条是关于志愿服务禁区的规定。志愿服务是指不以营利为目的,基于利他动机,自愿无偿地贡献知识、体能、劳力、经验、技能及时间等,以增进他人福利,提升个人价值,促进社会和谐与进步的服务活动。联合国前秘书长安南亦曾给出相关界定,他认为志愿者是指在不为物质报酬的情况下,基于道义、信念、良知、同情心和责任,为改进社会而提供服务、贡献个人的时间及精力的人和人群[1]。志愿服务的特点之一就是自愿,志愿者和志愿服务组织有自主选择是否提供志愿服务以及提供志愿服务的时间、地点、方式和服务对象的自由,任何组织和个人都不得强行指派志愿者和志愿服务组织提供服务。志愿服务的另一个特点就是无偿,志愿者在服务过程中是不计名利、不图回报的,他们开展志愿服务活动基于自身

---

[1] 莫于川. 中国志愿服务立法的新探索. 北京:法律出版社,2009:9.

的奉献精神,在提供服务的过程中不能接受报酬,任何组织和个人都不得以志愿服务的名义进行营利活动。

二、基本法理解说

我国是历史悠久的礼仪之邦,自古以来奉献社会、助人为乐的传统美德就为中国人民所传承与发扬,春秋战国时期的孔子、墨子等先贤也提出"仁者爱人""兼相爱"等互助互爱的思想,这些思想与现代志愿服务中的奉献精神的内涵是一致的。中华人民共和国成立后,毛泽东等老一辈无产阶级革命家于1963年号召向雷锋同志学习,自此全民学雷锋、做好事在中国大地蔚然成风。雷锋精神彰显了千年文明古国的许多优良传统,也是对新时代互助互爱传统的继承与发扬。我国是人民当家作主的社会主义国家,党的领导是国家发展进步的保证。中国共产党的宗旨是全心全意为人民服务,党除了最广大人民群众的利益,没有自己特殊的利益。在这一理念的指引下,千千万万的党员同志坚持以人为本,服务群众,不图回报。这些思想与理论都是我国当代志愿服务活动的思想渊源与行动基础,为我国志愿服务事业的发展提供了有力的理论基础与动力来源。

志愿服务是志愿者对他人和社会的无私奉献,其内在价值和精神即为"奉献、友爱、互助、进步",自愿性是志愿服务的一个重要特征。自愿性的外在表现就是志愿者基于内心信念和自由意志去提供志愿服务,这种自由的意志是不为外力所强迫的,如果是被迫提供服务,那这种服务也不能够叫作志愿服务。志愿者的这种信念和意志是发自内心的。以帮助他人、服务社会为目的,用无偿无私的方式履行社会责任,强化责任意识与公民意识,将自己的个人价值升华为社会的公共利益。自由的意志是志愿服务的前提,只有当志愿者完全把出于自己内心的奉献与责任外化为行动,才能充分发挥主观能动性,最大限度地通过各种方式奉献自己的时间、知识与技能,为帮助他人、服务社会提供长久的高质量的服务。如果志愿者或者志愿服务组织被强迫提供其本意上所不想提供的服务,那么这种服务必然难以起到理想的效果。这一方面会打击志愿服务提供者的积极性,使其难以通过提供志愿服务获得精神满足,另一方面也会导致志愿服务接受对象难以得到高质量的服务,自身需求不能得到满足,甚至会影响服务提供者和接受对象之间的关系,破坏志愿服务的精神内涵与文化,从长远来看,必然会损害志愿服务健康和可持续发展。

《志愿服务条例》第二条明确规定:"志愿服务,是指志愿者、志愿服务组织和其他组织自愿、无偿向社会或者他人提供的公益服务。"无偿性也是志愿服务的一个基本特征。既然志愿服务是无偿性的公益服务,那么任何组织和个人都不得以志愿服务的名义从事营利性活动。奉献精神是志愿服务的核心内涵之一,志愿者提供志愿服务是不要求报偿的,志愿者开展志愿活动是以帮助他人、服务社会为目的,是在奉献精神、利他主义的指引下进行公益活动。如果志愿者在提供服务的过程中向志愿服务对象收取了报酬,那么该活动就是完全背离志愿服务精神的活动,就不能够叫作志愿服务活动。志愿服务是一种无偿、无私的奉献,但这并不是说对志愿服务者不应该有任何回报。应该说,任何服务行动都应该有回报,但对志愿服务的回报主要不是直接的物质回报,而是多种形式的综合性、间接性和长期性回报。过去长期采用精神鼓励的方式提供回报,这是有效的。除此之外,还可以通过志愿服务活动让志愿者得到技能培训。同时,还可以将个人当前提供的志愿服务与将来获得服务挂钩,如对有良好志愿服务记录的志愿者可以按照有关规定予以激励,包括免费乘坐城市公共汽车和轨道交通等公共交通工具,免费游览公园、国有单位经营的旅游景点,免费参观科技馆、博物馆、纪念馆等公共文化服务设施等,以此鼓励人们更积极地提供志愿服务。

同时,我们也应该明确,虽然志愿者提供志愿服务是无偿、不要求经济回报的,然而志愿服务活动的组织与开展却是有成本的。这些成本包括志愿者因志愿服务产生的交通费、食宿费、保险费等显性的成本,以及志愿者参与志愿服务需要付出的时间和精力等隐性成本。因为志愿者原本可以通过这些时间和精力获得经济回报,但他们选择将这些时间和精力投入志愿服务。并不是每个志愿者都具有充足的财力。如果志愿者在付出时间、专业知识、技能等成本后还要付出较多的经济成本,那就会使一些经济状况不太好的志愿者望而却步,打击他们开展志愿服务活动的积极性。

《志愿服务条例》第四条明确规定:"县级以上人民政府应当将志愿服务事业纳入国民经济和社会发展规划,合理安排志愿服务所需资金,促进广覆盖、多层次、宽领域开展志愿服务。"这一规定为志愿服务的经费保障提供了法律依据,也是一种志愿服务的促进和激励机制,在一定程度上会消除志愿者在经济成本上的后顾之忧。我们要看到,资金短缺仍然是影响志愿服务持续性发展的一个主要问题。要破解志愿活动经费难题,需要志愿服务组织、政府、社会共同发力。一是从提升组织自身造血功能的角度,志愿服务组织要提升组织的战略谋划、项目运作和宣传推广能力,通过优秀的服务项目和服务品牌吸引资助者。二是从加大资金扶持的角度,逐步扩大财政资金对志愿服务组织发展的支持规模和范围，加强对志愿服务组织的财税政策支持，积极推进政府购买服务，支持志愿服务组织立足自身优势承接相关服务项目。单位领导机构和基层群众性自治组织对单位、社区内部志愿服务组织开展志愿服务活动，要给予经费支持。三是从减轻志愿服务组织经费支出负担的角度，孵化基地要扶持志愿服务组织的培育与建设，鼓励多渠道筹资为志愿者购买保险，银行、会计师事务所、律师事务所等专业机构要为志愿服务组织提供免费专业服务等。通过引导志愿服务组织充分挖掘内部资源，主动争取外部资源，以形成组织发展的持续动力。

三、典型案例评析

案 例

多所高校将社会公益服务纳入学分体系

2012年，天津科技大学海洋科学与工程学院把社会公益服务列为必修课，占1学分，正式把社会公益服务纳入学分体系，对大学生参加志愿服务活动进行量化考核。然而，根据记者的抽样调查，超过一半的大学生不赞成将"志愿服务"列为必修课，一些同学认为强制会适得其反，使学生产生抵触情绪。也有学生担心在量化考核这一学分管理体系下，容易出现走过场甚至弄虚作假的问题，变成了为学分而志愿。

资料来源：志愿服务列大学必修课调查43%大学生称会弄虚作假.中国新闻网，2012-04-26.

【点评】

目前，大学生在参与志愿服务方面确实存在一些问题。如：有的大学生出于从众心理而盲目参加，不能坚持到底而中途随意退出；也有的大学生为了评奖评优、升学求职而以功利为目的参与志愿活动；还有的大学生为了完成学校的相关任务而被迫参与。这些现象都违背了奉献、友爱、互助、进步的志愿精神，也是志愿服务事业中不正常、不健康的现象。要想解决这些问题，最终还是需要回到志愿服务的本质中去。大学生群体作为我国志愿服务的重要力量，其参与志愿服务必须建立在自主自愿的基础上，这是每个志愿者都应当享有的权利，也是为了更好地保障志愿服务，避免其变味变质。对于引导大学生积极参加志愿活动，学校应当更多地采用柔性的方法,如注重整体设计的科学合理性,设置不同的志愿服务模块,满足不同专业、不同特长、不同兴趣大学生的志愿服务要求。同时学校还应当完善监督评估机制,杜绝弄虚作假。另外,学校还要通过培训和教育,让大学生了解志愿服务活动的内涵和意义。只有建立在了解的基础上,大学生才能有所思考,进而遵从内心,自主决定是否参加志愿服务以及加入哪类志愿服务组织。只有真正建立在自主自愿的基础上,才能充分发挥大学生的主观能动性,取得较好的现实效果。

案 例

取车票时有假"志愿者"骗财?北京西站:加大打击力度

一篇题为《帝都西站,骗局众生相》的文章热传。文中提到,燕俊(化名)在北京西站取票时,被假"志愿者"骗取521元后,报案并追回钱款。

当事人燕俊日前接受《新京报》记者采访时透露,自己在北京西站自助取票时,票没有打出来。一男子自称"志愿者",告诉她需要补钱才能取票。随后,另一"志愿者"前来,拿走燕俊取票机上的身份证和现金,到人工窗口帮忙取票。她追过去时,对方从窗口拿出票和身份证还给自己。燕俊向窗口售票人员询问得知"遇到骗子"。报案并改签车票后,燕俊在售票处入口再次看到两名"志愿者",便冲过去要求对方"还钱",两人凑了521元还给她。

针对上述事件,北京西站相关部门负责人25日对中新网记者回应称,铁路实行火车票实名制购票乘车,特别是推出网络购票、电话订票业务以来,有效遏制了倒票、代购行为。但是,一些不法分子利用车站人员集中,一些旅客着急赶车,对换取网购车票操作流程不熟,车站附近售票机构、咨询服务设施位置不清楚等情况,冒充车站工作人员,谎称为旅客代购火车票,帮助旅客进站乘车或借钱购票等,骗取旅客钱财。

资料来源:取车票时有假"志愿者"骗财?北京西站回应.搜狐网,2017-04-25.

> 【点评】
>
> 志愿服务的本质决定了志愿服务的无偿性。志愿服务不是交易，更不是商业活动，志愿者在提供服务的过程中是不计报酬的，其目的就是奉献社会。但在现实生活中，往往有些不法分子假借志愿服务的名义，通过诈骗等各种方法非法获取财物，在给相关服务接受者造成损失的同时也对志愿服务事业的发展产生了负面影响，导致人们对志愿服务组织和志愿者产生不信任的情绪。对于这种行为，有关部门应当加大打击力度，严格依法处理，如果涉及犯罪，则应当及时移送司法机关处理。

第四节 志愿服务的监督

第二十六条 任何组织和个人发现志愿服务组织有违法行为，可以向民政部门、其他有关部门或者志愿服务行业组织投诉、举报。民政部门、其他有关部门或者志愿服务行业组织接到投诉、举报，应当及时调查处理；对无权处理的，应当告知投诉人、举报人向有权处理的部门或者行业组织投诉、举报。

一、法律规范释义

本条规定的是志愿服务的监督机制。志愿服务不是法外之地，理应接受社会的监督，如果志愿服务组织有违法行为，那么任何组织和个人都有权利向志愿服务的主管部门或机构投诉、举报。这里的志愿服务主管部门或机构在不同的地方可能有不同的规定，如民政部门、工商部门、街道办事处、志愿服务工作委员会、义工联合会、志愿者协会等。这些主管部门或机构在接到投诉、举报后有及时调查和处理的义务，并要给投诉人、举报人一个明确的回应。如果这些单位发现自己对当事人投诉举报的事项没有处理权，则应当及时告知当事人向有权处理的部门或者行业组织投诉、举报。这也是行政法上高效便民原则的一个具体要求。

二、基本法理解说

根据《志愿服务条例》第六条的规定："志愿服务组织，是指依法成立，以开展志愿服务为宗旨的非营利性组织。"志愿服务组织包括了在民政部门、工商机关等登记注册的志愿服务组织，也包括拥有合法身份的境外机构的在华机构，还包括组织志愿服务活动的国家机关、企业事业单位、社会团体的内部团体，如北京市西城区区直机关志愿服务队、中国人民大学青年志愿者协会、北京市东城区建国门街道志愿者服务队等。

志愿服务组织在公共领域从事志愿服务活动，因此具有社会性，而且其部分资金又来自社会捐款和政府的财政支出，因此有必要接受政府和社会的管理和监督。《志愿服务条例》同样规定，志愿服务组织在开展志愿服务活动的过程中，应当遵循自愿、无偿、平等、诚信、合法的原则，不得违背社会公德、损害社会公共利益和他人合法权益，不得危害国家安全。除了维护国家利益和社会公共利益之外，规范志愿服务活动，制止和纠正志愿服务领域的违法行为，也有利于维护志愿服务组织与志愿服务接受者之间的良好关系，让志愿服务可以更高效便捷地发挥帮助他人、服务社会的作用，这也是志愿服务事业健康发展的必然要求。

对志愿服务组织的管理，一是通过志愿服务组织的主管单位及登记注册机构（民政部门、工商机关、街道办事处等）的监督；二是通过志愿服务组织到所在地志愿服务主管机关登记备案，并接受其指导。对志愿服务组织的监督则不限于上述主体。由于志愿服务组织的社会性，其还需要接受包括志愿者、志愿服务对象在内的广大社会公众和新闻媒体的舆论监督。加强对志愿服务组织的监督，有利于增强公众对志愿服务的信任，这对志愿服务事业的发展至关重要。同时，志愿服务组织运行过程的公开透明也是其自身规范、健康发展的保障。

对志愿服务进行严格监管也是国外的通行做法。英国早在维多利亚时代便对滥用志愿服务基金的行为给予立法调查，并拒绝这类机构再次成为志愿服务组织。

对志愿服务组织的监督主要是指对于志愿服务项目的预算、招募、进度、人事、安排、计划等的监督。这同时也是志愿服务组织内部管理的重要环节，是不断提高服务质量的重要措施，需要每个志愿服务组织认真对待。但是由于种种原因，目前我国有些志愿服务组织没有相对科学合理的规章制度的约束，特别是一些基层组织更是如此。另外，在很多时候，志愿者的主动性与参与性不强，其往往作为某项活动成型后被动的参与者，很少有机会参与活动的策划以及活动后的认证与评价、监督，由此造成中国志愿者活动内部监督的效果并不理想。

从外部监管来看，对志愿服务组织的监督应当注重过程及结果，然而我国目前对志愿服务组织的监管主要集中于前期的登记审核，而对于事后

第八章 志愿服务的专门类别和规范约束

的监督则有所不足。而且我国目前的评估和监督工作主要依靠登记注册部门、业务主管部门和媒体来完成，几乎没有专门从事评估和监督志愿服务组织的部门。这些不足导致了一些监管漏洞，使得有些志愿服务组织在实际运行过程中出现违法现象，导致本来就为数不多的志愿服务经费存在流失的风险。

因此，在今后的监管工作中既要发挥组织内部的自我规范和约束作用，引导组织建设，又要加强外部监督，为志愿服务组织监管提供有力辅助。另外，各志愿者协会也要发挥牵头和协调作用，促进行业沟通，反映行业诉求，推动行业创新，为志愿服务组织发展争取有力支持，为进一步提升志愿服务行业的整体服务能力和发展水平做出应有的贡献。这样可以更加强化志愿服务组织的主体意识与责任意识，提高服务质量，避免可能出现的违法行为。

三、典型案例评析

案 例

石家庄市志愿服务指导中心揭牌

2018年5月23日上午，石家庄市志愿服务指导中心成立，这标志着石家庄市志愿服务工作步入制度化、规范化、常态化的轨道。根据石家庄市志愿服务工作的总体部署，指导中心的重要职能包括：联合全市各级各类志愿服务组织开展志愿服务，为优秀志愿服务组织提供办公场地，承担志愿服务组织规范、自律职能；孵化和培育各级各类志愿服务组织，建立健全覆盖全市的志愿者工作组织网络和队伍建设；规范本市志愿者信息化工作，实现志愿者、志愿服务团队和志愿服务项目的信息化管理与服务；引导和鼓励社会公众参与志愿服务，维护志愿者和志愿服务组织的合法权益；倡导志愿服务理念，弘扬志愿服务精神，传播志愿者文化，营造良好社会氛围等。

资料来源：志愿服务制度化！石家庄市志愿服务指导中心揭牌，http://hb.wenming.cn/zyfw/201805/t20180524_4697069.shtml。

【点评】

2016年6月，中宣部、中央文明办、民政部等八部门联合印发《关

169

于支持和发展志愿服务组织的意见》,明确提出到 2020 年,基本建成布局合理、管理规范、服务完善、充满活力的志愿服务组织体系。该意见的出台,标志着我国志愿服务进入组织化、规范化、现代化发展的新阶段,对推动志愿服务事业健康持续发展影响深远。

针对完善志愿服务组织的监督管理,该意见指出要加强志愿服务组织日常监管,建立登记管理机关、业务主管单位、行业管理部门、行业组织和社会公众等多元主体参与,行政监管、行业自律和社会监督有机结合的监督管理机制。探索建立登记管理机关评估、资助方评估、志愿服务对象评估和自评有机结合的志愿服务组织综合评价体系,逐步引入第三方评估机制,定期对志愿服务组织的基础条件、内部治理、工作绩效和社会评价等进行跟踪评估,将评估情况作为政府购买社会服务、社会各界资助以及落实相关优惠政策的重要依据。推进志愿服务组织诚信建设,将志愿服务组织守信情况纳入社会组织诚信指标体系。对业务活动与志愿服务宗旨、性质严重不符的志愿服务组织建立退出机制;志愿服务组织行为违反法律法规规定的,依法追究相关法律责任。

根据该意见的要求,在志愿服务工作中需要强化规范引导,其核心是加强党的领导。坚持党的领导才能确保志愿服务组织发展的正确方向。要根据党中央关于社会组织党建工作要求,指导志愿服务组织建立党组织,充分发挥党组织的领导核心作用,带领志愿服务组织围绕党政中心工作和群众所需所盼开展工作,使志愿服务组织成为党联系群众、服务群众的重要纽带和载体。强化规范引导,关键是强化依法监管。依法治国是我国的基本治国方略,依法监管是现代社会组织管理体制的重要遵循。各级民政部门、志愿服务组织的业务主管单位和行业管理部门要根据相关法律依据,用好登记、业务指导、年度报告、执法、评估等多种途径,督导志愿服务组织合法、规范地开展活动。强化规范引导,重点是强化行业自律。目前我国志愿服务领域行业组织网络已经初步形成,要进一步加大支持力度,充分发挥行业组织在志愿服务组织管理中的自律作用、在志愿服务组织服务中的平台作用,逐步建立起规范有序的志愿服务行业发展环境。

同时,要加强志愿服务组织自律建设,加大对志愿服务领域行业组织的扶持发展力度,充分发挥其在志愿服务组织管理中的先行规范和自我约束作用，引导行风建设，加强行业监督，为志愿服务组织监管提供有力辅助；充分发挥行业组织在志愿服务组织服务中的牵头和协调作用，促进行业沟通，反映行业诉求，推动行业创新，为志愿服务组织发展争取有力支持。各地要为志愿服务行业组织发挥行业监督约束作用，加强道德建设创造良好环境，逐步建立健全与行业发展相适应、覆盖全面、运行有效、作用明显的行业自律体系。

我国志愿服务组织在促进精神文明建设、推动社会治理创新、增进民生福祉等方面发挥着日益重要的作用。志愿服务组织的公益性使人们不自觉地提高了对其的道德规范和行为准则的要求，志愿服务组织的任何违规行为不仅影响国计民生，还会打击公众的道德与信念，影响志愿服务事业的健康与可持续发展。因此，需要强化"自律""他律"等多角度、全方位的制度建设，确保志愿服务组织的健康有序运行。

案 例

黑龙江省对志愿服务组织发展有了指导文件

2017年6月，为进一步促进黑龙江省志愿服务组织发展，黑龙江省委宣传部、省文明办、省民政厅、省教育厅、省财政厅、省总工会、团省委、省妇联等八部门联合印发《黑龙江省关于支持和发展志愿服务组织的实施意见》，主要包括志愿服务组织总体要求、加强志愿服务组织培育、提升志愿服务组织能力、深化志愿服务组织服务、加强对志愿服务组织发展的组织领导等内容。按照国家有关文件精神，结合黑龙江省实际，该意见在以下几方面做了进一步强化：一是明确志愿服务组织应当依法登记，健全孵化机制，积极承接公共服务项目，完善监督管理，强化示范引领；二是志愿服务组织要加强党建工作和内部治理，增强造血功能，加强行业自律；三是强化志愿服务供需对接，实施扶贫志愿者行动计划，推广"社会工作者＋志愿者"协作机制，全面推行志愿服务记录制度，创新志愿服务方式方法；四是健全工作机制，加大经费支持和保险保障，营造良好环境。该意见的出台，必将有效规范黑龙江省志愿服务管理，进一步提升黑龙江省志愿服务整体水平。

资料来源：我省出台《关于支持和发展志愿服务组织的实施意见》，https://www.sohu.com/a/163636550_825958。

【点评】

　　根据民政部的不完全统计，目前我国正式登记和在社区内部成立的志愿服务组织已有18万多个，团结凝聚了超过6 600万名志愿者，但是我国还有大量的志愿服务组织尚未在民政部门进行登记。对于志愿服务组织来说，没有法律身份的确认，不利于建立自身公信力、吸引壮大志愿者队伍，也不利于培养责任意识和风险管控能力，更无法获得政府采购和公益创投资格和很多优惠政策。大量的志愿服务组织未登记，同样也不利于党政部门准确掌握志愿服务组织相关情况、有效指导志愿服务组织发展。缺乏有效的监督和管理，就容易滋生违法犯罪的土壤。随着社会公众对志愿服务事业关注度和参与度的不断提升，一些不法分子以支持志愿服务事业发展为名开展以营利为目的的活动，甚至假借志愿服务名义从事非法集资、传销等违法犯罪行为，极大地损害了志愿服务组织在社会公众心目中的形象，严重阻碍了志愿服务事业的健康发展，给社会公众造成了巨大的经济损失和精神伤害。对此，政府相关部门要积极作为，一方面加大对相关犯罪行为的打击力度；另一方面要合理引导，加强事前监管，促进社会公益组织设立从业人员资格、信息公开、公益项目、社会捐赠、财务管理、第三方评估、政府监管、税收优惠等事项的规范化。同时，建立完善现代民间公益组织构架，提高公益活动专业性水平，对社会公益组织应加强信息公开透明的刚性约束，提高政府监管的规范化水平。此外，还要提高志愿者的整体素质和社会工作专业技能，从而带动整个组织走向规范化运作模式，进入良性循环状态。

　　总的来说，社会公益组织是充满活力的最"接地气"的公益类的群体，政府应该加强宏观调控，搭建一个更好的平台，发挥它们的人气资源优势，更好地引导它们成为政府社会工作的有效补充。在完善公益认定制度的基础上落实税收优惠，培育和促进公益组织的健康快速发展。

思考与讨论

1. 为什么我国提倡鼓励有专业技能的人参与到志愿服务中来？

2. 志愿者在应急救援中的作用是什么？志愿者怎样才能够做到规范有序地参与到应急救援当中？

3. 某一商业跑步比赛招募服务提供人员，许诺每人每天给予200元酬劳，请问这样的服务提供人员属于志愿者吗，为什么？

4. 当你发现某一志愿服务组织强行指派志愿者时，有什么方法予以解决？

第九章
志愿服务的促进措施

党的十九大报告提出:"以良法促进发展、保障善治。"法律的基本功能,既体现为约束作用,也表现为促进作用。立法功能不仅要防止负面性、对其进行规范约束,还要促进发展,特别是对处于成长阶段、尚比较弱小的志愿服务事业。

从立法实践来看,有关志愿服务的地方立法示范文本、《志愿服务法(建议稿)》都规定了"促进措施"。国务院颁布《志愿服务条例》也是一部促进发展和规范约束相结合的行政法规。具体来说,在行政法规名称中没有"促进"二字,而是在章节上以专门一章规定了志愿服务的"促进措施"。在立法技术上,对促进措施部分既有所体现,又相对集中,体现了立法品格。

本章在条文构成上,由第二十七条至第三十五条组成,而促进措施多数体现为柔性行政方式,如行政规划、行政指导、行政资助、行政奖励等。可以说,《志愿服务条例》构筑了促进志愿服务发展的政策体系和支持措施。积极的政策引导与政府支持,有助于充分挖掘和有效运用各种社会资源,有助于志愿服务文化与理念的形成与普及,有助于多元合作的志愿服务供给模式的形成,有助于志愿服务逐渐步入常态化与社会化的发展轨道。

第一节 志愿服务的政策措施和行政指导

第二十七条 县级以上人民政府应当根据经济社会发展情况,制定促进志愿服务事业发展的政策和措施。

县级以上人民政府及其有关部门应当在各自职责范围内，为志愿服务提供指导和帮助。

第二十八条 国家鼓励企业事业单位、基层群众性自治组织和其他组织为开展志愿服务提供场所和其他便利条件。

一、法律规范释义

1. 政策措施

第二十七条第一款规定了县级以上人民政府应当制定促进志愿服务事业发展的政策和措施，而这些政策和措施的实现，就需要通过行政规划、行政指导来达成。该条款明确了政府在自身职责范围内，有通过多种行政手段促进志愿服务事业发展的义务。

从体系解释来看，《志愿服务条例》总则部分第四条、第五条更集中体现行政规划、行政指导。其要求"将志愿服务事业纳入国民经济和社会发展规划，合理安排志愿服务所需资金"，"加强对志愿服务工作的统筹规划、协调指导、督促检查和经验推广"。因此，第二十七条规定的政策和措施是对总则中授权政府开展行政规划、行政指导等行政行为的具体化，以实现本章促进志愿服务发展的立法目的。

此外，政府制定的政策和措施，应当根据经济社会发展情况来确立，既不能过于"超前"，也防止片面"滞后"，以保证志愿服务事业发展与经济社会发展情况相协调。若过于"超前"，则可能超过当地经济社会的承载能力，无法有效提供促进志愿服务事业发展的经济社会环境；而若过于"滞后"，则无法及时推动志愿服务事业发展。两者均不可取。

第二十七条第二款规定了行政指导、行政资助的方式促进志愿服务事业发展。县级以上人民政府及其有关部门应当本着"守土有责"的原则，在各自职责范围内落实本级政府、本部门的行政职责。在行政法上，行政指导、行政资助均属于柔性行政方式。

2. 行政指导

第二十八条也是关于行政指导的规定。行政指导有多种类型和方式，本条是号召鼓励型的行政指导。根据本条，政府鼓励、号召企业事业单位、基层群众性自治组织和其他组织等三类主体为开展志愿服务提供场所和其他便利条件。志愿服务事业的发展离不开社会各界的支持，需要开展活动的场所等硬件、软件设施。政府通过行政指导，能充分发挥社会各方提供的条件，为开展志愿服务提供实质性支持。

二、基本法理解说

1. 法理界定

对第二十七条和第二十八条的理解，从法理角度看，须明确行政规划、行政指导、行政奖励等柔性行政行为的含义，现将其介绍如下：

其一，行政规划。行政规划也称为行政计划，是指行政主体在实施公共事业及其他活动之前，首先综合地提出有关行政目标，事前制定出规划蓝图，将其作为具体的行政目标，并进一步制定为实现该综合性目标所必需的各项政策性大纲。

近几十年来，行政的使命急速扩大，增进国民福利、改善国民生活以及积极地影响和调解社会，成为各国政府的责任和义务。作为行政手段之一，行政规划具有极其重要的地位。有学者认为，行政规划以及基于行政规划而开展的计划行政，被视为现代行政的重要特色之一。

其二，行政指导。行政指导是行政机关基于国家的法律、政策的规定而做出的，旨在引导行政相对人采取一定的作为或者不作为，以实现行政管理目的的一种非职权性的行为。它既是现代行政法中合作、协商的民主精神发展的结果，也是现代市场经济发展过程中对市场失灵和政府干预双重缺陷的一种补救办法。

莫于川教授从行政法理论上将行政指导方法归纳为"指导、引导、辅导、帮助、通知、提示、提醒、提议、劝告、规劝、说服、劝诫、建议、意见、主张、商讨、协商、沟通、赞同、表彰、提倡、宣传、推荐、示范、推广、激励、勉励、奖励、斡旋"等，为更好地厘清和运用行政指导提供了较好的理论基础。行政机关在运用行政指导促进志愿服务时，可选择合适的具体行政指导类型和方式，以实现行政效果的最佳化。此外，虽然我国尚未制定行政程序法，但是在行政指导过程中，应当符合告知、听证、备案等程序要求，保证行政指导的法治化、民主化。

实践中也要注意到，很多所谓行政指导行为并不是我们所讨论的行政指导行为，其并非没有强制约束力，而是打着行政指导旗号的具体行政行为。在志愿服务事业中，要把握好行政指导行为的特点，用好这种柔性行政方式。

其三，行政奖励。行政奖励是指行政主体为了表彰先进、激励后进，充分调动和激发人们的积极性和创造性，依照法定条件和程序，对为国家、人民和社会做出突出贡献或者模范地遵纪守法的行政相对人，给予物质或者精神奖励的行政行为。

行政奖励既包括给予相对人物质方面的权益，如发给受奖者一定数额的奖金或者奖品，也包括给予相对人精神方面的权益，如授予受奖者某种法定的荣誉称号，通报表扬，通令嘉奖，记功，发给奖状、荣誉证书、奖章等。不同的奖励形式，既可以单独进行，也可以合并进行，且不同方式在激励、调动积极性方面各有特色，在实践中有时会合并使用。

为确保行政奖励发挥其应有的作用，就必须保证其合法性、合理性、公正性，因而需要建立一系列必要的原则和制约机制，使行政奖励实现制度化、法治化、科学化。从促进志愿服务事业发展的需要来看，行政奖励要坚持依法奖励、实事求是，奖励与受奖行为相当，精神奖励和物质奖励相结合，公正、合理、民主、平等，及时性、时效性和稳定性等几个原则。

2. 实践措施

各个地方情况不一，地方政府制定了促进志愿服务事业发展的各项政策和措施，政府及其有关部门也为志愿服务提供指导和帮助。例如，贺州市发布应急志愿者队伍建设实施方案，以推进应急志愿者队伍建设。衢州市发布《关于推进慈善事业健康发展的实施意见》，提出开展多种形式的志愿服务，并在该实施意见中细化出具体的政策举措。广西壮族自治区文明办通过《广西壮族自治区志愿服务激励办法（试行）》，规定了星级认定、嘉许奖励等内容，鼓励和引导志愿者积极参与志愿服务活动。西藏自治区人大颁布实施了《西藏自治区志愿服务条例》，自治区文明委制定出台《关于推进志愿服务制度化的实施意见》，成立西藏自治区志愿服务联合会，由自治区文明办主办全区志愿者骨干培训班等具体举措，有力促进了志愿服务体制体系建设。这样的例子还有很多，在此不一一列举。从这些举措可以看出，志愿服务需要各级各地政府的引导和支持，需要出台各项政策和措施。

现将地方立法中涉及志愿服务的政策措施和行政指导的内容整理如表9-1所示。

表9-1 地方立法中关于志愿服务的政策措施和行政指导的规范

序号	名称	内容
1	《山东省志愿服务条例》	第二十七条 县级以上人民政府应当建立健全志愿服务组织孵化培育机制，支持志愿服务组织的设立、运行，有条件的地方可以统筹社会组织孵化、培训资源，建立志愿服务组织孵化基地和培训基地。

续表

序号	名称	内容
2	《南京市志愿服务条例》	第二十二条 国家机关、社会团体、企业事业单位和其他组织应当鼓励和支持开展志愿服务活动，维护志愿者和志愿者组织的合法权益。 国家机关应当鼓励和支持公务员参加志愿服务活动。
3	《宁夏回族自治区志愿服务条例》	第二十四条 县级以上人民政府应当建立健全志愿服务组织培育机制，支持志愿服务组织的启动成立和初期运作。 第二十六条 乡镇人民政府、街道办事处、城乡社区和有关单位应当与志愿服务组织建立志愿服务供需对接机制，促进志愿服务活动有效有序开展。鼓励公共服务机构、城乡社区、机场车站、景区景点等服务场所设立志愿服务站点，设置相关设施，为志愿者开展志愿服务活动提供支持和帮助。
4	《北京市志愿服务促进条例》	第六条 市、区人民政府应当将志愿服务事业纳入国民经济和社会发展规划和计划，制定促进志愿服务事业发展的政策和措施，为志愿服务事业发展提供资金支持，引导、促进志愿服务事业发展。 乡镇人民政府、街道办事处应当加强对辖区内开展志愿服务活动的指导，在资金、场地等方面提供支持和帮助，协助有关部门做好与志愿服务相关的工作。 居民委员会、村民委员会应当建立健全社区志愿服务工作机制，组织辖区居民、村民和单位参与志愿服务活动。
5	《淄博市志愿服务条例》	第二十四条 市、区县人民政府应当对志愿服务活动提供必要资助。 鼓励社会组织、个人对志愿服务组织和志愿服务活动进行捐赠、资助。
6	《新疆维吾尔自治区志愿服务条例》	第二十六条 县级以上人民政府应当鼓励和支持志愿服务事业，为志愿服务事业提供必要的保障，引导、促进志愿服务事业健康发展。
7	《昆明市志愿服务条例》	第二十八条 市、县（市、区）、乡（镇）人民政府应当根据实际情况，为志愿服务事业提供经费支持。 街道办事处、村（居）民委员会应当为本辖区内的志愿服务活动提供便利条件。
8	《唐山市志愿服务条例》	第二十六条 各级人民政府应当将志愿服务事业纳入国民经济和社会发展规划，制定鼓励政策、保障措施，每年为志愿服务事业发展提供必要的资金支持，引导、促进志愿服务事业发展。
9	《陕西省志愿服务促进条例》	第三十四条 教育、民政、司法行政、卫生、人力资源和社会保障等有关行政主管部门和工会、共青团、妇联、科协、残联、红十字会等社会团体，应当结合工作实际和社会需求为志愿服务提供相应信息和必要的指导、帮助。 乡（镇）人民政府、街道办事处和基层群众性自治组织、企业事业单位应当支持、帮助志愿服务组织和志愿者开展志愿服务活动，并提供便利条件。

续表

序号	名称	内容
10	《宁波市志愿服务条例》	第三十七条　交通场站、文化体育场馆、医疗机构、旅游景区等公共场所以及直接面向社会、接待和服务群众的单位应当设立志愿服务站点，方便志愿者参与志愿服务活动和群众提出志愿服务需求，为开展志愿服务活动提供便利条件。 第三十九条　市和区县（市）人民政府可以在文化旅游、教育、体育、卫生健康、交通等公共服务领域制定具体措施，给予有良好志愿服务记录的志愿者优待激励。鼓励国家机关、人民团体、群众团体、企业事业单位和其他组织为志愿者提供便利和优惠待遇。 鼓励志愿服务组织或者志愿服务团队依托志愿服务记录，建立健全志愿服务时间储蓄制度，为志愿者提供相应礼遇。 志愿服务组织、志愿服务团队或者志愿服务需求方可以对志愿者因从事志愿服务活动而支出的必要交通、误餐等费用，给予适当补贴。

三、典型案例评析

案　例

加强志愿服务站点建设，健全志愿服务队伍

天长市不断推进"学雷锋志愿服务站"建设工作，健全志愿服务阵地队伍建设，全市在社区、公共文化设施、景区景点、窗口单位共建有87个"学雷锋志愿服务站"。服务站按照有统一标识、有固定场所、有服务专柜、有志愿者队伍、有管理制度、有工作台账、有服务项目、有服务内容的标准，开展规范化建设。

建立健全组织机构，完善规章制度。成立了由市委书记任政委、市长任总队长的全市志愿服务总队，下设若干志愿服务队。市民政局印发了《关于推进全市志愿服务工作的实施方案》，完善注册登记制度，以"单位牵头组织，社区属地管理"为原则，在城市社区、公共文化场馆、景区景点、窗口单位成立了学雷锋志愿服务站，制定了志愿服务站管理制度、志愿者注册管理制度、志愿服务项目设置管理制度、志愿服务团队管理制度等工作制度，并规范活动记录制度。截至2017年6月底注册志愿者12 335人，注册志愿者人数占建成区常住人口比例达8%。依托学雷锋志愿服务站建立了"蒲公英志愿服务队""小雨点志愿服务队""萤火虫志愿服务队"等志愿者队伍。

夯实志愿服务品牌，满足社会需求。结合"两学一做"学习教育和"讲看齐、见行动"学习讨论，按照"属地对接、项目运作"原则，组织全市党政机关、事业单位党员志愿者到社区学雷锋志愿服务站登记注册报到，由志愿服务站按照可提供志愿服务内容、类型，组织编排年度活动计划，并落实到月、责任到人，有计划、有组织地开展志愿服务活动。按照年度、季度、月度工作计划，由牵头组织和负责人开展系列志愿服务活动。组建卫生、文化、消防、环保、法律等专业志愿服务队，开展义诊、文化演出、消防演练、环保宣传、法律咨询等志愿服务活动1 500多次。"零聚爱心助学"活动，资助340名学生继续接受教育，给530名留守儿童带去欢乐。文明劝导活动，倡导机关志愿者、驾校学员志愿者、社会志愿者走上街头，在主要路口开展交通秩序文明劝导活动，服务时间为每天上下班四个高峰时段；在道路两侧开展秩序整治文明劝导，每周集中劝导1次，时间为半天。

开展志愿服务常态化，宣传志愿精神。以环境卫生整治、文明交通劝导以及各个志愿服务项目为基础，推动志愿服务常态化开展，学雷锋志愿服务站开展大小志愿服务活动共计1 500次。同时积极与天长电视台、天长微信公众号等媒体对接合作，在公益广告、电子显示屏宣传志愿服务成果，媒体开设专栏，持续宣传志愿服务组织典型和志愿服务个人典型，在市区主次街道等公共场所设置弘扬志愿服务精神、传播志愿服务理念公益广告560幅。

注重运用激励措施，提升专业能力。积极探索建立"积分制度"，定期开展"爱心兑换"和"优秀志愿者"评选活动。评选志愿服务先进典型，每年召开全市志愿服务表彰大会，表彰一批优秀志愿者和志愿服务团队。其中，市红十字会"器官捐献"志愿服务项目，全市已有21位市民成为遗体器官捐献志愿者，其中5位志愿者成功捐献，让10位患者重获新生，该项目入选安徽省江淮志愿服务项目典型；天宝社区学雷锋志愿服务站的"蒲公英志愿服务队"被中宣部、中央文明办等评为"2016年宣传推选学雷锋志愿服务'四个100'先进典型"活动"最佳志愿服务组织"。同时坚持培训与服务并重，定期组织志愿者专业培训，2015年以来组织各类志愿者培训与参观活动 20 余次，培训人数 8 500 人次，有效地提高了志愿服务专业水平。

资料来源：天长：加强志愿服务站点建设 健全志愿服务队伍，http://chz.wenming.cn/wmcq/201711/t20171129_4901344.shtml。

【点评】

本案例中，天长市开展"学雷锋志愿服务站"建设工作。一方面，市民政局印发了《关于推进全市志愿服务工作的实施方案》，成立由市委书记任政委、市长任总队长的全市志愿服务总队，下设若干志愿服务队，体现了政府部门制定促进志愿服务事业发展政策和措施的决心。另一方面，鼓励基层单位为志愿服务活动的开展提供场所和其他便利条件，以"单位牵头组织，社区属地管理"为原则，在城市社区、公共文化场馆、景区景点、窗口单位成立了学雷锋志愿服务站。志愿服务站的设立给群众提供了极大便利，同时，志愿服务活动也有了固定的场所得以常态化开展。

第二节　志愿服务的社会责任和激励措施

第二十九条　学校、家庭和社会应当培养青少年的志愿服务意识和能力。

高等学校、中等职业学校可以将学生参与志愿服务活动纳入实践学分管理。

一、法律规范释义

本条规定的是社会主体的社会责任以及对志愿服务活动的激励措施。

1. 社会责任

本条第一款规定，学校、家庭和社会应当培养青少年的志愿服务意识和能力。对于青少年来说，家庭是对其影响最深的场所，学校是接受义务教育以及高等教育的主要场所。家庭、学校教育对培养青少年的志愿服务意识和能力具有举足轻重的地位。"应当"的用词，表明这是学校、家庭与社会的义务和责任，并非可有可无的要求，而是值得提倡的行为。

2. 激励措施

本条第二款是对教育部门提出的要求。课堂学分与实践学分不同，对于大学生来说，除修满课堂学分之外，还要求修一定的实践学分，通常根据各个学校、各个专业的培养方案要求，实践学分一般通过一定时间的实习取得。本款的规定，鼓励高等学校、中等职业学校将参与志愿服务活动纳入实践学分管理。

据统计，我国现有注册志愿者超过2亿人，而青年学生是其中的重要组成部分和活跃力量。通过这样的制度设计，一方面，高等学校等教育部门有一定的选择权，可以根据学校、本单位的实际特点和培养学生的导向、目标来决定是否将学生志愿服务活动纳入实践学分管理；另一方面，既能使学生通过参与志愿服务活动修实践学分、完成学业任务和培养要求，又能在实践中潜移默化地培养学生的志愿服务意识、志愿服务能力以及奉献精神，实现学校德育与智育的结合。

二、基本法理解说

志愿服务激励，根据《中国志愿服务大辞典》，是指志愿服务组织以及社会其他部门根据志愿服务评估结果，根据志愿者的需求、服务绩效和组织目标要求，对志愿者进行奖励的行为[①]。

本条款中使用了"可以"和"应当"的描述，同时，在"法律责任"方面，也没有专门的条款进行约束，如果不按照条例执行，从条例本身看不出什么实质影响，条例的出台更多偏重倡导，而非实质约束。

根据实施时间的先后顺序，现将地方立法中涉及本部分内容的条文整理如表9-2所示。

表9-2 地方志愿服务立法中关于学校、家庭和社会的社会责任规定

序号	名称	内容
1	《南京市志愿服务条例》	第二十五条 学校、家庭和社会应当将培养青少年志愿服务意识纳入公民道德教育的范围。
2	《宁夏回族自治区志愿服务条例》	第二十七条 学校、家庭和社会应当培养青少年的志愿服务意识和能力。教育部门和学校应当将培养学生志愿服务精神纳入思想品德教育的范围。高等学校、中等职业学校应当鼓励学生参加相应的志愿服务活动，可以将学生参与志愿服务活动纳入教学实践。

---

① 北京志愿服务发展研究会.中国志愿服务大辞典.北京：中国大百科全书出版社，2014：75.

续表

序号	名称	内容
3	《江苏省志愿服务条例》	第三十六条　学校、家庭和社会应当培养青少年志愿服务的意识和能力。鼓励未成年人的监护人与未成年人共同参加志愿服务活动。教育行政部门应当将志愿服务教育纳入学生思想政治教育内容。高等学校、中等职业学校可以将学生参加志愿服务活动纳入实践学分管理。支持高等学校和科研机构开展志愿服务理论和志愿服务文化建设研究。
4	《北京市志愿服务促进条例》	第四十三条　本市倡导以家庭为单位参与志愿服务活动，培养青少年志愿服务意识和能力。 教育部门应当将志愿服务意识培养和活动开展纳入学生的思想品德教育内容，制定各学段志愿服务教育方案，开展志愿服务精神和相关知识技能等基础教育；明确学生参与志愿服务情况纳入综合素质评价的具体标准，指导各级各类学校开展志愿服务工作。 中小学校应当结合实际制定学生志愿服务计划，组织学生开展志愿服务；支持学生志愿服务社团开展关爱困难学生、自尊自爱教育、互帮互助等为宗旨的学生志愿服务；加强志愿服务先进典型宣传，培养学生志愿服务意识，增强学生社会责任感。
5	《浙江省志愿服务条例》	第三十二条　教育行政部门应当将培养青少年志愿服务意识、志愿服务能力纳入素质教育内容。高等学校和高级中等学校应当鼓励学生参加相应的志愿服务活动，将其纳入社会实践或者综合实践活动。
6	《青岛市志愿服务条例》	第二十四条　教育行政部门、学校应当将培养青少年志愿服务意识纳入思想品德教育范围，鼓励和支持大学和中学生利用课余时间参加志愿服务活动。
7	《淄博市志愿服务条例》	第二十七条　各级人民政府应当加大社会教育的力度，鼓励和支持社会各界参加志愿服务活动。 学校应当将培养青少年志愿服务意识纳入教育教学计划，鼓励和支持大学和中学生利用课余时间参加志愿服务活动。
8	《新疆维吾尔自治区志愿服务条例》	第三十一条　教育部门和有关社会团体应当将培养青少年志愿服务意识纳入思想品德教育的范围，鼓励青少年利用课（业）余时间从事志愿服务活动。 教育、民政、司法、卫生、人力资源和社会保障等有关部门，应当结合本部门的工作实际和社会需求为志愿服务提供相应信息和必要的帮助。 基层自治组织应当结合所辖事务，支持、帮助、指导志愿者组织、志愿者开展志愿服务活动，并为其服务活动提供便利条件。

续表

序号	名称	内容
9	《广东省志愿服务条例》	第二十八条　县级以上人民政府教育部门应当加强志愿服务教育，培养学生的志愿服务意识、能力，鼓励和支持学生利用课余时间参加适合自身特点的志愿服务活动。高等学校、中等职业学校、普通高中应当支持学生开展相应的志愿服务活动，可以将学生参与志愿服务活动纳入实践学分管理。 第二十七条　县级以上人民政府教育行政部门应当将志愿服务教育纳入学生思想政治教育内容。学校应当组织学生参加与其能力相符的志愿服务活动，培养志愿服务意识，提高志愿服务能力。高等学校、中等职业学校可以将学生参与志愿服务活动纳入实践学分管理。
10	《昆明市志愿服务条例》	第二十九条　国家机关、社会团体、企事业单位和其他组织应当鼓励和支持本单位、本系统的人员参加志愿服务活动；学校、家庭应当培养青少年志愿服务意识；新闻媒体应当开展志愿服务的公益性宣传。
11	《陕西省志愿服务促进条例》	第三十二条　教育行政部门和有关社会团体应当将培养青少年志愿服务意识、志愿服务能力纳入素质教育和思想品德教育内容，并将青少年参加志愿服务活动情况纳入考核评价体系。高等学校和中学应当鼓励和支持学生参加力所能及的志愿服务活动，并将学生参加志愿服务的情况纳入社会实践活动的内容。
12	《南宁市志愿服务条例》	第二十六条　教育行政部门、学校和有关社会团体应当加强青少年志愿服务意识的培养，鼓励和支持大、中学生利用课余时间参加力所能及的志愿服务活动。
13	《宁波市志愿服务条例》	第二十一条　学校、家庭和社会应当培养青少年志愿服务的意识和能力，鼓励和支持青少年参加与其能力相适应的志愿服务活动。 教育部门应当指导各类学校开展志愿服务工作，将培养学生志愿服务精神纳入德育教育范围，鼓励学生利用课余时间参加志愿服务活动。志愿服务活动可以纳入高等学校实践学分管理和中等职业学校学生综合素质评价。
14	《黑龙江省志愿服务条例》	第四十五条　教育部门和有关社会团体应当将培养青少年志愿服务意识纳入思想品德教育的范围。鼓励中学和大学学生利用课余时间参加适合自身特点的志愿服务活动。
15	《湖南省志愿服务条例》	第二十五条　教育主管部门、学校应当根据不同年龄阶段学生的特点，将志愿服务纳入学生思想品德教育内容，鼓励学生参加或者开展力所能及的志愿服务活动，培养学生树立志愿服务意识。
16	《珠海经济特区志愿服务条例》	第三十八条　教育行政部门、学校和有关社会团体应当将培养青少年的志愿服务意识和能力纳入素质教育内容，并将青少年参加志愿服务活动的情况纳入考核评价体系。 高等学校和中等学校应当鼓励学生参加志愿服务活动，并建立相应的评价激励机制。

续表

序号	名称	内容
17	《合肥市志愿服务条例》	第二十六条　学校、家庭和社会应当将培养青少年志愿服务意识纳入公民道德教育的范围。 各类新闻媒体应当开设志愿服务专题、专栏，刊播志愿服务公益广告。 公共场所应当设有与环境相融合的志愿服务公益广告。
18	《山西省志愿服务条例》	第二十五条　县级以上人民政府教育主管部门、学校应当将志愿服务精神纳入学生思想品德教育内容，培养学生志愿服务意识，鼓励学生参加或者开展力所能及的志愿服务。
19	《大连市志愿服务条例》	第三十三条　教育主管部门、学校和其他教育机构应当加强青少年学生志愿服务意识的培养，鼓励和支持高等院校、中等职业学校和普通中学学生利用课余时间参加志愿服务活动。

三、典型案例评析

案例

志愿服务"金水杉"枝繁叶茂成名景

在闽北山区的建瓯市第一小学，未成年人思想道德教育搞得有声有色。其中最有影响力的就是在建瓯市文明办的指导下，创新未成年人思想道德教育新载体——"金水杉志愿者"活动，该项目于今年8月被福建省教育厅确定为省级"十佳"德育示范项目。"金水杉志愿者"已成了建瓯全市学校思想道德教育的金牌。

"金水杉"之名的由来就像如今的"金水杉"金牌一样富有含金量。建瓯市第一小学操场的南边有一排高大挺拔的水杉树，是1981年由校长方子健先生组织栽种的。随着岁月更替，水杉树也在悄悄成长，每年深秋水杉树的叶子变成了金黄色，"金水杉"之名便由此而得，因此它又象征着成功、收获和喜悦。时至今日，"金水杉"已伴随师生们度过三十多载的风风雨雨，它挺拔、昂扬、阳光、乐群、向上的精神是全体师生心中愿景的寄托。

"'金水杉教育'的寓意是唤醒成长自觉，这是'培养'最重要的使命。面对一棵棵小树苗，我们最适切的态度就是保持适度的距离感，悉心

185

呵护,但不揠苗助长;磨砺鞭笞,但不刀斫绳天,让他们在第一小学这片沃土上,沐浴着阳光、雨露,在辛勤的园丁们培土、浇水、修枝、剪叶的付出中健康、茁壮地向着云端快乐成长!"学校德育处主任赵木旺说。

资料来源:建瓯市创新"金水杉志愿者"项目成省级"十佳"德育示范,http://www.npwmzg.com/2017-09/28/content_20186823.htm。

【点评】

学校、家庭和社会应当培养青少年的志愿服务意识和能力。本案例中,建瓯市第一小学举办的志愿服务活动内容丰富、形式新颖,既鼓励学生志愿者参加志愿服务活动,培养学生的志愿服务意识,又密切班集体联系,培养学生的集体荣誉感,同时也让学生家长积极参与进来,通过志愿服务密切亲子关系,得到家长的认可。在案例中,学校、家庭、社会三位一体的架构下,学校、家庭和社会均起到了培养小学生志愿服务意识和能力的作用。案例中的"金水杉志愿者"也被评为全国中小学德育优秀志愿服务案例。

第三节 志愿服务的政府采购和捐赠优惠

第三十条 各级人民政府及其有关部门可以依法通过购买服务等方式,支持志愿服务运营管理,并依照国家有关规定向社会公开购买服务的项目目录、服务标准、资金预算等相关情况。

第三十一条 自然人、法人和其他组织捐赠财产用于志愿服务的,依法享受税收优惠。

一、法律规范释义

第三十条明确了志愿服务的政府采购。第三十一条规定了捐赠优惠措施。

1. 政府采购

志愿服务的政府采购,即政府购买服务,根据《中国志愿服务大辞典》,是指把原来由政府直接提供的部分社会服务,通过合同出租、业务分担、共同生产或解除管制等方式转交给私营公司、非政府组织或者其他社会法人团体，由这些团体按照合同要求和"成本-效益"最优方式为公民提供服务，政府在此承担财政资金筹措、业务监督以及绩效考核等责任的志愿服务方式[①]。政府采购，须满足四个条件，即政府作为采购方，志愿服务组织作为承接主体，所购买的内容为公共服务，购买的资金来源于财政资金。通过这种政府采购，支持志愿服务运营管理。另外，政府购买服务须依法开展，符合《中华人民共和国政府采购法》等法律法规的规定，确保做到依法合规。

政府购买志愿服务为志愿服务工作的开展提供了坚实的财政资金支持。通过政府兜底，政策支持，发挥稳定器作用。又通过政府调控，在不同的志愿服务项目中进行调节，合理安排不同项目的资金配置，起到调节器作用。能够吸引更多的专业人员加入志愿者队伍当中，推进志愿服务的专业化、持续化发展；也为志愿服务提升了社会影响力和社会公信力，有助于志愿服务精神的传播。

2. 捐赠优惠

"自然人、法人和其他组织捐赠财产用于志愿服务的，依法享受税收优惠。"捐赠优惠是国际惯例，我国的《慈善法》中也有捐赠优惠的具体规定。《慈善法》第八十条规定："自然人、法人和其他组织捐赠财产用于慈善活动的，依法享受税收优惠。"有观点认为，志愿服务是慈善的一种方式。可以看出，《志愿服务条例》第三十一条关于税收优惠的规定与《慈善法》相关条款的规定是一脉相承的。《志愿服务条例》关于捐赠财产用于志愿服务，享受税收优惠的规定，有助于激发自然人、法人和其他组织参与志愿服务的热情和动力。同时也要看到，虽然本条例对税收优惠做出原则性规定，但仍有待进一步出台具体方案，以使捐赠财产用于志愿服务的主体，能切实、依法享受税收优惠。

二、基本法理解说

志愿服务的政府采购和捐赠优惠相关规定的出台和实施，为保障志愿活动的开展提供了必要的物质经济条件。在中央层面，出台了政府采购服务的部门规章等规范性文件。2016年，中共中央宣传部、中央文明办、民政部、教育部、财政部、全国总工会、共青团中央、全国妇联联合发布了《关于支持和发展志愿服务组织的意见》。该意见要求："充分发挥志愿服

---

① 北京志愿服务发展研究会. 中国志愿服务大辞典. 北京：中国大百科全书出版社，2014：110.

务成本低、效率高，志愿服务组织灵活度高、创新性强的特点，积极支持志愿服务组织承接扶贫、济困、扶老、救孤、恤病、助残、救灾、助医、助学等领域的志愿服务，加大财政资金对志愿服务运营管理的支持力度。充分利用志愿服务信息平台等载体，及时发布政府安排由社会力量承担的服务项目，为志愿服务组织获取相关信息提供便利。"

梳理地方法，发现政府由直接安排资金保障志愿服务活动开展，过渡到通过政府采购的项目制来扶植、支持志愿服务活动，变得更具有针对性、科学性。现将地方立法中涉及志愿服务的政府采购和捐赠优惠措施的规定整理如表9-3所示。

表9-3 地方立法中关于志愿服务的政府采购和捐赠优惠措施规定

序号	名称	内容
1	《山东省志愿服务条例》	第二十八条 鼓励公民、法人和其他组织对志愿服务组织和志愿服务活动进行捐赠、资助，捐赠财产用于志愿服务的，依法享受税收优惠。鼓励公民、法人和其他组织依法设立志愿服务发展基金，用于志愿者培训、表彰、权益保障、困难救助以及志愿服务项目支持、活动开展等。
2	《成都市志愿服务条例》	第二十七条 鼓励自然人、法人和其他组织对志愿者组织和志愿服务活动进行各种形式的捐赠。其捐赠行为可以依法享受税收方面的优惠。
3	《济南市志愿服务条例》	第二十五条 市和县（市、区）人民政府应当对志愿服务活动提供必要的资助。鼓励个人、法人和其他组织对志愿服务组织和志愿服务活动进行捐赠。捐赠人依法享受相关优惠。
4	《江苏省志愿服务条例》	第三十二条 鼓励自然人、法人和非法人组织对志愿服务组织和志愿服务活动进行捐赠、资助。捐赠财产用于志愿服务的，依法享受税收优惠。志愿服务组织接受捐赠、资助，应当符合志愿服务组织的宗旨，使用捐赠、资助的财产应当尊重捐赠者、资助者的意愿，符合公益目的和业务范围。
5	《浙江省志愿服务条例》	第二十五条 志愿服务组织和志愿服务活动的经费来源包括以下几方面：（一）政府财政支持；（二）社会捐赠、资助；（三）其他合法来源。志愿服务经费的筹集、使用和管理，应当遵守国家和省对社会团体、社会服务机构和基金会的有关规定，公开透明，接受有关部门和捐赠者、资助者、志愿者以及社会的监督。任何组织和个人不得私分、挪用、截留或者侵占志愿服务组织和用于志愿服务活动的财物。

续表

序号	名称	内容
6	《青岛市志愿服务条例》	第二十六条 市、区（市）人民政府应当对志愿服务活动提供资助。 鼓励社会组织和个人对志愿服务组织和志愿服务活动进行捐赠、资助。捐赠、资助的财产使用应当尊重捐赠者、资助者的意愿，符合公益目的。
7	《四川省志愿服务条例》	第二十八条 志愿者组织可以依法接受社会捐赠和资助。鼓励公民、法人和其他组织为志愿服务活动捐赠财产，并依法享受减免税收等国家优惠。
8	《广东省志愿服务条例》	第二十五条 各级人民政府和有关部门可以依法通过购买服务等方式，支持志愿服务组织运营管理、志愿者培训、志愿者人身意外伤害保险购买，鼓励和支持志愿服务组织承接扶贫济困、扶老助残、助医助学、环境保护、公共卫生、应急救援、社区治理等领域的公共服务项目，并依照国家有关规定向社会公开购买服务的项目目录、服务标准、资金预算等相关情况。各级人民政府和有关部门可以通过孵化培育、能力建设、项目指导、创投活动等方式，培育扶持志愿服务组织。 第二十六条 鼓励自然人、法人和其他组织对志愿服务组织和志愿服务活动进行捐赠、资助。捐赠、资助财产的使用应当符合法律法规的规定和志愿服务组织的章程，尊重捐赠者、资助者的意愿。自然人、法人和其他组织捐赠财产用于志愿服务的，依法享受税收优惠。鼓励不具有公开募捐资格的志愿服务组织依法与具有公开募捐资格的慈善组织合作，依法开展公开募捐项目。
9	《汕头市青年志愿服务促进条例》	第二十八条 鼓励自然人、法人和其他组织对青年志愿服务组织及其服务活动进行捐赠。捐赠人依照法律、法规的规定享受税收等相关优惠。
10	《唐山市志愿服务条例》	第二十七条 鼓励各类组织、单位和个人对志愿服务组织和志愿服务活动进行资助、捐赠。资助、捐赠的财产使用应当尊重资助者、捐赠者的意愿，符合公益目的。资助者和捐赠者依法享受税收等方面的优惠。
11	《陕西省志愿服务促进条例》	第二十九条 鼓励公民、法人和其他社会组织向志愿服务组织和志愿服务活动捐赠、资助，并依法享受相关优惠政策。
12	《宁波市志愿服务条例》	第三十二条 自然人、法人和其他组织捐赠财产用于志愿服务的，依法享受相关优惠政策。

三、典型案例评析

> **案 例**
>
> ### 包头市 4 000 万元购买西部计划志愿者服务
>
> 这几年,包头市各基层单位比往年多了不少年轻面孔,李艳婷就是其中一个。2017年夏天,从内蒙古师范大学毕业后,李艳婷通过招聘考试,成为内蒙古包头市达茂旗科技和扶贫开发办的一名工作人员,她的另一个身份是"大学生志愿服务西部计划包头专项"的首批志愿者。
>
> 2017年,为充实基层共青团工作力量,团中央批复成立内蒙古"大学生志愿服务脱贫攻坚计划"西部计划地方项目,我市以政府购买服务的形式,打造了全新的"大学生志愿服务西部计划包头专项":计划3年累计招收400名志愿者,服务期为1~2年。这一举措让我市的西部计划志愿者从100名增加到200名。
>
> "大学生志愿服务西部计划包头专项"应运而生。市、县两级财政3年出资近4 000万元,按照200、100、100的名额,连续3年购买西部计划志愿者到包头服务,在全国项目办统一指导下,实施本土化招募和管理,设置专门财务人员,实现西部计划经费专款专用。地方项目志愿者享受全国项目志愿者同等待遇。
>
> 200名志愿者最终从近千人的竞争中脱颖而出,被分配到各个基层单位。共青团包头市委书记郝云涛介绍,在分配志愿者前,由旗县区项目办统计上报服务地区和单位所需志愿者岗位,使人才资源得到最优配置。经过我市项目办的审核后再进行志愿者的分配派遣,优先派遣到旅游、农牧、经济、机械加工等急需志愿者的岗位。
>
> 在被分配到用人岗位前,李艳婷和其他志愿者一起参加了为期一周的封闭式培训。"分配到各基层单位后,要再进行一次培训。"共青团达茂旗委书记苏日格介绍,经过统一的培训后,还要对志愿者进行地方性的培训,让志愿者能更快上手。
>
> 志愿者的到来也给各基层单位注入了新鲜活力,李艳婷说:"我们在不断向前辈老师学习,同时也把我们的思维带到工作中,创新工作方式方法。"
>
> 资料来源:中国青年网,http://xibu.youth.cn/gzdt/gddt/201802/t20180206_11384504.htm。

第九章　志愿服务的促进措施

【点评】

本案例涉及的是"大学生志愿服务西部计划"。该项计划从2003年开始实施，按照公开招募、自愿报名、组织选拔、集中派遣的方式，每年招募一定数量的普通高等学校应届毕业生或在读研究生，到西部基层开展为期1~3年的教育、卫生、农技、扶贫等志愿服务。大学生朝气蓬勃，敢闯敢拼，掌握先进的专业知识技能，但缺乏实际工作经验。在中央的各项战略政策下，我国广大中西部地区处于发展的追赶期，提供了广阔的施展才华、奉献青春的舞台，但也急需人才队伍来干事创业。地方政府购买西部计划志愿者服务，既为地方发展提供了人才资源，又为大学生搭建了建功立业的舞台，在服务社会、创造社会价值的过程中也实现了个人人生价值。

第四节　志愿服务的行政奖励和优先优待

第三十二条　对在志愿服务事业发展中做出突出贡献的志愿者、志愿服务组织，由县级以上人民政府或者有关部门按照法律、法规和国家有关规定予以表彰、奖励。

国家鼓励企业和其他组织在同等条件下优先招用有良好志愿服务记录的志愿者。公务员考录、事业单位招聘可以将志愿服务情况纳入考察内容。

第三十三条　县级以上地方人民政府可以根据实际情况采取措施，鼓励公共服务机构等对有良好志愿服务记录的志愿者给予优待。

一、法律规范释义

第三十二条，是关于行政奖励和志愿服务的优先招录措施的规定。第三十三条，规定了优待措施。

1. 行政奖励

第三十二条第一款，是关于行政奖励的规定。立法过程中，表彰条款原考虑放在总则最后一条。综合考虑后，因为有"促进措施"一章，放在本章，使得"促进措施"部分内容更加丰富、立体。首先，行政奖励属于柔性行政方式,更适于行政机关采取灵活化的方式开展行政。其次,"予以表彰、奖励",在感情色彩上较为中性,强度不是太高。既要对在志愿服务事业发展中做出突出贡献的志愿者、志愿服务组织予以表彰,同时又须严格按照法律、法规和国家有关规定来执行,做到依法行政、尊重程序正义。既不能让英雄"流血又流泪",该表彰而不表彰,该奖励而不奖励,又不能滥用表彰、奖励,而应该按照法律、法规和国家政策的规定执行。以此真正使得表彰、奖励发挥激励、引导、规范功能,成为推动志愿服务事业发展的调节器。在表彰、奖励的方式上,有物质和精神两种,表彰偏重于精神鼓励,奖励既表现为物质奖励,也可以是精神奖励,应根据实际需要选择表彰、奖励的方式,最大限度地发挥表彰、奖励的功效。

2. 优先招录

第三十二条第二款,规定了对志愿服务的优先招录措施。其一,国家鼓励企业和其他组织在同等条件下优先招用有良好志愿服务记录的志愿者。这样既可起到宣示性作用,表明立法者的态度和价值取向,同时在实际落实中也可通过行政奖励等具体行政行为将国家鼓励的价值导向予以具体化。其二,公务员考录、事业单位招聘可以将志愿服务情况纳入考察内容。"可以"的用词,赋予公务员单位、事业单位一定的裁量空间。公务员单位及参公管理的事业单位与企业法律性质不同,对其行为的要求和规制方式也必然不同。在我国,公务员的管理有《公务员法》规制。而"纳入考察内容",意味着志愿服务情况是录取的参考因素之一,不是全部的考虑因素,也没有强求必须录取,是软性的规定和要求。之所以如此规定,归纳起来有以下原因:一是公务员考录属于对公务员队伍的管理,由《公务员法》予以调整和规范,本条例不宜介入太深,不能过于硬性加以规定。二是在我国当前的社会环境下,社会信用还没有完全建立、健全起来,志愿服务记录造假的事情也时有发生,配套的甄别、认定制度尚待进一步建立,因此与之相配套的制度就须保持一定的弹性和适应性。三是地方上的有关规定也没有总结进来,不太好统一,有待进一步在实践中总结归纳。因此,本条款总体上不是硬性的,而是软性、倡导性的规范。

3. 优待措施

第三十三条中的公共服务机构,是指教育、卫生健康、供水、供电、供气、供热、环境保护、公共交通等与人民群众利益密切相关、提供社会公共服务的公共企事业单位,如供水公司、供气公司、公园、公交公司、医院、学校等。本条体现了对有良好志愿服务记录的志愿者的优待和激励。但在实践中,也存在难以落实的困难。第一,需要政府因地制宜,根

第九章　志愿服务的促进措施

据各地区、各部门的实际情况采取适合的措施，通过行政指导、行政奖励、行政规划等行政行为对公共服务机构加以引导，通过实实在在的优待措施如公园免票、医疗优先、公交免票等具体措施，起到鼓励的作用。第二，对于良好志愿者的认定，可结合评定星级等方式予以确认，做到准确、科学、合理。

二、基本法理解说

志愿者激励要与星级志愿者认定结合在一起，才能取得实效。只有准确、高效地认定星级志愿者，才能以此对志愿者采取激励措施，两者配套协调、密不可分。这点也体现在有关的地方立法中。

现将地方立法中，涉及志愿服务的行政奖励和优先优待措施的条文整理如表9-4所示。

表9-4　地方立法中涉及志愿服务的行政奖励和优先优待措施的规定

序号	名称	内容
1	《山东省志愿服务条例》	第三十五条　县级以上精神文明建设指导机构应当会同有关部门建立志愿服务激励回馈制度，在教育培训、就业创业、享受公共服务等方面制定优惠政策。 鼓励社区完善志愿服务回馈机制，支持志愿者利用参加志愿服务的工时换取一定的社区服务；志愿服务组织可以通过服务积分、时间储蓄以及会员互助等方式，激励志愿者参与志愿服务活动。 第三十八条　公务员考录、事业单位招聘可以依法将志愿服务情况纳入考察内容。鼓励企业和其他组织在同等条件下优先招用有良好志愿服务记录的志愿者。
2	《杭州市志愿服务条例》	第十九条　志愿者参加志愿服务的总时数累计达四百小时以上的，可以凭志愿服务绩效证明向市志愿服务工作委员会申请核发志愿服务荣誉卡。 第二十条　各级人民政府和志愿服务工作委员会应当对志愿服务成绩突出的志愿者和志愿服务组织进行表彰和奖励。 第二十一条　国家机关、企事业单位和社会团体应当鼓励和支持志愿服务活动，维护志愿者和志愿服务组织的合法权益。 鼓励有关单位在招收公务员、招工、招生时，同等条件下优先录用、录取优秀志愿者。

193

续表

序号	名称	内容
3	《成都市志愿服务条例》	第二十四条　各级人民政府、志愿服务工作委员会和有关部门应当对表现突出的志愿者组织和志愿者，以及其他对志愿服务有突出贡献的组织和个人给予表彰和奖励。 第二十八条　机关、企事业单位在招聘、招生中，同等条件下优先录用、录取优秀志愿者。
4	《南京市志愿服务条例》	第二十七条　本市各级人民政府应当对表现突出的志愿者、志愿者组织及支持、帮助志愿服务有突出贡献的单位和个人予以表彰和奖励。
5	《宁夏回族自治区志愿服务条例》	第三十条　鼓励企业和其他组织在同等条件下优先招用有良好志愿服务记录的志愿者。公务员考录、事业单位招聘可以将志愿服务情况纳入考察内容。 鼓励文化、体育、卫生、公共交通等公共服务机构对有良好志愿服务记录的志愿者给予优待。 有良好志愿服务记录的志愿者在自身有志愿服务需求时，有权优先获得志愿服务。
6	《济南市志愿服务条例》	第二十八条　国家机关招考公务员、国有企业事业单位招聘人员、学校招生时，对符合规定的志愿者可以优先录（聘）用、录取。 第三十条　市和县（市、区）人民政府、志愿服务工作委员会应当对表现突出的志愿者、志愿服务组织以及对志愿服务活动作出突出贡献的单位和个人予以表彰和奖励。
7	《江苏省志愿服务条例》	第四十条　县级以上地方人民政府可以采取措施，给予有良好志愿服务记录的志愿者优待、礼遇。 鼓励公共服务机构等为有良好志愿服务记录的志愿者提供优待。 第四十一条　鼓励企业和其他组织在同等条件下优先招用有良好志愿服务记录的志愿者。 公务员考录、事业单位招聘可以将志愿服务情况纳入考察内容。
8	《北京市志愿服务促进条例》	第三十八条　本市鼓励企业和其他组织在同等条件下优先招用有良好志愿服务记录的志愿者。公务员考录、事业单位招聘可以将志愿服务情况纳入考察内容。 博物馆、图书馆、文化馆、体育场馆、公园、旅游景区等公共场所，可以根据实际情况，对有良好志愿服务记录的志愿者给予优待。 有良好志愿服务记录的志愿者有需要时，有权优先获得志愿服务组织和其他志愿者提供的服务。

续表

序号	名称	内容
9	《江西省志愿服务条例》	第四十条　县级以上人民政府及其有关部门可以根据实际情况采取措施，对有良好志愿服务记录的志愿者给予守信激励，按照有关规定在养老、就医、教育、就业、信贷、公共交通运输、旅游等公共服务方面给予优待。 县级以上精神文明建设指导机构应当建立完善以志愿服务时长为基础、服务评价为补充的志愿服务评价体系；建立健全志愿服务星级评定、时间储蓄和回馈制度，保障有良好志愿服务记录的志愿者在本人积累的志愿服务时长内可以优先获得志愿服务权益。
10	《浙江省志愿服务条例》	第二十九条　鼓励企业和其他组织在同等条件下优先招用有良好志愿服务记录的志愿者。公务员考录、事业单位招聘应当将志愿服务情况纳入考察内容。 志愿服务组织应当根据国家和省有关规定建立志愿服务记录制度，并可以建立以服务时间和服务质量为主要内容的志愿者星级评定制度，对获得相应星级的志愿者推荐参加相关评选和表彰。 第三十四条　对在志愿服务事业发展中做出突出贡献的志愿者、志愿服务组织和其他组织、个人，由县级以上人民政府或者有关部门按照法律、法规和国家有关规定予以表彰、奖励。
11	《青岛市志愿服务条例》	第二十三条　国家机关、社会团体、企业事业单位以及其他组织应当鼓励和支持志愿服务活动。 鼓励国家机关、企业事业单位等在同等条件下优先录用、聘用和录取有志愿服务经历者。 志愿服务组织应当为需要志愿服务的志愿者优先提供服务。 第二十八条　市、区（市）人民政府和有关单位应当对优秀志愿服务组织、志愿者和支持志愿服务有突出贡献的组织、个人给予表彰。
12	《淄博市志愿服务条例》	第二十六条　市、区县人民政府应当对做出突出成绩的志愿服务组织、志愿者给予表彰和奖励。
13	《上海市志愿服务条例》	第三十条　对于有良好志愿服务记录的志愿者，在其本人需要志愿服务时予以优先安排。 鼓励有关单位在招录公务员、招聘员工、招生时，同等条件下优先录用、聘用、录取有良好志愿服务记录的志愿者。鼓励国家机关、社会团体、企业事业单位和其他组织、公共服务机构等根据自身能力和实际情况为有良好志愿服务记录的志愿者提供优待。 第三十二条　本市建立志愿服务领域信用信息归集机制，有关部门应当将有良好志愿服务记录或者受到表彰、奖励的志愿者和志愿服务组织信息向市公共信用信息服务平台归集，依法给予信用激励。

续表

序号	名称	内容
14	《新疆维吾尔自治区志愿服务条例》	第二十九条 县级以上人民政府或者有关部门应当对表现突出的志愿者组织、志愿者以及对志愿服务事业有突出贡献的其他组织和个人给予表彰和奖励。 第三十条 国家机关、社会团体、企业、事业单位在录用公务员、招聘人员以及学校招生时，在同等条件下优先录用、聘用、录取优秀志愿者。
15	《海南省志愿服务条例》	第二十五条 省、市、县、自治县建立志愿服务激励机制。各级人民政府及有关部门对表现突出的志愿者、志愿服务活动的组织者以及支持志愿服务事业有突出贡献的组织、个人，应当给予表彰和奖励。 第二十六条 鼓励国家机关、社会团体、企业事业单位和学校在招录公务员、招聘员工、招生时，在同等条件下优先录用、聘用、录取志愿服务业绩突出的志愿者。
16	《四川省志愿服务条例》	第三十五条 志愿服务指导机构和有关部门应当对表现突出的志愿者组织、志愿者以及其他对志愿服务有突出贡献的组织和个人给予表彰和奖励。 第三十六条 有关单位在招录公务员、学生和招聘员工时，有良好志愿服务记录的志愿者可以享受国家和地方有关的优惠政策。
17	《广东省志愿服务条例》	第三十条 县级以上人民政府民政部门应当会同有关部门建立志愿服务激励机制。鼓励在教育培训、就业创业、享受社会服务等方面对有良好志愿服务记录的志愿者给予激励。 县级以上人民政府民政部门应当指导推动志愿服务组织依托志愿服务记录，建立健全志愿服务时间储蓄制度，保障有良好志愿服务记录的志愿者在本人积累的志愿服务时数内优先获得志愿服务。 有良好志愿服务记录的志愿者因遭遇突发事件、意外伤害、重大疾病等原因导致生活困难的，由县级以上人民政府依法给予救助，志愿服务发展基金也可以依法给予救助；对不符合专项救助条件的救助对象，可以通过公益慈善组织、社会工作服务机构的慈善项目、社会募捐、专业服务、志愿服务等形式给予帮扶。 鼓励企业和其他组织在同等条件下优先招用有良好志愿服务记录的志愿者。公务员考录、事业单位招聘可以将志愿服务情况纳入考察内容。 博物馆、图书馆、美术馆、体育场馆等公共服务机构，公园、旅游景点等公共场所以及城市公共交通，可以根据实际情况，对有良好志愿服务记录的志愿者给予优待。鼓励商业机构对志愿者提供优先、优惠服务。 有良好志愿服务记录的志愿者的认定标准，按照国家和省有关规定执行。

续表

序号	名称	内容
18	《昆明市志愿服务条例》	第三十一条　鼓励机关和企事业单位，在同等条件下优先录取和聘用志愿服务表现突出的志愿者。
19	《汕头市青年志愿服务促进条例》	第三十二条　鼓励国家机关和企事业单位在同等条件下优先录用、聘用、录取有突出贡献的青年志愿者。 第三十四条　各级人民政府和有关单位应当对有突出贡献的青年志愿服务组织、青年志愿者以及支持青年志愿服务事业的组织和个人，进行表彰和奖励。
20	《唐山市志愿服务条例》	第二十九条　国家机关、人民团体、企业事业单位应当鼓励和支持本单位工作人员积极参加社会性志愿服务活动。职工参加志愿服务活动的，享受与其在岗同等的劳动保护待遇。 鼓励国家机关、人民团体、企业事业单位等，在同等条件下优先录用、聘用和录取有志愿服务经历且有良好志愿服务记录者。 教育部门和有关社会团体，应当培养青少年志愿服务意识，可以将志愿服务能力纳入素质教育内容，并将青少年参加志愿服务活动情况纳入德育教育体系。 学校应当鼓励学生参加力所能及的志愿服务活动，将其纳入社会实践或者综合实践活动，可以建立相关的考核激励机制。
21	《陕西省志愿服务促进条例》	第三十五条　用人单位录用、招聘人员以及学校招生时，在同等条件下优先录用、录取优秀志愿者。 第三十六条　县级以上人民政府或者有关部门对表现突出的志愿服务组织、志愿者以及其他对志愿服务事业有突出贡献的组织和个人，应当给予表彰和奖励。
22	《南宁市志愿服务条例》	第二十八条　各级人民政府应当对有突出贡献的志愿者、志愿服务组织以及支持志愿服务事业的组织和个人给予表彰、奖励。 第二十九条　鼓励国家机关、社会团体、企业、事业单位和其他组织在录用、招聘人员时，在同等条件下优先录用、聘用志愿服务表现突出的志愿者。

续表

序号	名称	内容
23	《宁波市志愿服务条例》	第四十条　公务员考录、事业单位招聘应当将志愿服务情况纳入考察内容。鼓励企业和其他组织在同等条件下优先招用有良好志愿服务记录的志愿者，在评优评先时将志愿服务情况纳入评价内容。 鼓励文化旅游、交通、卫生健康、城市管理等公共服务领域的主管部门、行业协会，在评优评先时将志愿服务情况纳入相关职业从业人员评价内容。 鼓励人民团体、群众团体和社会团体在会员入会、评优评先时将志愿服务情况纳入考察、评价内容。
24	《黑龙江省志愿服务条例》	第四十四条　国家机关、企业事业单位在录用公务员、招聘人员时，在同等条件下对参加志愿服务活动成绩突出者可以优先录用、聘用。

三、典型案例评析

案　例

曲江新区表彰93名抗疫优秀志愿者

2021年11月30日，曲江新区举行抗疫优秀志愿者表彰大会。经层层推荐、严格审核、社会公示等程序，曲江新区疫情防控指挥部授予闫根生等93名志愿者为"抗击疫情优秀志愿者"称号。同时授予金地天境社区"抗击疫情优秀社区"称号，授予鸿基生活服务有限公司西安分公司等3个物业服务企业为"抗击疫情优秀物业"称号。

"参与抗疫的经历很难忘，希望通过我们这些身穿红马甲志愿者的影响带动，会有更多的人挺身而出，守护我们的美好家园。"来自华侨城108坊社区党支部的居民志愿者田建武是获奖者之一。他在看到招募党员志愿者时，第一时间报名，主要负责值守小区出入口，扫码测温、登记信息、环境消杀以及为居家隔离人员送快递和生活用品等。工作虽然琐碎，但他感到很值得，也很骄傲。

第九章　志愿服务的促进措施

2021年注定是不平凡的一年，第十四届全运会和残特奥会的举办，为疫情防控带来新挑战。曲江新区共发动15 068名志愿者开展疫情防控志愿服务。特别是在刚刚过去的一轮疫情中，从唐隆酒店封闭到南苑小区解封，20多天时间里共有5 000余人夜以继日，奋战在疫情防控一线。红马甲的身影冲锋在疫情防控第一线，出现在曲江新区各个角落。他们电话摸排、入户走访、广泛宣传、耐心动员，为提高疫苗接种率夜以继日地工作；他们宣传防疫、督导检查、排查数据、上门关怀，为守护家园安全争分夺秒开展疫情防控各项工作。

曲江新区相关负责人表示，在疫情防控工作中涌现出的这批优秀社区、优秀物业和优秀志愿者，用担当与奉献诠释着为民服务的初心和使命，展现了"曲江人，爱曲江"的精神风貌。希望曲江所有社区、物业公司和志愿者，以此为榜样，在疫情防控工作中主动担当作为，坚决守牢社区阵地防线，守护曲江居民生命健康，为全区经济社会高质量发展贡献社区力量。

资料来源：曲江新区表彰93名抗疫优秀志愿者，http://www.xa.gov.cn/xw/zwzx/qxrd/61a5ec43f8fd1c0bdc70c81c.html。

【点评】
对在志愿服务事业发展中做出突出贡献的志愿者、志愿服务组织，由县级以上人民政府或者有关部门按照法律、法规和国家有关规定予以表彰、奖励。在本案例中，曲江新区疫情防控指挥部对抗击疫情志愿者和相关单位进行了表彰。表彰优秀志愿者和志愿服务单位不仅有助于弘扬奉献、友爱、互助、进步的志愿精神，更是对疫情期间默默奉献的志愿者和志愿服务组织的肯定。表彰大会有助于激励更多的志愿者投身抗击疫情的活动中来，营造"我为人人，人人为我"的志愿服务浓厚氛围。

案　例

浙江志愿服务可兑换学分落户当地

在入团、推优入党时，志愿服务时数作为重要参考依据；兑换学分，可落户当地，且子女可凭积分入学；对于家庭困难的星级大、中学生志愿者，优先给予助学金支持，或酌情发放一定数量的生活费补助。

2016年8月19日，《浙江省青年守信联合激励措施的实施意见》出台。按照该意见，在浙江的注册志愿者从事志愿服务达到一定时数，就可以享受特殊"待遇"。这些特殊"待遇"共21条，涵盖教育服务和管理、就业和创新创业、社会保障、金融等多个方面。

按照意见，在研究生推荐免试、公派出国、评优评先等遴选中，同等条件对优秀志愿者优先选择。高校学生参与志愿服务纳入实践学分管理，每学年志愿服务时长达到20小时以上，给予一定的实践学分。参加大学生志愿服务西部计划和"三支一扶计划"的志愿者，服务期满考核合格，3年内参加全国硕士研究生招生考试的，初试总分加10分，同等条件下优先录取。各党政机关、企事业单位和社会组织在同等条件下，优先录用优秀志愿者或为其提供实习机会；参与志愿服务活动情况，纳入专业技术人员继续教育和职称评聘的考评指标。创业的优秀志愿者在工商登记注册等事项受理中享受优先办理、简化程序等"绿色通道"服务和部分申报材料不齐备的"容缺受理"（法律法规要求必须提供的材料除外）；同等条件下优先获得创业培训、金融扶持、孵化器入驻等专业服务，省青企协同时帮助开拓市场。优秀志愿者在为其直系亲属申办入住养老机构时给予优先办理。另外，志愿服务时数作为金融机构贷款授信的参考依据，在同等条件下，优秀志愿者优先享受相关优惠政策，金融服务和信贷资源向优秀志愿者适当倾斜。在文明城市、文明单位评选中，星级志愿者及活跃志愿者也将纳入考评指标体系。

据了解，目前浙江省通过"志愿汇"平台注册的志愿者已达500余万人，志愿者将按服务时长认定为不同星级。其中，参加志愿服务时间累计达到100小时、300小时、600小时、1 000小时和1 500小时，认定为"一星""二星""三星""四星""五星"志愿者。

"不同星级志愿者，享受不同的激励政策。"共青团浙江省委相关负责人表示，在无特殊说明的情况下，目前暂定激励对象为连续3年无不良信用记录的"五星级志愿者"。

资料来源：浙江：志愿服务可兑换学分落户当地. 中国文明网，2022-03-31.

【点评】

本案例中对于志愿者的激励具有两个特点。一是激励政策与志愿者星级挂钩。志愿者按照不同的服务时长认定星级，同时根据不同的星级代表的不同贡献，享受不同的激励政策。对志愿者产生明显的正向、梯度激励作用，激发志愿者开展志愿服务的热情。二是激励政策覆盖面广。根据政策的规定，激励措施涵盖教育服务和管理、就业和创新创业、社会保障、金融等多个方面。可以说，涵盖了学习、生活、工作等的方方面面，对学生、上班族等不同群体身份都有所考虑、照顾。以上措施确保激励政策具有实效性，使得各类志愿者在奉献爱心的同时，切实享受到社会的回馈激励。

第五节　志愿服务的政府信息和媒体责任

第三十四条　县级以上人民政府应当建立健全志愿服务统计和发布制度。

第三十五条　广播、电视、报刊、网络等媒体应当积极开展志愿服务宣传活动，传播志愿服务文化，弘扬志愿服务精神。

一、法律规范释义

第三十四条是关于志愿服务的政府信息统计发布制度。第三十五条规定了媒体在志愿服务中的责任。

1. 统计发布

第三十四条确立了统计发布制度，要求县级以上人民政府应当建立健全志愿服务统计和发布制度。一方面，志愿服务统计和发布属于落实政府信息公开工作的重要内容，是履行法治政府、民主行政的基本义务；另一方面，在实际工作中也有利于志愿服务信息公开透明，给志愿服务参与者及社会各界提供更权威、高效的信息供给。

2. 媒体责任

第三十五条规定了媒体在志愿服务中的责任，广播、电视、报刊、网络等媒体应当积极开展志愿服务宣传活动，传播志愿服务文化，弘扬志愿服务精神。媒体是社会信息传播的主渠道，因而必须是传播社会正能量的重要载体和平台。无论是传统媒体如广播、电视、报刊等，还是互联网时代出现并蓬勃发展的网络新媒体，都有履行社会义务的天然责任。通过这种环境建设，开展志愿服务宣传活动、传播志愿服务文化、弘扬志愿服务精神，营造全社会重视志愿服务的良好氛围，真正使得志愿服务成为普通百姓生活的一部分。

二、基本法理解说

理解本部分可以结合《政府信息公开条例》中的有关规定。建立健全志愿服务统计和发布制度，从立法目的上看，是为了保障公民、法人和其他组织依法获取志愿服务政府信息，提高政府工作的透明度，促进依法行政，充分发挥政府信息对人民群众生产、生活和经济社会活动的服务作用。《政府信息公开条例》第四条规定：各级人民政府及县级以上人民政府部门应当建立健全本行政机关的政府信息公开工作制度，并指定机构负责本行政机关政府信息公开的日常工作。《志愿服务条例》第三十四条是上述《政府信息公开条例》的相关规定在志愿服务事业方面的应用和具体化。

强调媒体责任，发挥软实力作用。现代社会是个信息社会，但也存在一些乱象，媒体发挥着引领社会核心价值观、传播社会正能量的重要作用。不仅是传统媒体，网络新媒体更应担负起传播志愿服务正能量的社会责任。而且，网络新媒体具有传播速度快、受众接受能力强、手段更新颖高效等特点，对于社会管理来说，是一把"双刃剑"，既可能滥用其传播优势，成为传播虚假、不实信息的温床，但若监管得当，也是促进社会正能量的助推器。本部分规定的媒体责任，即着眼于媒体特别是网络新媒体在弘扬志愿服务正能量方面的重要地位。

现将地方志愿服务立法中关于志愿服务的政府信息和媒体责任的条文整理如表9-5所示。

表9-5 地方志愿服务立法中关于志愿服务的政府信息和媒体责任的规定

序号	名称	内容
1	《杭州市志愿服务条例》	第二十二条 新闻媒体应当经常开展有关志愿服务的公益性宣传。
2	《南京市志愿服务条例》	第二十六条 新闻媒体应当开展志愿服务的公益性宣传。

续表

序号	名称	内容
3	《宁夏回族自治区志愿服务条例》	第六条 全社会应当尊重、支持志愿者和志愿服务组织开展志愿服务活动，弘扬奉献、友爱、互助、进步的志愿服务精神。 制定市民公约、村规民约、行业规范、学生行为规范应当体现志愿服务精神。 广播、电视、报刊、网络等媒体应当开展志愿服务宣传活动，传播志愿服务文化，弘扬志愿服务精神。
4	《济南市志愿服务条例》	第二十九条 新闻媒体应当开展志愿服务的公益性宣传。
5	《江苏省志愿服务条例》	第三十四条 县级以上地方人民政府应当弘扬志愿服务文化，培育全社会志愿服务文化自觉。 国家机关、人民团体、群众团体、企业事业单位、社会组织应当积极参与志愿服务文化建设，加强志愿服务宣传，普及志愿服务文化，创造有利于志愿服务事业发展的社会环境。 新闻媒体应当积极开展志愿服务公益性宣传。
6	《北京市志愿服务促进条例》	第十一条 广播、电视、报刊、网络等媒体应当积极开展志愿服务宣传活动，传播志愿服务文化，弘扬志愿服务精神。
7	《浙江省志愿服务条例》	第七条 精神文明建设指导机构、民政部门应当组织国家机关、团体、企业事业单位和其他组织做好志愿服务宣传工作。 广播、电视、报刊、网络等媒体应当开展志愿服务宣传活动，传播志愿服务文化，弘扬志愿精神，倡导全社会尊重志愿者和志愿服务组织。
8	《青岛市志愿服务条例》	第二十五条 新闻媒体应当对志愿服务活动进行公益性宣传。
9	《淄博市志愿服务条例》	第二十八条 报刊、广播、电视、网站等新闻媒体应当加强对志愿服务活动的宣传。
10	《新疆维吾尔自治区志愿服务条例》	第三十二条 广播、电视、报刊、网站等媒体应当积极开展志愿服务活动的公益性宣传。
11	《广东省志愿服务条例》	第三十三条 广播、电视、报刊、网络等媒体应当积极开展志愿服务宣传活动，传播志愿服务文化，弘扬志愿服务精神。 鼓励公共服务机构、公共交通单位开展志愿服务公益宣传。

续表

序号	名称	内容
12	《唐山市志愿服务条例》	第三十一条　新闻媒体应当积极无偿开展志愿服务的公益性宣传，推广志愿服务理念。
13	《陕西省志愿服务促进条例》	第三十三条　广播、电视、报刊、网站等新闻媒体应当积极、无偿开展志愿服务公益性宣传活动，提高社会公众的志愿服务意识，形成全社会支持和鼓励志愿服务活动的氛围。
14	《南宁市志愿服务条例》	第二十七条　新闻媒体应当开展志愿服务的公益性宣传。
15	《宁波市志愿服务条例》	第二十九条　报刊、广播、电视、网络等各类媒体应当开展多种形式的志愿服务公益宣传活动。鼓励通信运营商、广告发布者、信息网络服务提供者免费向社会发布志愿服务公益宣传信息。鼓励文化企业通过出版物、影视作品等载体传播志愿服务文化。
16	《黑龙江省志愿服务条例》	第四十六条　广播、电视、报刊、网站等媒体应当积极开展志愿服务活动的公益性宣传。
17	《湖南省志愿服务条例》	第二十六条　广播、电视、报刊、网站等新闻媒体应当开展志愿服务公益性宣传，倡导全社会支持和鼓励志愿服务活动，关爱志愿者。
18	《珠海经济特区志愿服务条例》	第四十三条　报刊、广播电台、电视台、政府网站等新闻媒体应当积极开展志愿服务公益宣传，发布志愿服务信息，普及志愿服务知识，传播志愿服务文化。
19	《大连市志愿服务条例》	第三十四条　广播、电视、报刊、网站等媒体应当开展对志愿服务活动的公益性宣传，推广志愿服务理念。

三、典型案例评析

案　例

《新晚社区报》开辟解读志愿服务制度专版

为深入贯彻全国学雷锋志愿服务工作会议精神，推进志愿服务制度化，哈尔滨市《新晚社区报》率先开辟解读志愿服务制度专版，从《志愿服务做得咋样——用工作指数说话》到《基层志愿服务组织活跃吗？成熟吗？——请看志愿服务动员率》，除此之外还开辟了《志愿服务百问百答》专栏，为推进志愿服务制度落地、培训落地做出有益探索。

资料来源：新晚社区报开辟解读志愿服务制度专版，http://zy.dbw.cn/system/201603/28819.html。

【点评】

本案例中，哈尔滨的《新晚社区报》专门开辟了解读志愿服务制度的专版。通过这个平台，宣传志愿服务，传播志愿服务文化，弘扬志愿服务精神，值得其他媒体参考和效仿。不仅是报纸，广播、电视、网络等媒体也应当积极行动，营造有利于开展志愿服务的良好氛围。

思考与讨论

1. 你知道哪些政府为了促进志愿服务发展而出台鼓励措施？
2. 有人认为可以通过提高志愿者补助的方式提升志愿者的积极性，你认同这种看法吗？为什么？
3. 有地方推出有良好志愿服务记录的志愿者可免费乘公交，你怎么看待这样的促进措施？
4. 你是如何了解当地的志愿服务数据信息的？

第十章
志愿服务的法律责任

志愿服务的法律责任是指由于侵犯法定权利或违反法定义务而引起的、由专门国家机关认定并归结于志愿服务法律关系主体的、带有直接强制性的义务。在志愿服务过程中，志愿者与志愿服务对象、志愿者与志愿服务组织、志愿服务组织与志愿服务对象之间难免会产生各种法律关系和法律纠纷，在《志愿服务条例》出台以前，在列章的地方志愿服务法规中，均有"法律责任"或"法律保障"一章；在没有列章的地方志愿服务法规中，也均有志愿服务相关法律责任的条款。然而如果仔细分析立法中关于法律责任的规定，就会发现其内容简单、粗疏，没有区分志愿者与志愿服务对象之间、志愿者与志愿服务组织之间、志愿服务组织与志愿服务对象之间以及志愿者、志愿服务组织与志愿服务对象之间的各种法律关系的不同性质，也没有与法律责任相对应的法律救济制度的规定。综合而言，主要包括侵权损害赔偿责任、擅用志愿服务组织名义责任和侵贪志愿服务组织资产责任三个方面。

但是我们应该认识到志愿服务中关于法律责任的规定应该有确切的内涵。一方面，志愿服务立法中的法律责任与其他立法中的法律责任应相区别，使人们可以了解志愿服务当中的法律责任是什么；另一方面，使法律责任的内涵与《志愿服务条例》中对调整范围的规定、对主体的规定、对主体权利和义务的规定及对主体的行为的规定对应起来，使法律责任成为落实法律保护志愿者以及志愿服务组织和志愿服务对象的权利、实现志愿服务过程调控的法律机制。

志愿者的权利主要包括：自愿参加组织开展的服务活动，参加有关志愿服务的教育和培训，参加志愿服务计划的拟定、设计、执行及评估，获得人身保险、交通补助、误餐补贴、安全保障、医疗卫生等从事志愿服务所必需的条件和必要的保障，请求组织帮助解决在志愿服务过程中遇到的实际困难，要求组织出具志愿服务证明，对志愿服务组织提出建议、批评和监督，自由退出志愿服务组织。在性质上这些权利可以分为自由权、参与权、保障权和监督权。

志愿者的义务一般包括：遵守法律、法规和志愿服务组织的各项制度，履行志愿服务承诺，完成志愿服务组织安排的工作，维护志愿者和志愿服务组织的声誉和形象，保守志愿服务对象的个人隐私和商业机密，不得向志愿服务对象收取或变相收取报酬，不得以志愿服务名义进行营利性活动，不得以志愿者或志愿服务组织的名义组织或参加违反志愿服务原则的活动等。

志愿服务组织一般都有自己的章程，根据组织章程来确立自己的工作方针、工作程序等。例如：管理职责，包括建设志愿服务活动的各项制度，对志愿者进行招募、培训、管理、评估等工作，组织开展志愿服务活动，筹集、使用和管理志愿服务活动资金及物资，建立志愿服务档案，开展志愿服务绩效评估工作。保障职责，包括安排志愿者从事与其心理和身体状况相适应的志愿服务，为志愿者开展志愿服务工作提供必要条件和保障，在志愿者遇到困难时提供必要帮助，维护志愿者的合法权益，在志愿者需要并提出要求时出具志愿服务证明，开展志愿服务的宣传、合作与交流活动，促进志愿服务事业的壮大，志愿服务组织也不得以志愿服务的名义进行营利性活动。

第一节 泄密侵权的法律责任

第三十六条 志愿服务组织泄露志愿者有关信息、侵害志愿服务对象个人隐私的，由民政部门予以警告，责令限期改正；逾期不改正的，责令限期停止活动并进行整改；情节严重的，吊销登记证书并予以公告。

一、法律规范释义

1. 行为主体

从该条规定可以看出，泄密侵权的行为主体是志愿服务组织，不包括志愿者和志愿服务对象。值得注意的是，作为志愿活动的参加者，志愿者和志愿服务对象不是泄密侵权的主体，那当志愿者泄露志愿服务对象的有关信息，侵害志愿服务对象的个人隐私时，或当志愿服务对象泄露志愿者的有关信息，侵害志愿者的个人隐私时，如何处理是一个值得研究的问题。更为重要的是，如果志愿服务枢纽组织泄露了志愿者或者志愿服务对象的个人信息，那么危害可能更大，因为志愿服务枢纽组织掌握的有关志愿者和志愿服务对象的信息量更大，更有可能对二者的隐私构成侵犯，对此是否须做出特别规定也值得考究。

行政机关也可能泄露志愿者和志愿服务对象的个人信息。《志愿服务条例》第五条规定："国家和地方精神文明建设指导机构建立志愿服务工作协调机制，加强对志愿服务工作的统筹规划、协调指导、督促检查和经验推广。国务院民政部门负责全国志愿服务行政管理工作；县级以上地方人民政府民政部门负责本行政区域内志愿服务行政管理工作。县级以上人民政府有关部门按照各自职责，负责与志愿服务有关的工作。"第七条规定："志愿者可以将其身份信息、服务技能、服务时间、联系方式等个人基本信息，通过国务院民政部门指定的志愿服务信息系统自行注册，也可以通过志愿服务组织进行注册。"国家和地方精神文明建设机构、国务院民政部门、县级以上地方人民政府等国家机关在对志愿服务进行统筹管理的过程中，以及志愿者将其个人信息注册在民政部门相关网站时，这些国家机关势必会掌握大量志愿者和志愿服务对象的个人信息，如何加以防范和规制，是一个重大而紧迫的现实问题。同样值得研究的是当志愿服务组织和志愿者、志愿服务对象相互泄密时，应当如何适用相关法律法规。

对行为主体的认定，应当采取扩大解释的方法，行为主体不仅包括志愿服务组织，还应当包括志愿者、志愿服务对象、志愿服务组织枢纽以及相应的行政机关，这样才能对志愿服务参加者的个人信息和隐私达到全方位的保护，更好地落实责任追究制度，避免法律漏洞。

2. 行为内容

该条规定的行为内容有两个：一是泄露志愿者有关信息；二是侵害志愿服务对象个人隐私。二者满足其一即可构成泄密侵权。

在掌握大量的志愿者和志愿服务对象的信息后，志愿服务组织可能会将这些信息故意泄露给第三人，比如将电话号码、邮箱、家庭住址、工作单位、家庭内部成员构成、个人爱好等信息卖给不法商家，这些商家通过发信息打电话等方式来传播其商品信息，从而骚扰志愿者和志愿服务对象，甚至包括他们的家人，这在互联网发达的今天是随处可见的，比如很多淘宝卖家等等。在非法取得这些个人信息后，某些不法分子有针对性地实施电信诈骗和组织传销活动，构成相应的刑事犯罪，严重侵犯志愿者、志愿服务对象及其家人的合法权益，具有很大的社会危害性。

3. 处罚主体

处罚主体是民政部门。《志愿服务条例》第五条第二款规定："国务院民政部门负责全国志愿服务行政管理工作；县级以上地方人民政府民政部门负责本行政区域内志愿服务行政管理工作。"可以看出县级以上人民政府的民政部门对志愿服务组织、志愿者、志愿服务对象进行行政管理，在发生侵权泄密等情形时，也当然应当由民政部门予以处罚。

4. 处罚对象

从《志愿服务条例》第三十六条的规定来看，志愿服务过程中发生的侵权泄密事件的处罚对象是志愿服务组织，但正如前文指出的，对行为主体的认定应当采取扩大解释的方法，行为主体还应当包括志愿者、志愿服务对象以及相应的行政机关。但是当行政机关实施侵权泄密行为时，可以由其上一级主管部门予以相应的处罚。

5. 处罚方式

从该条规定来看，当发生侵权泄密行为时，处罚方式主要有以下三种：(1) 由民政部门予以警告，责令限期改正；(2) 逾期不改正的，责令限期停止活动并进行整改；(3) 情节严重的，吊销登记证书并予以公告。这是侵权泄密的三种罚则。

当发生侵权泄密事件时，由民政部门予以警告，责令限期改正，但是这里的期限没有具体的规定，一般不能过长，否则可能致使受侵害方的权利得不到及时有效的保护。如果在民政部门规定的期限内改正的，比如停止实施泄密和侵权行为，及时防止受害者的个人信息和隐私受到侵害或者受到进一步侵害，对侵权泄密的主体就不再实施进一步的处罚。

如果在民政部门规定的期限内不改正，继续实施泄密侵权行为的，责令限期停止活动并继续整改。这里的继续实施侵权泄密行为，不仅包括不停止原有侵权泄密行为，还应当包括不采取补救措施防止已经实施的侵权泄密行为导致的损失进一步扩大，比如将发布在互联网上的受害者的个人信息撤回等。如果在民政部门规定的期限内没有完成这些补救措施，也应当责令限期停止活动并继续改正。

当实施侵权泄密行为且情节严重时，吊销登记证书并予以公告。有些侵权泄密行为一经实施就可能造成不可挽回的损失，比如将志愿者或志愿服务对象的电话号码等通过非法渠道提供给不良商家后，受害者难免遭到短信骚扰、电信诈骗和传销，被泄露的信息量越大，损害就越大，情节也就相应更为严重。而这些被泄露信息是无法收回的，此时也就应当给予泄密者最严厉的处罚，吊销其登记证书并予以公告。

二、基本法理解说

在我国，公民的个人信息受法律保护。2021年8月20日，我国通过了《中华人民共和国个人信息保护法》，对个人信息权益提供更广泛和有力的法律保护。

从《志愿服务条例》的规定来看，志愿服务组织也有保护志愿服务对象和志愿者个人信息和隐私的义务，该条例第二十条规定："志愿服务组织、志愿服务对象应当尊重志愿者的人格尊严；未经志愿者本人同意，不得公开或者泄露其有关信息。"第二十一条规定："志愿服务组织、志愿者应当尊重志愿服务对象人格尊严，不得侵害志愿服务对象个人隐私，不得向志愿服务对象收取或者变相收取报酬。"

我国《个人信息保护法》规定个人信息是以电子或者其他方式记录的与已识别或者可识别的自然人有关的各种信息，不包括匿名化处理后的信息。我国《刑法》第二百五十三条之一规定了侵犯公民个人信息罪："违反国家有关规定，向他人出售或者提供公民个人信息，情节严重的，处三年以下有期徒刑或者拘役，并处或者单处罚金；情节特别严重的，处三年以上七年以下有期徒刑，并处罚金。违反国家有关规定，将在履行职责或者提供服务过程中获得的公民个人信息，出售或者提供给他人的，依照前款的规定从重处罚。窃取或者以其他方法非法获取公民个人信息的，依照第一款的规定处罚。单位犯前三款罪的，对单位判处罚金，并对其直接负责的主管人员和其他直接责任人员，依照各该款的规定处罚。"《最高人民法院、最高人民检察院关于办理侵犯公民个人信息刑事案件适用法律若干问题的解释》第一条规定：刑法第二百五十三条之一规定的"公民个人信息"，是指以电子或者其他方式记录的能够单独或者与其他信息结合识别特定自然人身份或者反映特定自然人活动情况的各种信息，包括姓名、身份证件号码、通信通讯联系方式、住址、账号密码、财产状况、行踪轨迹等。

《电信和互联网用户个人信息保护规定》第四条也对公民个人信息进行了界定："本规定所称用户个人信息，是指电信业务经营者和互联网信息服务提供者在提供服务的过程中收集的用户姓名、出生日期、身份证件号码、住址、电话号码、账号和密码等能够单独或者与其他信息结合识别用户的信息以及用户使用服务的时间、地点等信息。"

附：对相关问题的思考

（1）行为主体不限于志愿服务组织，如前所述，志愿服务组织固然应该成为规制的对象，但是在实践中，其他主体比如志愿服务枢纽组织、志愿者个人、志愿服务对象如果泄密该如何处理,他们之间相互泄密又该如何处理?显然该条规定具有一定的局限性。此外,行政机关也有可能泄露信息,如何规制是值得深思的问题,这会涉及《民法典》《治安管理处罚法》《保密法》等的规定。

(2)关于志愿者、志愿服务组织、志愿服务对象之间的法律关系的认定。我国目前的立法对志愿者的法律地位,对志愿者与志愿服务组织、志愿者与志愿服务对象之间的法律关系的性质还不十分明确,志愿活动中产生的各种问题的解决、纠纷的处理、救济的实现等,都需要我们对志愿活动中的各种法律关系予以明确界定。

志愿者与志愿服务组织的关系。志愿服务组织是社会团体,依《社会团体登记管理条例》登记成立,它与志愿者不具有行政上的管理关系。志愿者提供的服务是纯粹的无偿劳动,他们不从志愿服务组织处领取工资和报酬,他们与志愿服务组织既不是雇佣关系,也不是劳动关系。志愿者与志愿服务组织是一种特殊的合同关系。

志愿者与志愿服务对象的关系。无偿劳动的志愿者与接受服务的一方是一种自愿、平等和互相尊重的提供服务与接受服务的善意关系,他们不从志愿服务对象那里收取报酬,因而不适用于劳动法规。志愿者与志愿服务对象之间是一种复杂的民事关系,如果出现有关问题,可以比照民法来处理,比如自然人债务关系等。

志愿服务组织与志愿服务对象的关系。当志愿服务对象申请服务时,志愿服务对象与志愿服务组织之间是一种民事委托关系。

(3)基于志愿者、志愿服务组织、志愿服务对象之间法律关系认定后的法律责任与法律救济的探索。

在志愿者与志愿服务组织的关系上,就其内部来说,如志愿服务组织违约时,志愿者有权自由退出志愿服务组织,而志愿者违约时,志愿服务组织也有权强令志愿者退出志愿服务组织。志愿者按照志愿服务组织的安排在提供志愿服务时因故意或过失给志愿服务对象或其他相关人员造成损失的,由志愿服务组织依法承担民事责任;志愿服务组织承担民事责任后,可以向有故意或重大过失的志愿者行使追偿权[1]。

在志愿者与志愿服务对象的关系上,如果志愿者侵犯了志愿服务对象的合法权益,如侵犯其商业秘密、个人隐私等,则应承担相应的法律责

---

[1] 莫于川. 中国志愿服务立法的新探索. 北京:法律出版社,2009:25.

任；而在志愿服务过程中，如果志愿服务对象因故意或者重大过失而造成志愿者及其志愿服务组织权益受损的，应当承担相应的法律责任；如果志愿服务对象借无偿服务这一资源，对志愿者任意使用，提出超出服务范围的要求，志愿者有权拒绝。

三、典型案例评析

案 例

骨髓库志愿者：谁泄露了我的信息

湖北一位骨髓捐献者被华东一位白血病患者在微博上点名求捐，引发网民关注。骨髓捐献是一种助人为乐的行为，但按规定，造血干细胞捐受方信息均为隐私，不公开。

发微博的白血病患者李女士正在华东一家医院接受治疗。她的家人告诉记者，李女士30多岁，2013年5月底被确诊患有白血病。李女士患病后，通过红十字会在湖北找到了合适骨髓配型，并于2013年10月接受造血干细胞移植。但后来其病情反复，需要造血干细胞捐献者再次捐献。于是，李女士发微博称："急寻2013年10月10日湖北武汉为上海白血病女患者捐献造血干细胞的志愿者，我是那名幸运的患者，现在身体很虚弱，急需您的帮助。"

为让自己彻底摆脱病魔，她还在微博中公布了捐献者姓名等相关信息。尽管相关微博很快即自行删除，但还是在网上引发关注。有网民认为，公开点名求助给捐献者造成压力，微博点名求助，把本来助人为乐的一件自愿的事情，变成了要挟。也有网友对此表示理解，认为这是患者的求生本能。纵使她方法有千万不对，但在生命面前，为何不用宽容的心对待别人的过失？

被公开点名的志愿者柴先生，46岁，系湖北人，被点名求助时在外地务工。2013年10月捐献过一次造血干细胞后，柴先生的身体尚在恢复中。按规定，做二次捐献，至少要等休养3个月后才可以。幸运的是，中华骨髓库工作人员与湖北分库及李女士所在医院进行协调后，很快联系到了柴先生。事先对网上这场"寻人"并不知情的柴先生，在得知上海李女士点名请求其再次捐献时，当即表示，只要体检合格，"愿再次捐献救对方一命"。2014年1月3日，中华骨髓总库向湖北分库发出采集淋巴细胞捐献前体检通知书，同意湖北分库先行对捐献者进行体检，待时机成熟再做捐献。

资料来源：骨髓库志愿者信息遭泄露 被救者点名再次求捐，http://news.sohu.com/20140109/n393193764.shtml。

【点评】

按规定，造血干细胞捐献方和受助方信息资料均不公开，捐受双方信息隔离，这也是国际通行的做法，只有这样才能保障捐受双方的合法权益。患者需要二次捐献，应当向中华骨髓库提出申请，这是最规范也最有保障的方式；按规范办事，更是保证这项公益事业最有效率运行的必要条件。一次造血干细胞捐献涉及多个机构和环节，在此次事件中，造成信息泄露的机构或工作人员就算是出于对这位患者的同情，为"小爱"而违规，无形中也会损害更多患者的权益——因为如果这项公益事业的运作"不规范"，一些潜在的志愿者可能会放弃参与，有的患者就会因此失去求生的机会。

《志愿服务条例》第三十六条规定，志愿服务组织不得泄露志愿者有关信息、侵害志愿服务对象个人隐私。此外，根据该条规定的精神，志愿服务对象也不得泄露志愿者的个人信息，否则会在一定程度上对志愿者的个人生活以及工作带来不利影响，甚至会侵犯其隐私权等等。正如有网友指出："公开点名求助给捐献者造成压力，微博点名求助，把本来助人为乐的一件自愿的事情，变成了要挟。"这似乎改变了志愿者提供志愿服务的初衷。

第二节　索取报酬的法律责任

第三十七条　志愿服务组织、志愿者向志愿服务对象收取或者变相收取报酬的，由民政部门予以警告，责令退还收取的报酬；情节严重的，对有关组织或者个人并处所收取报酬一倍以上五倍以下的罚款。

一、法律规范释义

该条是关于志愿服务组织、志愿者索酬的处罚规定。

1. 行为主体

从该条规定可以看出，行为主体是志愿服务组织或者志愿者。

2. 行为对象

行为对象是志愿服务对象。在志愿服务对象因为缺乏专业性或者人手不足等原因需要志愿服务的情况下，如果志愿者和志愿服务组织向志愿服务对象索取或变相收取报酬，将会触犯该条规定，进而遭到处罚。

3. 行为方式

从该条规定可以看出，行为方式是志愿服务组织或者志愿者向志愿服务对象收取或者变相收取报酬。收取，顾名思义，就是直接从志愿服务对象取得报酬。变相收取较为复杂，变相收取人并不直接从志愿服务对象处收取报酬，而是通过其他替代方式收取费用，比如某大型演唱会志愿服务组织要求主办方为其提供演唱会门票，该志愿服务组织通过倒卖门票的方式获得相应的报酬等。

4. 处罚主体

处罚主体是民政部门。《志愿服务条例》第五条第二款规定："国务院民政部门负责全国志愿服务行政管理工作；县级以上地方人民政府民政部门负责本行政区域内志愿服务行政管理工作。"可以看出，县级以上人民政府的民政部门对志愿服务组织、志愿者、志愿服务对象进行行政管理，在发生侵权泄密等情形时，也应当由民政部门予以处罚。

5. 处罚方式

从《志愿服务条例》第三十七条的规定可以看出，对志愿服务组织或者志愿者向志愿服务对象收取或者变相收取费用的处罚方式包括以下两种：第一种是警告，责令退还收取的报酬。这种处罚方式适用于情节较轻的情形，情节较轻时，责令退还所收报酬就足以达到对志愿者或志愿服务对象处罚教育的目的，防止其再犯。第二种是对有关组织或者个人并处所收取报酬一倍以上五倍以下的罚款。这种处罚方式适用于情节严重的情形。所谓情节严重，包括一次性收取费用数额较大，或者收取费用次数较多，也包括某些大型志愿服务组织收取费用的行为严重损害了志愿服务这一公益事业在公民心中的形象，此时若只责令退还所收费用尚达不到处罚教育的目的，应当视情节轻重收取其所收报酬的一倍以上五倍以下罚款，防止其再犯类似收取或变相收取费用的行为。

二、基本法理解说

要弄清对志愿服务组织或志愿者收取或变相收取费用的行为进行处罚的原因，首先要弄清志愿服务、志愿者以及志愿服务组织的含义。

1. 志愿服务的含义

《志愿服务条例》第二条第二款规定，本条例所称志愿服务，是指志愿者、志愿服务组织和其他组织自愿、无偿向社会或者他人提供的公益服务。由此，可以将志愿服务的含义概括为：志愿服务是指志愿者、志愿服务组织利用自己的善心、时间、技能、资源等，为社会公众生产生活和促进社会发展进步提供非营利、无偿、非职业化援助的自愿行为。这个概念包括两个方面：一方面是对社会而言，志愿服务是为大众服务，促进社会发展的一种社会行为；另一方面是对个体而言，志愿服务是一种无偿的非职业援助的行为[①]。

2. 志愿者以及志愿服务组织的含义

所谓志愿者，又称志愿工作者，是指通常不求物质报酬，出于自由意愿，付出时间及精力去帮助别人的人。志愿服务组织是指由两个或两个以上的志愿者组成的从事志愿服务的非政府性、非营利性的社会团体，是志愿服务的组织者和承担者。

3. 志愿服务的特征

从志愿服务、志愿者、志愿服务组织的含义可以看出，志愿者及志愿服务组织的活动目的并不是营利或收取报酬，虽然志愿服务组织可以营利，但所得利润必须用于组织使命所规定的工作，而不能在组织的所有者、参与者、经营者中进行分配。志愿服务具有以下特征：

（1）公益性。这里强调志愿服务的公益性，并不是要求个人牺牲自我价值。志愿服务旨在追求公共价值。帮助一个弱者，体现了社会关怀弱者的机制；参与一项公益事业，意味着在发展人类改善公共环境的能力。每个人都会在某些方面如金钱、健康、心理、年龄等处于弱势，对于弱者的关怀和对于公共环境的改善，就是对我们自己社会处境的改善。因而志愿的本质含义不在于牺牲自我，而在于实现每个公民的个体责任，而个体的自由意志恰恰是实现其社会责任的前提。具有自由意志和公民责任的个体才能更好地实现社会公益[②]。

（2）无偿性。无偿性也就是不追求物质回报。无偿性是志愿服务的重要特征，甚至被视为志愿服务区别于市场服务与国家服务的本质特征。市场服务是有偿的，它体现等价交换的经济原则和权利义务对等的法律原则；国家服务即公共服务与市场服务不同，但它通常与公民的纳税义务相

---

① 陆士桢. 中国特色志愿服务概论. 北京：新华出版社，2017：15.
② 同①16.

关联，公共服务通常以税收为基础，有些公共服务还与收费相联系；志愿服务与市场服务和公共服务不同，它是无偿提供的一种服务，提供志愿服务的组织和个人不能接受相应的报酬。志愿服务的无偿性是志愿服务的基本特征，其主要体现为志愿服务组织和志愿者从事志愿服务不以获取报酬为目的。不以获取报酬为目的是志愿服务的主观要件。志愿服务的无偿并不意味着志愿服务提供者得不到任何形式的回报，只是不能表现为金钱、物品等方面的对价偿付，无偿性不排除志愿者可以得到相应的从事志愿服务活动限度内的基本补贴以及相应的保险，也不排除可以得到来自政府和社会的精神性或象征性的表彰和奖励。

4. 志愿服务的基本原则

从志愿服务的特征可以看出，无偿性和公益性是志愿服务最重要的特征，在此基础上，志愿服务的开展需要以下基本原则的指引。

《志愿服务条例》第三条规定，开展志愿服务，应当遵循自愿、无偿、平等、诚信、合法的原则，不得违背社会公德、损害社会公共利益和他人合法权益，不得危害国家安全。由此可见，自愿性原则、无偿性原则、平等性原则、诚信原则、合法原则是志愿服务的基本原则。

5. 志愿服务的无偿性原则

在开展志愿服务的过程中，志愿者和志愿服务组织如果收取或变相收取费用是和志愿服务的特征和原则相背离的行为，依法应受处罚。

三、典型案例评析

案 例

"时间银行"让志愿服务流动起来

近日，上海市南翔镇社区卫生服务中心迎来了 15 名社区居民志愿者，他们主要为门诊患者主动提供咨询服务和帮助，在就诊高峰做好患者的秩序维护，为提升居民就医感受度发挥了积极的作用。据悉，中心通过设立"时间银行"，形成志愿服务的"反哺"机制，并吸引了越来越多的社区居民加入志愿服务中。

"时间银行"是指中心为志愿者开设的"时间账户"。采用这种方法的意义在于以下几点：首先，志愿者的积极性可以被充分调动起来；其次，通过量化的时间管理有助于管理者考核志愿者们在志愿服务中的表现，为志愿服务工作提供科学合理的依据；最后，对下一步开展志愿服务工作有指导修正的意义。

南翔镇社区卫生服务中心通过对"时间银行"的管理理念进行综合考量之后制定了一套合理的措施。中心为15名志愿者分别开设了"时间账户"，当志愿者为他人提供服务的同时自己时间账户中的积分会不断累积。在达到一定数额后，志愿者可以用积分享受免费健康体检、免费使用康复器材、兑换日常生活用品等多项"感恩"福利。同时，通过举办"志愿服务在医院"专题培训会，加快志愿者对中心环境的适应，使其更好地融入中心志愿服务中。先进的理论和配套的措施双管齐下，使志愿服务开展以来受到来自医院、患者及家属的普遍好评。其实，像这样的"时间银行"在全国各地都已纷纷展开，并且已经取得了很好的效果。

"时间银行"体现了一种以人为本的管理理念，更体现了"人人为我，我为人人"的中华美德。让奉献爱心的人得到更多的关爱正是一种"正能量"的传递，"时间银行"让志愿服务真正流动起来。

资料来源："时间银行"让志愿服务流动起来，http://www.zgzyz.org.cn/content/2016-08/22/content_13705898.htm.

【点评】

志愿服务"时间银行"，旨在激励更多的人加入志愿服务的行列。但问题也随之而来。志愿服务精神的精髓，是一种奉献精神，是不求回报地付出。"时间银行"开启回报模式，还是志愿服务吗？笔者认为，答案应该是肯定的。志愿服务体现的是奉献精神，同样也包含互助精神，提倡"互相帮助、助人自助"。志愿者通过参与志愿服务，使自己的能力得到提高，是自助；志愿者参与志愿服务，方便他人的生活，也使自己的生活更方便，是自助。因此，通过参与志愿服务，在成人之美中得到社会的奖励，这无损志愿服务的高尚。

从更大的范围来说，我国的志愿服务蓬勃兴起，参与志愿服务的人数不断增加，但仍然有更多的人还在志愿服务的门槛之外。要引领更多的人成为志愿服务者，要让志愿服务者感受到社会的温暖，持之以恒地坚持下去，对其进行激励，是有正面意义的。1980年，"时间银行"概念兴起，而后扩展至全球。志愿者将参与公益服务的时间存进"时间银行"，当自己遭遇困难时，可以从中支取"被服务时间"。目前，北美、欧洲和亚洲23个国家和地区的300多个社区的企业都采用了这个系统，全世界有1 000个以上的时间银行组织。这表明，"时间银行"的价值得到社会和公众的认可，这样的志愿服务已被接受。

其实，这一积极的举措也从正面反映了志愿服务的公益性和无偿性，在一定程度上避免了志愿服务组织、志愿者向志愿服务对象收取或者变相收取报酬的情形。

第三节　虚假信息的法律责任

第三十八条　志愿服务组织不依法记录志愿服务信息或者出具志愿服务记录证明的，由民政部门予以警告，责令限期改正；逾期不改正的，责令限期停止活动，并可以向社会和有关单位通报。

一、法律规范释义

该条是关于志愿服务组织做虚假记录、证明的处罚规定。

1. 行为主体

从该条规定可以看出，提供虚假信息的行为主体是志愿服务组织，不包括志愿者和志愿服务对象。在志愿服务过程中，也只有志愿服务组织存在提供虚假信息的能力和条件。

志愿者受到志愿服务组织的管理和支配，往往会因为志愿服务组织提供虚假信息而成为受害方。比如，志愿服务记录有统一规定的格式，志愿服务组织必须依照该格式出具志愿服务记录证明，否则该证明就没有效力，如果志愿者在升职、升学或者申请各种补助奖励时需要该证明，志愿服务组织出具无效或假志愿服务记录证明将会损害志愿者的合法权益。志愿服务对象也可能因为志愿服务组织不依法记录志愿服务信息而对该组织的志愿服务项目等不能有一个全面准确的认识，得不到所需的志愿服务。

2. 行为方式

依照该条的规定可以看出，行为方式有两种，第一种是不依法记录志愿服务信息，第二种是不依法出具志愿服务记录证明。第一种情形包括志愿服务组织不依法将其志愿服务项目、规模、名称等在互联网上进行登记。这会导致想参加和自己技能相关的志愿服务组织的志愿者不能准确核实该志愿服务组织的信息，参加不符合自身技能的志愿服务组织，也可能导致民政部门等行政机关对该不依法填报志愿服务信息的组织不能进行有效管理。

3. 处罚主体

处罚主体是民政部门。《志愿服务条例》第五条第二款规定：国务院民政部门负责全国志愿服务行政管理工作；县级以上地方人民政府民政部门负责本行政区域内志愿服务行政管理工作。可以看出，县级以上地方人民政府的民政部门对志愿服务组织、志愿者、志愿服务对象进行行政管理，这三者有相关违规行为的，也应当由民政部门予以处罚。

4. 处罚对象

处罚对象是不依法记录志愿服务信息或者出具志愿服务记录证明的志愿服务组织。

5. 处罚方式

从《志愿服务条例》第三十八条规定可以看出，对志愿服务组织不依法记录志愿服务信息或者出具志愿服务记录证明的处罚方式有两种情形。

第一种是警告，责令限期改正。原则上应当责令志愿服务组织予以改正，当遇到特殊情况，比如为了保护公共利益而不能改正或撤销时，应当采取补救措施加损害赔偿的方式加以解决，不能强制进行改正或撤销。

第二种情形是：逾期不改正的，责令限期停止活动，并可以向社会和有关单位通报。通过责令限期停止活动的处罚方法，迫使志愿服务组织改正，适用于在民政部门规定期限内没有改正的情形。这一处罚措施是有必要性的，如果不责令限期停止活动，很多志愿服务组织都会一直拖延，不改正其违法行为。

二、基本法理解说

《志愿服务条例》第十九条规定：志愿服务组织安排志愿者参与志愿服务活动，应当如实记录志愿者个人基本信息、志愿服务情况、培训情况、表彰奖励情况、评价情况等信息，按照统一的信息数据标准录入国务院民政部门指定的志愿服务信息系统，实现数据互联互通。志愿者需要志

志愿服务法制建设

愿服务记录证明的,志愿服务组织应当依据志愿服务记录无偿、如实出具。记录志愿服务信息和出具志愿服务记录证明的办法,由国务院民政部门会同有关单位制定。

依据第十九条的规定,依法如实记录志愿服务基本信息是志愿服务组织的法定义务。记录的事项包括志愿者个人基本信息、志愿服务情况、培训情况、表彰奖励情况、评价情况等信息,志愿服务组织还必须按照统一的信息数据标准录入国务院民政部门指定的志愿服务信息系统。

如果志愿者在工作和升学等的过程中需要志愿服务记录证明,志愿服务组织应当依据志愿服务记录无偿、如实出具。同时还必须按照国务院有关部门规定的办法出具,《关于规范志愿服务记录证明工作的指导意见》第二条规定,要统一志愿服务记录证明的格式:为确保志愿服务证明的权威性、严肃性,出具主体应按照统一规范的格式为志愿者开具证明。志愿服务记录证明应包含下列信息:(1)志愿者身份信息,包括志愿者姓名、证件类型和号码、志愿者编号等;(2)志愿服务信息,主要为志愿者参加志愿服务活动的服务时间(以小时为计量单位)和内容;(3)出具主体信息,包括出具主体的名称、负责人、经办人、联系方式等;(4)其他信息,包括证明编号、出具证明的日期及其他需要说明的事项等。志愿服务记录证明应加盖出具主体公章。如需补充证明志愿者参加志愿服务活动的其他信息,可以附件形式附后。

如果志愿服务组织没有依法履行如实记录志愿服务信息的义务或者没有依法出具志愿服务记录证明,就构成《志愿服务条例》第三十八条规定的违法行为,应当受到相应的处罚。

三、典型案例评析

案 例

开虚假"志愿服务记录证明"将被追责

最近20年来,现代意义上的志愿服务迅猛发展,在国际上,它已经成为各国和联合国进行人道主义援助计划、技术合作、改善人权、促进民主与和平事业发展的重要组成部分。我国的志愿服务活动是随着改革开放而发展的,1993年底,共青团中央开始组织实施中国青年志愿者行动,志愿服务进入了有组织、有秩序的阶段。中国青年志愿者行动实施以后,志愿服务日益广泛发展,全社会对志愿服务的认知程度已大大提高。

在2008年汶川大地震中，累计有超过506万名志愿者参加抗震救灾和灾后重建，同一年举办的北京奥运会，则有170多万志愿者参与直接服务，给中外来宾留下了深刻而又良好的印象。志愿服务之所以能够迅猛发展，这与其参与主体主要为青少年有直接关系。国外的志愿服务普遍与青少年的成才和就业挂钩，这不仅推动了志愿服务的发展，事实上也有利于培养青少年的良好情操。

随着我国对志愿服务的重视，志愿者在就业竞争等方面可以享受一定的优先权，这有利于吸引更多的青少年投入志愿服务之中。但是，目前一些单位利用给志愿者出具证明文件的机会，给一些并未参与志愿服务的人员提供虚假证明。这种情况的出现，实际上已经使志愿服务成为一些人沽名钓誉或者获取非法利益的工具，从而使志愿服务产生逐利空间。志愿服务产生逐利性，一个重要的原因是社会诚信机制的缺失，社会上弥漫的弄虚作假之风侵入了这一领域。

更重要的是，时下，很多学校为了督促学生参加社会活动，需要学生提供志愿服务或义工证明，有些学校对于有义工经历的学生还有各种加分制度，因此一些家长不惜托关系为孩子开具虚假的"志愿服务记录证明"。这些事件频繁出现，值得我们深思。

资料来源：出具志愿服务虚假证明将被追究责任，http://gongyi.cnr.cn/news/20150827/t20150827_519681191.shtml.

【点评】

志愿服务是文明社会不可缺少的一部分，它具有志愿性、无偿性、公益性等鲜明特征，体现了社会成员之间奉献、友爱、互助、进步的精神。对于志愿服务者而言，理应得到社会的认可和褒奖，而相关部门和机构授予志愿服务者相应的荣誉并给予一定优待。然而，在志愿服务相应的激励措施面前，有一部分人是冲着荣誉褒奖和优待而来的。正如上述案例中提到的一样，在某些地方和某些领域，就有个别人为了获得晋升机会等不惜付出一切代价让志愿服务组织开具虚假证明。这不仅违背了志愿服务的目的和初衷，也违背了志愿服务精神。

《关于规范志愿服务记录证明工作的指导意见》做出明确规定：个人伪造志愿服务记录证明的，取消其因此获得的各项荣誉与优待，并书面告知相关单位等相关规定，对于维护志愿服务工作的真实性、严肃性极具建设性作用和意义。

关键是，如果仅是取消相应的荣誉与优待，处罚到此为止的话，还是不能从根本上解决问题。其一，仅是取消相应的荣誉和优待，让这些心存侥幸者没有付出足够的失信成本，对其起到的警示教育作用有限；其二，对其他志愿服务者而言不公平，可能让其感觉到"奖罚不对等"；其三，会让公众看到对该领域的失信行为惩戒不力，有失志愿服务的社会公信力。因此，必须以更加完善的制度、更加严格的追责问责措施来维护和保障志愿服务记录的真实性和权威性。一方面，应进一步完善志愿服务工作管理制度，认真筛选。另一方面，应加大对失信者的追责问责和惩戒力度，确保"追责惩戒一个，教育警示一片"。对此，必须增加公开透明力度，畅通举报和投诉渠道，让志愿服务者接受各界监督。

第四节 借名营利的法律责任

第三十九条 对以志愿服务名义进行营利性活动的组织和个人，由民政、工商等部门依法查处。

一、法律规范释义

该条规定的是假借志愿服务名义进行活动的法律责任，随着国务院机构改革的完成，工商部门应理解为市场监督管理部门。

1. 行为主体

从该条的规定可以看出，借名营利的行为主体包括任何组织和个人，只要该行为主体以志愿服务的名义进行营利活动，就触犯了《志愿服务条例》第三十九条的规定。

2. 行为方式

借名营利的行为方式是以志愿服务名义进行营利活动。很多不法组织打着志愿服务的名义进行营利活动，向志愿服务对象进行有偿服务，这和志愿服务的公益性和无偿性特征严重不符，也违反了志愿服务的无偿性原则和公益性原则，使志愿服务组织失去了其应有的作用。

需要注意的是，《志愿服务条例》第三十七条规定的志愿服务组织、志愿者向志愿服务对象收取或者变相收取报酬的行为与本条规定的打着志愿服务的旗号进行营利活动的行为不同,《志愿服务条例》第三十七条规定的志愿服务组织、志愿者向志愿服务对象收取或者变相收取报酬的行为并不是以营利为目的,志愿服务组织或者志愿者并不是对每个志愿服务对象都收取或变相收取费用,也不是每一次志愿活动都收取费用,同时该志愿服务组织也不以营利为目的。这种行为对志愿服务无偿性原则和公益性原则的破坏没有第三十九条所述的行为严重,第三十九条所述的行为方式是以志愿服务的名义进行营利活动,也就是说会持续不断、不分对象地对志愿服务对象收取费用。

3. 处罚主体

从该条规定可以看出,处罚主体是民政部门和工商部门。《志愿服务条例》第五条第二款规定:国务院民政部门负责全国志愿服务行政管理工作;县级以上地方人民政府民政部门负责本行政区域内志愿服务行政管理工作。可以看出县级以上人民政府的民政部门对志愿服务组织、志愿者、志愿服务对象进行行政管理,在发生以志愿服务的名义进行营利活动的行为时,也当然应当由民政部门予以处罚。由于行为主体进行营利活动,扰乱了市场秩序,工商部门(市场监督管理部门)也具有相应的处罚权。随着国务院机构改革的完成,国家工商行政管理总局、国家质量监督检验检疫总局、国家食品药品监督管理总局的职责,国家发展和改革委员会的价格监督检查与反垄断执法职责,商务部的经营者集中反垄断执法以及国务院反垄断委员会办公室等职责整合,组建国家市场监督管理总局。因此处罚主体中的工商部门应当是市场监督管理部门。当然,该条规定的是由民政和工商管理等部门依法查处,此处的"等"应当做扩大解释,也即还有可能由其他的部门予以查处。如果其实施的行为还产生危害公民生命财产安全等后果时,就可由安全生产监督管理部门予以相应的处罚。

4. 处罚方式

从该条规定可以看出,借名营利行为的处罚方式是依法查处。也就是有相应实施处罚的机关在其职权范围内对行为主体予以处罚。如民政部门对其施加责令停业的处罚,工商管理部门对其进行罚款,安全生产监督管理部门可责令其停产停业。如果实施该组织和个人的行为构成非法经营罪的,由公安机关依法立案侦查。我国《刑法》第二百二十五条对非法经营罪的规定如下:"违反国家规定,有下列非法经营行为之一,扰乱市场秩序,情节严重的,处五年以下有期徒刑或者拘役,并处或者单处违法所得一倍以上五倍以下罚金;情节特别严重的,处五年以上有期徒刑,并处违法所得一倍以上五倍以下罚金或者没收财产：（一）未经许可经营法律、行政法规规定的专营、专卖物品或者其他限制买卖的物品的；（二）买卖进出口许可证、进出口原产地证明以及其他法律、行政法规规定的经营许可证或者批准文件的；（三）未经国家有关主管部门批准非法经营证券、期货、保险业务的，或者非法从事资金支付结算业务的；（四）其他严重扰乱市场秩序的非法经营行为。"

二、基本法理解说

1. 任何组织和个人（包括志愿服务组织和志愿者）都不能以志愿服务的名义进行营利活动

志愿服务具有无偿性和公益性的特征，无偿性原则和公益性原则也是志愿服务活动必须遵循的基本原则。《志愿服务条例》第二条第二款规定，本条例所称志愿服务，是指志愿者、志愿服务组织和其他组织自愿、无偿向社会或者他人提供的公益服务。《志愿服务条例》第三条规定，开展志愿服务，应当遵循自愿、无偿、平等、诚信、合法的原则，不得违背社会公德、损害社会公共利益和他人合法权益，不得危害国家安全。由此可见，无偿性原则、自愿性原则、平等性原则、诚信原则、合法原则是志愿服务的基本原则。

志愿服务的公益性又可以说是利他性。志愿服务的利他性和公益性体现在志愿服务的内容应是社会公众的公共利益，特别是困难群体的利益，而不是社会小团体利益；同时属于政府职责范围内的事项，以及能够通过正常的市场交换获得的服务，一般不作为志愿服务的内容。所谓公益是指社会公共利益，即对公众有益的事。公益本质上是个人或组织自愿做好事、行善举而提供给社会公众的公共产品。在这里，做好事、行善举是对个人或组织行为的价值评判；行动的结果是向非特定的社会成员提供公益产品。志愿服务的公益性和利他性体现在志愿者致力于帮助有困难的社会成员，努力消除贫困和落后，消灭公害和环境污染，普及科学文化知识，促进社会协调和全面进步，致力于建设互助友爱的人际关系和良好的社会公德，培育团结友爱、助人为乐、互助奉献的良好风尚，净化社会风气，为塑造健康人格、消除社会失范现象做贡献。公益性是志愿服务的本质特征，这种公益性表现在它以社会和民众的需求为根本，提供多方面的充分的服务，满足社会和老百姓的多元化需求。

志愿服务的无偿性也就是不追求物质回报，主要指经济回报。志愿服务是基于这样一种理念，即每个人都有促进社会繁荣的责任和义务。参与志愿服务是表达这种权利和义务的积极有效形式。志愿服务的回报是精神上的收获，每个志愿者在服务他人、服务社会的过程中，都能够获得精神上的满足和自我的成长，在服务他人的同时，自身得到提高、完善和发展，精神世界得到极大满足和提升。因此，志愿服务强调行动的"非营利性和无偿性"。志愿者不计较物质报酬，强调奉献精神，强调为促进社会繁荣发展而提供服务，贡献个人力量。参与志愿工作既是"助人"，也是"自助"；既是"乐人"，也是"乐己"。参与志愿服务、服务社会，同时也是在传递爱心和传播文明。而志愿服务组织和行为的各个细节与要素将其无偿性特征充分展现出来。

综上所述，志愿服务的公益性和无偿性决定了任何组织和个人都不能以志愿服务的名义进行营利性活动，否则将会受到民政和市场监督管理等部门的查处。

2. 志愿服务回馈不违反本条规定，不属于以志愿服务的名义进行营利活动的情形

过去志愿服务总是在"授人玫瑰，手有余香"的思路中开展，志愿服务不求回报也成为志愿者的普遍共识。然而要促进志愿事业的深层次发展，志愿服务制度的完善势在必行。而志愿服务回馈制度就是促进志愿事业发展的有效途径。比如根据志愿者的服务时间和服务质量，对志愿者给予相应的星级认定，并联合商户在志愿者消费购物等方面制定优惠政策措施，按照适度回馈的原则，志愿者们可利用参加志愿服务的时长换取一定的商家回馈优惠，提升志愿服务的社会认同感。增强志愿者的积极性和荣誉感，可以鼓励更多的人加入志愿服务中来。

志愿服务回馈制度的激励措施包括但不限于以下几种：（1）参加志愿服务活动的流动人口，其子女在升学时享受优惠，可在当地入学。（2）学生在校就读期间的志愿服务时数可按有关规定用于修复轻微违纪行为记录。（3）优先获取免费提供职业介绍、职业指导、就业政策法规咨询、就业岗位信息发布服务和其他公共就业服务。（4）在志愿服务过程中受伤致残或死亡的依政策给予生活补助、抚恤和善后等服务。（5）在残疾学生就学资助、残疾人就业创业扶贫、残疾人助残辅助器发放和适配等方面，在同等条件下作优先考虑。（6）在有关单位参加实习或招聘时，可作为参考条件优先考虑。

综上所述，志愿服务回馈制度作为一种激励制度，有助于志愿服务事业的发展，不同于以志愿服务组织的名义实施的营利行为。

三、典型案例评析

案 例

不得以志愿者名义进行营利性活动

在我们的现实生活中,一些利用或变相利用志愿服务组织、志愿者名义和志愿服务标识进行营利性或非法活动等违法行为时有发生。例如,一些企业借招募志愿者的名义使用廉价劳动力,还有的利用义诊强行推销药品或保健品。这些事件在我国的部分地区频频出现,造成了不好的影响。

2009年4月23日,上海市十三届人大常委会第十次会议表决通过《上海市志愿服务条例》,该条例于2009年6月1日起施行。

据悉,《上海市志愿服务条例》为本市广泛、深入地开展、规范和促进志愿服务活动提供了法治保障。该条例适用于在本市行政区域内开展或者发起的有组织的志愿服务活动。其中规定了不得利用志愿服务名义进行营利性活动。对于目前存在的利用志愿服务的名义进行营利性活动的现象,《上海市志愿服务条例》规定了相关的禁止行为,并明确了相应责任。该条例第二十五条规定,"任何组织和个人不得利用或者借用志愿服务的名义进行营利性和其他违背志愿服务宗旨的活动";第三十条规定,"未经登记,擅自以志愿者组织的名义开展活动的,由市或者区、县民政部门予以取缔,没收非法财产"。志愿者组织从事营利性的经营活动的,该条例明确由市和区、县民政部门进行处理。

除此之外,《南宁市志愿服务条例》《湖南省志愿服务条例》等都规定了不得以志愿服务名义进行营利性活动。

【点评】

如何管理这种借名营利的行为?《志愿服务条例》中规定对以志愿服务名义进行营利性活动的组织和个人,由民政、工商(现市场监管部门)等部门依法查处。

正如前文所述,志愿服务具有无偿性、公益性。志愿服务是基于这样一种理念的,即每个人都有促进社会繁荣的责任和义务。参与志愿服务是表达这种权利和义务的积极有效形式。志愿服务的回报是精神上的收获,每个志愿者在服务他人、服务社会的过程中,都能够获得精神上的满足和自我的成长,在服务他人的同时,自身得到提高、完善和发展,精神世界得到极大满足和提升。因此,志愿服务强调行动的"非营利性和无偿性"。志愿者不计较物质报酬,强调奉献精神,强调为促进社会繁荣发展而提供服务,贡献个人力量。参与志愿工作既是"助人",也是"自助";既是"乐人",也是"乐己"。参与志愿服务、服务社会,同时也是在传递爱心和传播文明。而志愿服务组织和行为的各个细节与要素将其无偿性特征充分展现出来。

综上所述,志愿服务的公益性和无偿性决定了任何组织和个人都不能以志愿服务的名义进行营利性活动,否则将会受到民政和市场监督管理等部门的查处。

第五节　内部问责的适用情形

第四十条　县级以上人民政府民政部门和其他有关部门及其工作人员有下列情形之一的,由上级机关或者监察机关责令改正;依法应当给予处分的,由任免机关或者监察机关对直接负责的主管人员和其他直接责任人员给予处分:(一)强行指派志愿者、志愿服务组织提供服务;(二)未依法履行监督管理职责;(三)其他滥用职权、玩忽职守、徇私舞弊的行为。

一、法律规范释义

1. 行为主体

从该条的规定可以看出,行为主体是民政部门和其他有关部门及其工作人员。《志愿服务条例》第五条第二款规定:国务院民政部门负责全国志愿服务行政管理工作;县级以上地方人民政府民政部门负责本行政区域内志愿服务行政管理工作。可以看出,县级以上人民政府的民政部门对志愿服务组织、志愿者、志愿服务对象进行行政管理。县级以上地方人民政府民政部门作为法定的志愿服务组织主管部门,志愿服务组织和志愿者受到该部门及其工作人员的支配和制约。合法的支配和管理当然有利于志愿服务事业的良性发展,但民政部门或者其工作人员在实践中完全有可能利用职务之便实施第四十条规定的行为。因此有必要通过立法的方式对其行为加以制约。

其他部门及其工作人员包括但不限于公安机关、市场监督管理部门及其工作人员,这些部门在实践中有时会对志愿服务组织的活动进行管理。如果这些部门滥用职权或者不依法行使职权,实施第四十条规定的行为时,会损害志愿服务组织的利益。因此这些部门及其工作人员应当属于第四十条规定的行为主体。

2. 行为内容

依照《志愿服务条例》第四十条的规定,需要进行内部问责的行为内容包括以下三种:(1)强行指派志愿者、志愿服务组织提供服务;(2)未依法履行监督管理职责;(3)其他滥用职权、玩忽职守、徇私舞弊的行为。上述第一种情形中,行为主体利用其主管或者职务上的便利强令志愿者、志愿服务组织提供志愿服务,违反了志愿服务的自愿原则,严重侵害志愿者和志愿服务组织的法定权利。第二种情形中,行为主体没有依法履行监督管理职责,导致志愿服务组织和志愿者及其活动得不到有效的管理,不利于志愿服务事业的健康有序发展。第三项属于兜底条款,当民政部门和其他部门及其工作人员滥用职权、玩忽职守、徇私舞弊时,依照该条的规定进行处理。

3. 处罚主体

从该条规定可以看出,处罚主体是实施该条所规定行为的民政部门及其他部门的上级机关或者检察机关。在民政部门和其他部门及其工作人员实施该条规定的行为时,其上级主管部门当然有权对其进行查处。同时检察机关作为我国的法律监督机关,当有关单位及其工作人员实施违反法律规定的行为时,有权对其实施相应的处罚。

4. 处罚对象

该条规定的处罚对象有一点特殊之处,即依法应当给予处分的,由任免机关或者监察机关对直接负责的主管人员和其他直接责任人员给予处分。也就是说,处罚对象不仅仅包括行为主体,其他直接责任人员即使没有直接参与实施该条所列的行为,由于其负有对行为主体的监督管理职责,因此也应当对其进行查处。

5. 处罚方式

从该条的规定可以看出,内部问责的处罚方式包括责令改正或者给予处分两种。当行为主体的行为不需要进行处分时,由处罚主体对其责令改正。若行为主体的行为需要进行处分,由处罚主体对直接负责的主管人员和其他直接责任人员给予处分。

二、基本法理解说

志愿服务活动具有自愿性。"志愿"本义上是有志向心的自愿行为。志愿具有两层含义：其一是个人实现某种价值的意愿；其二是自发的行为。两层含义都强调了个体的自由意志和个人选择。这与我们传统的"大公无私""舍己为人"的道德有所不同。志愿和公益行为是个人在实现其公共价值追求的过程中所产生的社会现象，而传统道德则强调了对个人的舍弃。建立在个人牺牲基础上的付出行为是脆弱的，它依存于伦理本位的集体无意识。在开放、多元、负载的现代社会，需要重新赋予志愿精神与志愿行为以个体意志自由的价值内涵[1]。志愿工作是一种"非政府"和"自愿性"的活动，这种活动基于民众对是否参与公共事务的自我自觉意识，民主理念是民众参与志愿性工作的动力来源。自愿性强调参加志愿服务的自觉性，也是开展志愿服务活动的前提，只有自愿才能成为"志愿者"，所以志愿服务必须是自愿参加的。任何单位及其工作人员都不得强行指派志愿者、志愿服务组织提供服务。

三、典型案例评析

案 例

莫让劳务赔偿随意蹭志愿服务热度

上海轨交17号线迎来了两名"不速之客"。监控画面显示，2019年4月22日中午12点多，两名男子一前一后走进了上海17号线的一节车厢内。两人四处张望，见周边没有其他乘客，其中一名男子就拿出了随身携带的黑色记号笔在列车的电器柜上乱涂乱画。一旁同行男子见此情景，非但没有阻止，反而拿出手机开始拍摄。经过一番"创作"，原本白色的电器柜上画满了黑色的图案。让人没想到的是，当这名男子涂鸦后，之前用手机拍摄的另一人在车厢另一侧的空调柜上也"创作"了起来。之后，这两名男子又走到了列车的一扇车门旁，在车门上乱涂乱画。工作人

---

[1] 莫于川. 中国志愿服务立法的新探索. 北京：法律出版社，2009：16-17.

员发现车厢被人涂鸦后,申请该车回库清理。由此一度造成列车间隔延长,影响乘客出行。为了清理干净这些涂鸦"作品",8名工作人员耗时近10个小时。由于空调柜上的广告牌材质不同,无法清除,故更换了新的广告牌。

事发后,警方通过调阅监控和多天摸排,查清了两名男子的身份,并将他们传唤至派出所接受进一步调查。据悉,两名男子中一人大学毕业不久,另一人是在校大学生,都有学习美术的经历。其中一人表示,当天自己心血来潮并看到车厢内无人,一时兴起拿出随身携带的记号笔进行涂画,画的内容是自己设计的签名。涂了一个柜面之后觉得不过瘾,又两次在另一个柜面和车门上进行涂鸦。面对执法人员,两人承认了自己的错误。根据相关规定,在地铁车厢内涂鸦,将被处以50元至500元罚款。考虑到两人初犯,相关部门对两名男子各处以罚款50元的处罚,并交由轨交维保部门确定最终赔偿金额。经过核算,清理涂鸦的人工成本和材料成本等共计7 000余元,地铁运营公司需要两人进行赔偿。但由于两个大学生经济比较拮据,在民警随后组织的调解中,地铁公司提出了一个更人性化的处理方案:以志愿服务来代替经济赔偿,将7 000余元折算成80个小时的志愿服务,陈某和冯某各需服务40个小时。这一方案也获得了两名年轻人的赞同,双方很快达成了一致,签下了和解协议。

在简单接受岗前培训后,二人便穿上了志愿者的马甲,跟随工作人员一起维持车站的乘车秩序,开始了乘车安全宣传员的志愿服务。接下来的一个多月,他们每周都会来到地铁站继续这份工作,引导乘客安全文明乘车,直至累计时长达到80个小时。

【点评】

众所周知,地铁志愿者是在地铁站提供志愿服务的志愿者。在北京、上海、广州等全国各地大大小小的地铁站里,协助疏导客流、为乘客答疑解惑的地铁志愿者的身影随处可见。他们既是在奉献爱心,也是在积极参与社会治理。但将债务人履行法定(约定)债务的个人劳务与志愿者的志愿服务混为一谈,实在有蹭"志愿服务"热度之嫌。

我国《志愿服务条例》第二条第二款规定,志愿服务是自愿、无偿向社会或者他人提供的公益服务;第二十一条规定,禁止志愿者收取或者变相收取报酬。而让负有还债义务的大学生从事志愿服务,既不符合志愿服务自愿、无偿的基本原则,也构成了"志愿者变相收取报酬"的违法事实。

志愿服务是现代文明的产物。改革开放以来,尤其是中国特色社会主义进入新时代以来,在党中央的高度重视和大力支持下,我国志愿服务事业取得了长足的发展。习近平总书记曾强调,志愿者是为社会做出贡献的前行者、引领者。因此,在志愿服务蓬勃发展过程中,全社会要提高认识,坚决杜绝志愿服务被异化。

思考与讨论

1. 在志愿服务活动结束后,某一志愿服务组织向志愿者收取"实习费",你认为这一现象合理吗?当你遇到类似的情况该如何处理?

2. 当你看到一则由某一志愿服务组织发布的志愿服务活动消息后很感兴趣,参与后却发现并非公益活动,你该怎么办?

3. 某地教育部门强制要求某中学周六参与环保志愿服务,你认为合理吗?

4. 在你参与完一次志愿服务活动后,频繁收到不同志愿服务组织向你推荐的相关志愿服务活动,你意识到你的个人信息已经被泄露,你该如何维护自己的合法权利?

第十一章
《志愿服务条例》的特别规定

本章内容是对《志愿服务条例》第六章附则部分内容的解读。附则将不能包含在其他各章的几个重点问题集中规定，是该项行政立法的特别安排，分述如下：

第一节 公益活动的志愿服务

第四十一条 基层群众性自治组织、公益活动举办单位和公共服务机构开展公益活动，需要志愿者提供志愿服务的，可以与志愿服务组织合作，由志愿服务组织招募志愿者，也可以自行招募志愿者。自行招募志愿者提供志愿服务的，参照本条例关于志愿服务组织开展志愿服务活动的规定执行。

一、法律规范释义

本条是关于合作、自募志愿服务的规定。实践中，不仅志愿服务组织开展志愿服务，其他的社会组织在开展公益活动时，为了更好地开展公益活动，也会需要志愿者提供志愿服务。

1. 主体界定

从主体界定方面，这类社会组织包括基层群众性自治组织、公益活动举办单位和公共服务机构等。其一，基层群众性自治组织在农村则是村民委员会，在城镇则是居民委员会。其二，公益活动举办单位涵盖的范围较广。从概念界定上看，举办公益活动的单位都属于此范围，包括共青团、妇联、工会等群团组织，政府、企业等也都属于公益活动举办单位。其三，公共服务机构的界定。公共服务机构是指提供社会公共服务的教育、卫生健康、供水、供电、供气、供热、环境保护、公共交通等与人民群众利益密切相关的公共企事业单位，还包括《国家基本公共服务标准（2021年版）》所述的"幼有所育、学有所教、劳有所得、病有所医、弱有所扶以及优军服务保障、文体服务保障"等9个具体保障范围中提供劳保、扶弱、优军、文化艺术、体育等国家基本公共服务的机构，以及提供公共服务的科技机构等。事实上，在《志愿服务条例》的第二十三条第二款就有相关规定："国家鼓励和支持公共服务机构招募志愿者提供志愿服务。"

2. 行为规范

在行为规范方面，侧重于公益活动过程中所需的志愿服务。本条规定了基层群众性自治组织、公益活动举办单位和公共服务机构开展公益活动时，需要志愿者提供志愿服务的两种行为方式、途径。一是可以与志愿服务组织合作，由志愿服务组织招募志愿者；二是也可以自行招募志愿者，且自行招募志愿者提供志愿服务的，参照本条例关于志愿服务组织开展志愿服务活动的规定执行。自行招募的单位虽然不是《志愿服务条例》中的志愿服务组织，但是因其自行招募的行为，也须参照本条例关于志愿服务组织开展志愿服务活动的规定执行。以上两种行为方式，赋予了该类社会组织的自主选择权，即或者合作志愿服务，或者自募志愿服务。二者在实践中有利于因地制宜、灵活把握，发挥社会组织开展志愿服务的积极性和主动性，激发社会组织的志愿服务热情，营造良好的志愿服务氛围，这也体现了本条例侧重于"促进"志愿服务的立法取向和鲜明的立法品格。

二、基本法理解说

1. 非志愿服务组织开展公益活动需要志愿服务

从志愿服务实际来看，除了志愿服务组织开展的志愿服务活动，也有大量的社会组织开展公益活动时对志愿服务有需求。《志愿服务条例》第六条第二款规定："本条例所称志愿服务组织，是指依法成立，以开展志愿服务为宗旨的非营利性组织。"第八条规定："志愿服务组织可以采取社会团体、社会服务机构、基金会等组织形式。志愿服务组织的登记管理按照有关法律、行政法规的规定执行。"那么，大量的社会组织即使并非是志愿服务组织，它们也有开展公益活动的意愿、需求。《志愿服务条例》第四十一条是对此类社会组织开展公益活动中招募志愿者的规定，包括与志愿服务组织合作和自行招募志愿者两种行为方式。从这个角度看，第四十一条是对本条例中志愿服务组织开展志愿服务活动的补充规定，共同构成了志愿服务法律规范的完整体系。

2. 招募主体逐步放宽

从地方立法来看，志愿者招募主体在逐步放宽。现有对志愿者招募主体的规定中，北京、广州、新疆等省（区、市）明确规定志愿者的招募只能由志愿服务组织开展，其他组织开展志愿服务需要招募志愿者的，可以委托志愿服务组织进行招募，但是《广州市志愿服务条例》规定承办国际性综合体育赛会的组织机构除外。上海市、海南省的志愿服务条例规定，除了志愿服务组织外，国家机关、人民团体以及慈善、救助等社会组织根据社会公益活动、救灾援助以及举办大型活动的需要，可以自行招募志愿者，也可以委托志愿服务组织招募志愿者。这些地方的立法实践为《志愿服务条例》第四十一条的规定提供了有益的经验和实践探索，并被吸纳到国务院行政法规层面的立法中。具体体现在《志愿服务条例》第十二条的规定"志愿服务组织可以招募志愿者开展志愿服务活动；招募时，应当说明与志愿服务有关的真实、准确、完整的信息以及在志愿服务过程中可能发生的风险"以及第四十一条关于开展公益活动的单位也可以自行招募志愿者的规定中。这与地方依法实践一脉相承。

现将地方立法中涉及合作、自募志愿服务内容的规定整理如表 11-1 所示。

表 11-1　地方立法中涉及合作、自募志愿服务内容的规定

序号	名称	内容
1	《北京市志愿服务促进条例》	第十七条　志愿服务组织可以依法招募志愿者，开展志愿服务活动；需要志愿服务的组织或者个人可以向志愿服务组织提出志愿服务申请。志愿服务组织依据章程建立健全志愿者加入和退出制度。 本市鼓励通过"志愿北京"信息平台招募志愿者，发布志愿服务需求信息。志愿服务的有关信息应当真实、准确、完整。 第二十三条　在本市举办大型社会活动，需要志愿者提供志愿服务的，举办单位可以与志愿服务组织合作，由志愿服务组织招募志愿者，也可以自行招募志愿者。自行招募志愿者提供志愿服务的，参照志愿服务组织开展志愿服务活动的规定执行。
2	《新疆维吾尔自治区志愿服务条例》	第七条　志愿者组织可以向社会招募志愿者。志愿者组织以外的其他组织向社会招募志愿者的，应当委托志愿者组织进行。招募境外志愿者依照国家有关规定执行。

续表

序号	名称	内容
3	《海南省志愿服务条例》	第十一条 志愿服务组织可以招募志愿者。国家机关、人民团体以及慈善、救助社会组织根据社会公益活动、救灾援助以及举办大型文化、体育、科技等活动的需要，可以招募志愿者，也可以委托志愿服务组织招募志愿者。
4	《广东省志愿服务条例》	第十三条 志愿服务组织可以招募志愿者开展志愿服务活动…… 第三十二条 鼓励和支持医院、养老服务机构、儿童福利机构、救助管理机构、学校、博物馆、图书馆、美术馆、体育场馆等公共服务机构设立志愿服务站点，招募志愿者提供志愿服务。
5	《陕西省志愿服务促进条例》	第二十四条 举办大型赛会和其他社会公益活动需要志愿服务的，举办者可以自行招募志愿者，也可以委托志愿服务组织招募志愿者。 受委托的志愿服务组织应当与举办者签订专项志愿服务协议，明确双方权利和义务。受委托的志愿服务组织可以联合其他志愿服务组织共同开展志愿服务活动。
6	《南宁市志愿服务条例》	第九条 向社会招募志愿者应当由志愿服务组织进行。组织应急救援或者大型社会活动的国家机关或者人民团体可以向社会招募志愿者。其他组织向社会招募志愿者的，应当委托志愿服务组织进行。招募外国人和港澳台居民为志愿者应当依照国家有关规定执行。
7	《黑龙江省志愿服务条例》	第三十条 举办大型社会公益活动需要志愿服务的，举办者应当委托志愿服务组织招募志愿者。
8	《大连市志愿服务条例》	第二十四条 国家机关、人民团体、企业事业单位、基层群众性自治组织和其他社会组织可以委托志愿服务组织等开展志愿服务活动。
9	《广州市志愿服务条例》	第八条 向社会招募志愿者应当由志愿服务组织进行，但承办国际性综合体育赛会的组织机构除外。 承办国际性综合体育赛会的组织机构招募志愿者、组织志愿服务活动的，应当履行本条例规定的志愿服务组织的义务。
10	《湖北省志愿服务条例》	第二十条 志愿服务组织可以自行组织开展志愿服务活动，也可以根据有关组织和个人的申请或者委托，开展志愿服务活动。 支持有志愿服务需求的组织和个人，通过志愿服务组织获得志愿服务。

三、典型案例评析

案 例

河海大学文天学院志愿者为第五季"为爱行走"公益徒步活动志愿服务

2017年4月15日,第五季"为爱行走"公益徒步活动在南京市濮塘风景区举办,河海大学文天学院青年志愿者协会承担活动全程志愿服务工作。本次活动由南京市慈善总会、市关工委、小马网慈善基金联合主办。

在进行了一系列安全培训后,志愿者们身穿统一服装,奔赴活动现场。其间,45名志愿者分成1个签到组、1个跟车组和8个补给组,分别负责活动参与者的接待签到、跟车引导,以及路上食品、饮用水的补给工作,为活动保驾护航,热心服务。

河海大学文天学院青年志愿者协会积极拓展校外志愿服务业务,受到了南京市内多家公益组织、企业单位的好评,并与小马网等企业单位达成"一对一"志愿服务意向。

【点评】

本案例来源于河海大学文天学院的官网。本案例中,公益活动的开展主体是该市慈善总会、市关工委、小马网慈善基金,由其联合主办。活动的内容是公益徒步活动,以宣传、激发社会的公益热忱、公益意识。开展公益活动过程中,需要志愿者做很多细致、琐碎的支持工作,如本案例中的接待签到、跟车引导、食水补给等,虽然很细碎,但却是公益活动所必需的后勤支持,否则公益活动的顺利开展是难以想象的。公益活动举办单位,即本案例中的市慈善总会、市关工委、小马网慈善基金,通过自行招募志愿者,也就是招募河海大学文天学院青年志愿者协会的志愿者,保障了公益活动的顺利开展。该学院的青年志愿者也在校外志愿服务过程中得到了锻炼,培养了志愿服务的意识和能力。由此可见,公益志愿活动如果能拓宽合理的招募渠道,不仅能够保证公益志愿活动有足够的人员参与,而且有利于提高志愿者的服务意识与能力,从而使得公益志愿文化有更宽阔的社会接纳和认可度。

第十一章 《志愿服务条例》的特别规定

第二节 其他组织和基层单位的志愿服务

第四十二条 志愿服务组织以外的其他组织可以开展力所能及的志愿服务活动。

城乡社区、单位内部经基层群众性自治组织或者本单位同意成立的团体,可以在本社区、本单位内部开展志愿服务活动。

一、法律规范释义

1. 草根志愿服务

第四十二条第一款是对"草根志愿服务"的规定。本条例第六条第二款规定:"本条例所称志愿服务组织,是指依法成立,以开展志愿服务为宗旨的非营利性组织。"由此可见志愿服务组织的三要素:依法、服务、非营利。可以说,符合志愿服务组织的定义也需要满足以上的要求,这在无形中构成一种门槛。现实社会中,志愿服务组织之外,也大量存在其他组织。这类组织即是第四十二条中所称的"其他组织",它们也可以开展力所能及的志愿服务活动,也有利于激发各类社会组织的活力。

2. 内部志愿服务

第四十二条第二款是对"内部志愿服务"的规定。可以分解为两层规范:城乡社区经基层群众性自治组织同意成立的团体,可以在本社区内部开展志愿服务活动;单位内部经本单位同意成立的团体,可以在本单位内部开展志愿服务活动。规定内部志愿服务有利于激发社会活力,激发单位内部从事志愿服务的热情和动力。本款可以看作对上一款即第四十二条第一款规定的具体化,通过成立团体,以更规范化、制度化、项目化和常态化地开展内部志愿服务活动以及力所能及的外部志愿服务活动。

二、基本法理解说

实践中,已经有很多企业单位制定志愿服务的内部规章并成立内部志愿服务团体组织,规范本单位志愿者的志愿服务活动。如中国平安制定出台了内部规章文件《中国平安员工志愿者协会管理办法(2010年版)》,其中第二条规定:"平安员工志愿者协会是平安员工自愿组成的非营利内部团体组织,通过组织和指导平安员工开展志愿服务活动,履行平安企业社会责任的职责,推动社会主义精神文明建设,为经济社会的协调发展和全面进步做出贡献。"中国南方航空公司成立了南航"十分"关爱基金会的内部团体,鼓励企业员工开展力所能及的志愿服务,并通过发布《南航"十分"关爱基金会志愿者管理办法》予以细化。实践中这样的例子还有很多,在此不一一列举。通过上述例子可以看出,在企业内部,通过批准同意成立的团体,可以在本单位内部开展志愿服务。不仅是企业,在城乡社区也是如此,如果团体经过基层群众性自治组织同意,那么该团体可以在本社区开展志愿服务,为社区的建设发展尽自己的一分力。

地方立法对"草根志愿服务"或"内部志愿服务"的规定也有大量相关规定,进行了大量的探索。现将地方立法中的有关内容摘录如表 11-2 所示。

表 11-2 涉及"草根志愿服务"或"内部志愿服务"的地方立法

序号	名称	内容
1	《海南省志愿服务条例》	第九条 省、市、县、自治县成立志愿者协会,应当依照国务院《社会团体登记管理条例》,向县级以上人民政府民政部门依法办理登记。 国家机关、人民团体、企业事业单位、基层群众性自治组织和其他社会组织可以组织本单位、本系统、本社区的志愿者开展志愿服务活动;有条件的可以成立志愿服务组织,向县级以上人民政府民政部门依法办理登记,并可以加入志愿者协会成为其团体会员。
2	《四川省志愿服务条例》	第十四条 国家机关、人民团体、企业、事业单位、基层群众性自治组织和其他社会组织可以根据社会公益活动的需要,依法组织开展相关的志愿服务活动。
3	《北京市志愿服务促进条例》	第十七条 志愿者可以参与志愿服务组织开展的志愿服务活动,也可以自行依法开展志愿服务活动。 本市鼓励志愿者加入志愿服务组织,以组织的方式开展志愿服务活动,提高志愿服务活动的组织化、规范化、专业化水平。 志愿服务组织可以依法招募志愿者,开展志愿服务活动;需要志愿服务的组织或者个人可以向志愿服务组织提出志愿服务申请。志愿服务组织依据章程建立健全志愿者加入和退出制度。

续表

序号	名称	内容
4	《唐山市志愿服务条例》	第十一条 市及各县（市）区可以依法成立志愿者协会（含各类专业性志愿者协会）。 国家机关、人民团体、企业事业单位和居（村）民委员会以及其他社会组织，可以组织本单位、本系统、本社区的志愿者开展志愿服务活动，根据需要可以集体加入相关志愿者协会，成为其分支机构或者团体会员。
5	《陕西省志愿服务促进条例》	第十条 国家机关、人民团体、企业事业单位、基层群众性自治组织和其他社会组织可以成立志愿者协会或者其他志愿服务组织，组织本单位、本系统、本行业、本社区的志愿者开展志愿服务活动。

三、典型案例评析

案 例

松江新城集团："党建+公益"，打造新城志愿服务品牌

为进一步夯实新城集团公司党建基础，创新党建工作抓手，松江新城集团公司党委以"建设美丽新城、服务美好生活"为主题，以"党建+公益"模式，打造"奉献新城"志愿服务工作品牌，进一步推动公司党建工作围绕中心、服务大局，为建设"科创、人文、生态"的现代化新松江营造文明氛围，为"迎进口博览盛会 展申城志愿风采"贡献力量。

党委领导"挂帅"，成立组织机构

成立志愿服务工作领导小组，统一领导公司志愿者服务工作，由公司党委书记、董事长宋国林任组长，党委副书记、总经理周丽辉任副组长，党委委员及财务总监为领导小组成员。下设办公室，负责志愿者的招募登记、日常管理、后勤保障、各类培训、组织服务、考核评价等相关工作，在志愿服务工作信息化、系统化、专业化管理上进行实践和探索，推动公司志愿服务制度化、规范化、常态化发展。

成立专项队伍，党员带头服务

公司党委制定《志愿服务工作实施方案》，成立志愿服务队，目前覆盖公司员工173人，其中党员94人，团员60人，依托党建平台组织志愿服务，进一步发挥党组织战斗堡垒作用，更广泛地发挥党员的模范带头作用。积极利用"上海志愿者网"等"大数据"平台，实现志愿者注册、项目征集发布、信息交流互动、时数统计，优化管理模式。随着服务内涵的逐步丰富，设立"广富林文化遗址志愿服务站"等网上注册服务项目，号召吸纳更多爱好公益的志愿者朋友参与。

围绕工作重点，带动志愿服务走进公司建设项目工地、场馆，积极服务重点项目和重大项目党建联建，倡导志愿服务走进社区，延伸在社区治理中的触角，助力广富林文化遗址试运行、广富林郊野公园开园等重点工作任务，弘扬奉献、友爱、互助、进步的志愿精神。依托广富林文化遗址等志愿服务点，重点推进平安志愿服务行动、清洁城市志愿服务行动、文明游园志愿服务行动、人文松江宣讲服务行动、"啄木鸟"巡访志愿服务行动、窗口岗位文明志愿服务行动、文明工地志愿服务行动、爱心志愿服务行动等"八大行动"。

资料来源：松江新城集团："党建＋公益"，打造新城志愿服务品牌，https://www.shjcdj.cn/djWeb/djweb/web/djweb/home! info. action?articleid = 8aafb705640392d101645b820c530224.

【点评】

本案例中，新城集团并不是志愿服务组织，但是其十分重视志愿服务工作，将志愿服务作为集团文化建设的重要抓手，作为集团履行社会责任的重要方式。新城集团在内部批准成立了"新城志愿者服务队"，并开展了多次志愿服务活动，既有企业内部的志愿服务活动，也有企业外部的志愿服务活动。像这类集团企业通过成立内部的志愿服务团体开展志愿服务活动的例子还有很多。对于企业来说，立足单位实际，发挥业务优势，强化了文化建设；对于社会来说，有更多这类企业单位积极参与志愿服务，才能更好地激发社会的活力，汇集志愿服务的力量。在新时代，公益志愿活动组织者也更应该思考如何与基层结合，释放出更大的活力，结合公民个人与社会组织的力量，使得公益志愿活动有更高的参与度，同时也使得社会主义文化建设中公民与社会组织公益服务意识能得到充分有效的提高。

第三节 涉外志愿服务

第四十三条 境外志愿服务组织和志愿者在境内开展志愿服务,应当遵守本条例和中华人民共和国有关法律、行政法规以及国家有关规定。

组织境内志愿者到境外开展志愿服务,在境内的有关事宜,适用本条例和中华人民共和国有关法律、行政法规以及国家有关规定;在境外开展志愿服务,应当遵守所在国家或者地区的法律。

一、法律规范释义

本条是关于涉外志愿服务的规定,体现为两个部分:在境内开展志愿服务和到境外开展志愿服务。

1. 在境内开展志愿服务

本条第一款是对境外志愿服务组织和志愿者在我国境内开展志愿服务的规定。根据属地管辖原则,其应当遵守我国的有关法律、行政法规及有关规定,并受到我国法律的保护。

2. 到境外开展志愿服务

第二款是对组织境内志愿者到境外开展志愿服务的规定。这主要分两种情形:在境内的有关事宜,适用国内法律法规规定;在境外开展志愿服务,应当遵守所在国家或地区的法律。需要注意的是,志愿者去港澳台地区开展志愿服务,也适用本款的规定。境内志愿者到境外开展志愿服务,包括境内的志愿服务组织组织境内志愿者到境外开展志愿服务,也包括个人志愿者通过境外的志愿服务组织到境外开展志愿服务,如各类国际义工旅行等。但需要注意的是,目前国际义工旅行项目出现了过度商业化的倾向,不少存在时间短、准入门槛低、宣传欺诈、不合理收费、存在安全隐患等问题。对于想进行一场说走就走的国际义工旅行的志愿者来说,上述风险是决定之前必须要考虑的,如果想赴境外参加志愿服务,尽量选择可靠、值得信赖的项目,以免自身利益受损,志愿服务的初衷也无法实现。

但是志愿者"走出去"的同时,也存在一定的问题。一是海外志愿者专业性、培训力度不足。二是对"走出去"海外志愿服务与政治、经济、文化"走出去"的整合不足。三是微观层面,志愿者在境外参与志愿服务可能会遇到健康问题和安全风险。

针对以上问题,可从以下几个方面着手:其一是加强培训培养。加强海外志愿者的培训，特别是应急避险、政治安全纪律等方面的培训，有效抵御海外风险。其二是加强志企联合。要加强政企、志企联合，为中资企业在海外发展和履行社会责任提供支撑，同时通过中资企业搭建的海外网络实现可持续发展。其三是加强本土融合。要在大使馆的支持和引领下，建立与海外侨领、侨胞等海外华人华侨的常态化联系，有效搭建本土支撑网络。其四是打造品牌项目。加大对青年志愿者海外服务计划等海外志愿服务项目的支持力度，将其打造成为中国的志愿服务优秀品牌。

二、基本法理解说

无论在东方还是西方，志愿服务都有着深厚的文化基础和思想基础。志愿服务是国际社会公认的跨越种族、国家、文化、肤色的国际语言。改革开放以来，我国逐步形成了扎根传统文化、体现时代精神的中国特色志愿服务体系，而且随着更加深度融入国际社会，我国志愿服务与国外志愿服务互相交流、学习、借鉴。

特别是随着人类命运共同体理念的提出和"一带一路"倡议的实施，志愿服务更是融入国家的整体战略。

1. 境内志愿者"走出去"的发展阶段

境内志愿者赴境外参与志愿服务大致经历了以下几个发展阶段：

一是探索阶段。以对外援助为主要途径，2002年，共青团中央、商务部通过对外援助平台，依托中国青年志愿者协会启动了"中国青年志愿者海外服务计划"，开创了志愿服务"走出去"的先河。这个坚持了十几年的项目，让600余名中国志愿者走出国门，走向世界。

二是发展阶段。以文化"硬输出"为主要途径：国家汉办于2004年开创了孔子学院的文化"走出去"模式，在韩国首尔正式设立全球首家孔子学院。目前孔子学院遍及全球主要文化区域。

三是合作阶段。以联合国为主要平台，联合国开发计划署、联合国志愿人员组织、商务部国际经济技术交流中心、北京市志愿服务联合会形成了稳定的合作模式，于2007年依托北京奥运会契机启动了"通过2008年北京奥运会促进中国志愿服务发展"项目；于2012年启动二期项目"通过公民参与、地区及国际合作加强北京志愿服务发展"；于2016年启动三期项目"通过南南合作与'一带一路'倡议促进中国参与国际志愿服务发展"。中央全面深化改革领导小组于2016年12月审议通过《关于加强"一带一路"软力量建设 的指导意见》，要求加强总体谋划和统筹协调，坚持陆海统筹、内外统筹、政企统筹。要将青年志愿服务工作纳入"一带一路"的总体战略当中,协调发展。

四是提升阶段。形成多元化"走出去"平台。中国扶贫基金会以及众多非政府组织也在积极促进中国志愿者"走出去"。中国志愿服务"走出去"迎来了新的时期。

2. 境内志愿者"走出去"尚存在的问题

20世纪后半叶以来,从绿色和平组织到无国界医生,越来越多的西方志愿服务组织不再满足于区域、国内的服务,而且逐步开始进入国际领域,西方志愿服务由此步入海外服务阶段,能源危机、环境污染、人道主义灾难等国际性问题逐渐成为欧美发达国家志愿服务的主题。借鉴国际经验,是我国志愿服务境外发展的必由之路。但与西方发达国家相比,我国的海外志愿服务还存在较大差距。

到目前为止,我国政府还没有对海外志愿者的活动和管理提出一个系统的综合性政策,尤其在志愿者的培训、管理和招募方面,更是没有详细的规定,仅仅是相关实施部门根据各自的工作需要制订了一些制度。比如中国青年志愿者协会就"中国青年志愿者海外服务计划"制订了《援外青年志愿者选派和管理暂行办法》和《援外青年志愿者招募、培训(暂行)办法》。海外志愿服务要向纵深方向发展,必然要求志愿者提供越来越专业的服务。健全志愿者管理机制是提升海外志愿服务层次、成功走向国际的重要途径。因此,亟须在国家层面尽快制订出台一整套海外志愿者招录、培训、派遣、管理、考核、奖励办法,细化各个工作环节,加大经费投入,提高工作质量。

3. 青年志愿者"走出去"的支持引导

青年学生是涉外志愿服务的主力军,富有朝气、勇于奉献、敢于尝试。近年来,随着中外教育交流合作的不断发展,高校学生赴境外实习及参加志愿服务活动日益增多。高校学生赴境外实习和参加志愿服务活动对其开阔国际视野、了解不同文化、增加社会阅历具有积极意义。针对这一群体,教育部出台了相应的规范性文件予以指导和引导。例如,教育部《关于加强高校学生赴境外实习及志愿服务有关管理工作的通知》要求:"高校学生参加海外实习及志愿服务活动应高度重视自身人身和财产安全,遵守当地的法律法规和风俗习惯,实习内容不要涉足敏感领域。学生在外期间保持与学校的联系渠道畅通,海外实习或志愿服务活动结束后,应按时回校办理相应手续。"

地方立法对涉外志愿服务活动也有所体现,现将地方立法中涉及涉外志愿服务的内容整理如表11-3所示。

表 11-3 地方立法中涉及涉外志愿服务的规定

序号	名称	内容
1	《新疆维吾尔自治区志愿服务条例》	第七条 志愿者组织可以向社会招募志愿者。志愿者组织以外的其他组织向社会招募志愿者的,应当委托志愿者组织进行。招募境外志愿者依照国家有关规定执行。
2	《海南省志愿服务条例》	第三十二条 志愿服务活动的组织者安排志愿者到省外、境外从事志愿服务活动,按照国家和本条例的有关规定执行。
3	《四川省志愿服务条例》	第四十条 志愿服务活动的组织者安排志愿者到省外从事志愿服务活动的,参照本条例执行;到境外从事志愿服务或者境外志愿者到省内参加志愿服务的,同时按照国家有关规定执行。
4	《昆明市志愿服务条例》	第三十六条 本市行政区域外及境外的志愿服务组织或者志愿者到本市从事志愿服务活动的,按照国家有关规定执行。
5	《汕头市青年志愿服务促进条例》	第四十条 青年志愿服务组织、青年志愿者以外的其他志愿服务组织和志愿者及其服务活动,参照本条例执行。华侨、香港和澳门居民、台湾同胞以及外国人在本市参加志愿服务组织,从事志愿服务活动的,参照本条例执行。
6	《宁波市志愿服务条例》	第四十四条 志愿者、志愿服务组织、志愿服务团队和其他组织到市外、境外开展志愿服务活动,符合本条例规定的褒扬、优待等情形的,依照本条例执行。
7	《黑龙江省志愿服务条例》	第三十三条 志愿服务组织可以按照有关规定开展与国内、国外志愿服务组织间的工作交流或者支援活动;志愿服务站、志愿服务队或者其他参与志愿服务的社会组织与国内、国外志愿服务组织间的工作交流或者支援活动,应当通过志愿者联合会或者协会进行。
8	《湖南省志愿服务条例》	第三十四条 志愿服务活动组织者招募境外志愿者以及安排志愿者到省外、境外从事志愿服务活动,按照国家和本条例的有关规定执行。
9	《吉林省志愿服务条例》	第二十四条 志愿服务组织可以按照国家有关规定开展国内外志愿服务交流活动。
10	《天津市志愿服务条例》	第十九条 志愿服务组织与境外组织合作开展志愿服务活动,应当遵守国家有关规定,不受境外组织的操控和干涉。

三、典型案例评析

案 例

中国青年志愿者海外服务计划 援塞舌尔项目志愿者服务队出征

2016年9月11日,13名中国青年志愿者海外服务计划援塞舌尔项目(第七批)志愿者从广州白云机场出发前往塞舌尔,开展一年的志愿服务工作。9月8日,中国青年志愿者海外服务计划第七批援塞舌尔项目志愿者服务队出征仪式在广州举行。

据悉,援塞舌尔项目是海外计划中比较成熟的项目之一,已经累计派出7批96名志愿者,其中广州承办了5批68人。作为全国首个独立承接中国青年志愿者海外服务计划的副省级城市,广州已先后分别派出10名、12名、18名和15名共计55名志愿者赴塞舌尔开展志愿服务。2016年,广州将再次派出13名志愿者赴塞舌尔服务,志愿者分别来自广州市各大医院、各大高校、区街道办、广州供电局等单位。

为全面提升援塞志愿者的综合服务素质和海外服务技能,第七批援塞志愿者在8月5日至8月10日期间进行了为期六天五夜的志愿服务培训课程。课程包括海外志愿服务通用培训、海外志愿服务技能培训和工作坊三大板块的培训内容,涵盖团队建设、项目策划、外事常识、安全(保险)知识、语言强化、医疗常识、心理健康常识、援外工作经验交流、塞舌尔风土人情介绍、驻外生活注意事项等25门课程。

【点评】

本案例着重涉及了中国志愿者"走出去"的一个典型项目:中国青年志愿者海外服务计划。2002年,共青团中央、商务部通过对外援助平台,依托中国青年志愿者协会启动了该计划,开创了志愿服务"走出去"的先河。自2002年中国青年志愿者海外服务计划正式启动以来,已有600多名志愿者奔赴亚洲、非洲和美洲,在老挝、缅甸、埃塞俄比亚等21个国家开展海外志愿服务。

从通过北京奥运会促进中国志愿服务发展,到促进中国志愿者参与国际志愿服务,这体现了十年来中国社会的成熟,中国志愿者走上国际舞台,发出了志愿服务领域的"中国声音"。本案例中的中国青年志愿者海外服务计划援塞舌尔项目就是其中的一个体现。通过青年志愿者"走出去",

参与到当地教育、医疗、农业、救灾等领域的工作中,为服务当地经济社会发展、增进双方传统友谊发挥了积极作用。十余年来,该项目对准受援国急需专业,招募了大量符合受援国实际需求的青年志愿者,在社会发展的众多领域开展了大量的卓有成效的志愿服务工作,受到受援国领导人和人民的高度肯定,如利比里亚总统瑟利夫将向"非洲之星"这一极少颁给外国人的荣誉勋章颁给援利比里亚项目志愿者王刚医生,感谢他在利服务期间在儿科领域的卓越贡献,并接见服务队全体成员。

总的来说,援外青年志愿服务工作为树立中国负责任大国的国际形象,探索我国对外援助工作新途径做出了积极努力。青年志愿者以平等相待的态度、以诚意帮助的工作,在与当地人民的日常接触中,传播了中国的优秀文化,增进了相互了解与信任,使当地群众更加了解中国,喜爱中国,理解我国"和平、发展、合作"的外交政策和"不附加任何政治条件"的援外准则,更加真切地体会到中国是一个负责任的大国。

案 例

共赴冬奥 他们成为一束亮眼的光

在北京冬奥会上,志愿者成为一道独特而亮丽的风景线,这其中也包括100余名港澳台侨外志愿者。他们怀着对奥运的向往和敬意,共赴一场盛大的冰雪之约。

百余名港澳台侨外志愿者参与志愿服务

据了解,考虑到疫情防控的严峻形势,北京冬奥会港澳台侨外志愿者的招募以在北京高校工作、学习和生活的青年为主。港澳台侨外志愿者的选拔条件,是在遵循北京2022年冬奥会和冬残奥会赛会志愿者通行政策的基础上,重点招募掌握冰雪运动知识、熟悉冰雪项目竞赛规则、具有小语种语言优势的专业技能人才,并优先考虑具有丰富大型赛事志愿服务经验的申请人。

自2019年12月5日启动冬奥会志愿者全球网络招募以来,港澳台地区、华人华侨和国际志愿者踊跃报名。根据北京冬奥组委的统一部署,经过简历筛选、面试选拔等程序,共录取港澳台侨外志愿者100余人。

港澳台侨外志愿者主要来自清华大学、北京大学、北京科技大学、北京理工大学、北京航空航天大学、中国传媒大学、北京第二外国语学院等29所高校。其中,国际志愿者来自韩国、意大利、加拿大、美国、津巴布韦、新加坡等29个国家和地区。冬奥会赛时他们分布在北京、延庆赛区的国家体育场、主媒体中心、奥林匹克公园、冰立方、五棵松体育中心、首钢滑雪大跳台、延庆冬奥村等场馆,主要在赛事服务、奥林匹克大家庭、奥运村管理、抵离、语言服务等领域工作。

岗位融合度高 工作得到认可

北京冬奥组委志愿者部招募处相关负责人表示,港澳台侨外志愿者报名非常踊跃,大家对北京冬奥会和冬残奥会充满了期待,都希望能够参与到盛会中。这些志愿者共同的特点是比较年轻,具有一定的国际视野,有较为丰富的文化交流经验,他们目睹了中国的飞速发展,对中国文化有着浓厚的兴趣。有一些志愿者对于冬奥会的向往,是因为小时候看到了2008年奥运会在北京成功举办,深受感染,渴望能有机会近距离参与一次奥运会志愿服务。

根据北京冬奥组委培训工作整体安排,最终录用的港澳台侨外志愿者,都参加了通用培训、专业培训、场馆培训和岗位培训。北京冬奥会赛时,这些志愿者根据场馆和岗位安排,怀着满腔热情,正式走上了志愿服务岗位,他们的表现也得到了场馆团队和观众等服务对象的认可。

首都体育馆相关负责人表示,港澳台侨外志愿者工作态度积极,认真负责。他们与本领域志愿者融合度很高,主动与志愿者领域的老师保持联系,定期沟通工作生活情况,分享志愿服务心得。此外,他们还积极参与各项团建活动,努力展现志愿者风采,成为首体志愿者大家庭中一束亮眼的光。

国家雪车雪橇中心有两名来自中国台湾的志愿者和一名泰国志愿者,他们分别服务于媒体运行、赛事服务和志愿者业务领域。相关负责人表示,这几位志愿者乐观开朗,积极向上,很快适应了场馆的严寒气候和工作强度,在平日里主动承担工作,甘于奉献,热情、专业地为媒体、观众和工作人员等客户群提供服务,努力践行志愿服务精神,也与伙伴们结下了深厚的友谊。来自泰国的志愿者张思敏,虽然中文不是她的母语,但语言并没有成为彼此沟通的障碍,在工作之余她会教大家用泰语说

"新年快乐""谢谢"等，伙伴们也随时帮助她提高中文水平，大家在一起工作得非常愉快，都为能够参与冬奥会志愿服务感到自豪。

【点评】

本案例是2022年北京冬奥会期间，境外志愿者利用语言优势，为奥运会提供志愿服务。境外志愿服务组织和志愿者作为志愿者中的一个代表性群体，他们有着良好的外语能力和中西方文化背景，这些独特的优势为提升志愿服务工作水平发挥了独特的作用。同时，随着我国与境外的交流日益频繁，境外志愿服务组织和志愿者更多地参与境内的志愿服务活动。那么，在此类志愿服务活动中，其应当遵守《志愿服务条例》和中华人民共和国有关法律、行政法规以及国家有关规定，并依法受到我国法律的同等保护。在人类命运共同体和中国责任的双重发展目标下，公益志愿活动的"引进来"和"走出去"不仅能够加强中国与其他国家或地区的文化交流，也能够帮助中国在更进一步走向国际化并承担起大国责任的建设中有更多的渠道，发挥更大的作用。

第四节　条例施行时间

第四十四条　本条例自2017年12月1日起施行[①]。

思考与讨论

1. 假如你是某一高校的团委老师，想寻找社会志愿服务活动为高校学生提供志愿服务机会，你有什么途径？找到志愿服务活动后，如何开展？

2. 中国的志愿者到国外开展志愿服务活动，你认为要遵守哪些法律法规？

3. 草根志愿服务组织是否受到《志愿服务条例》保护？

---

① 第四十四条是本条例最后一条，常规地规定了本条例的正式施行时间，言简意明，无须赘述。

结　语
志愿服务法制发展任重道远

　　志愿服务是当今世界受到普遍认同、民众广泛参与的一项社会事业，也是我国公共道德水平、文明建设水平和社会发展水平的一个衡量尺度，正在成为公民满足精神追求、体现社会价值的一种生活方式，成为培育和弘扬社会主义核心价值观的重要载体。随着改革开放深入和经济社会发展，志愿服务领域不断拓展，志愿服务方式不断丰富，志愿者队伍也不断壮大，他们是推动志愿服务事业发展的主体，其奉献应当获得应有的社会尊重和评价，其权益应当依法得到保障。蓬勃发展、成绩斐然、涉及面广、参与者众的志愿服务事业是宏大的社会系统工程，需要健全完备的志愿服务立法予以保障；但从实际情况看，多年来我国志愿服务法治保障不足，不但地方立法不足，国家层面立法也较滞后，尽管已推出了行政法规《志愿服务条例》，但法治保障力度不够仍是我国志愿服务制度化、规范化发展的薄弱环节。故应尽快制定我国的"志愿服务法"，并逐步完善志愿服务法律规范体系和运行机制，配套、有力和高效地依法保障我国志愿服务事业快速健康发展，这也是完善国家治理体系和治理能力的基本要求。

　　我国的志愿服务事业仍处于初期发展阶段，以"志愿服务法"为龙头的志愿服务法律规范体系应当定位于促进法、保障法，通过立法促进志愿服务事业快速健康发展；同时鉴于我国志愿服务的主体、方式、关系的复杂性和特殊性，它也应当是调整法、规范法，发挥出强有力的调整规范作用。完善的中国特色志愿服务法律规范系统加上完备的实施体系和监督救济体系，能够形成完善的中国特色志愿服务法治保障体系，更给力地依法推动和保障志愿服务事业健康顺利发展，进一步提升公民道德水平、文明建设水平和社会发展水平，使得良好的志愿服务成为亮丽的中国名片。

　　志愿服务成为一种生活方式，体现一种社会价值，在各方面形成机制，让大家热心、自觉、便利地参与。我们也要往这个方向走。许多发达国家、地区的经济社会发展水平在我们之上，我们是后发展的新区域，可能要向它们学习。但我们也有自己的优势，有可以利用的更多资源，发挥我们的专长就可以形成中国特色志愿服务体系和机制。内外经验结合起来可能推动得更快。社会发展能不能这样？虽然不太容易，但也希望快步赶上去，这需要学习借鉴和努力践行。

因此，新时代中央高层领导提出的关于志愿服务理论和体系建设的中国特色要求，可以说富有创意和深意。就志愿服务事业和体系发展而言，我国具有许多独特资源和优势，例如：互帮互助传统文化，高层推动决心，集中资源能力，组织动员能力，群众工作传统，青年组织、妇女组织和工会组织动员开展志愿服务活动的传统、能力和经验等等。这些资源和优势，在某种意义上有别于美国、日本等发达国家。如能认真挖掘梳理自身既往探索实践经验，同时理性地选择借鉴他人经验，就可在现有基础上创新出中国特色志愿服务理论和制度体系，更加快速、规范、有效、持续地发展我国的志愿服务事业，更大程度地激发释放出社会组织活力，稳健地推动社会发展、社会民主、社会和谐。从这个意义上说，中国特色志愿服务及其法治事业永远在路上，要依靠大家共同推进。

习近平总书记于2019年7月23日给中国志愿服务联合会第二届会员代表大会发来贺信，对中国特色志愿服务的新时代意义和制度化规范化发展做出精辟阐述并提出更高要求，谨引述贺信中的这段话作为本书结尾：

> 志愿服务是社会文明进步的重要标志。党的十八大以来，广大志愿者、志愿服务组织、志愿服务工作者积极响应党和人民号召，弘扬和践行社会主义核心价值观，走进社区、走进乡村、走进基层，为他人送温暖、为社会作贡献，充分彰显了理想信念、爱心善意、责任担当，成为人民有信仰、国家有力量、民族有希望的生动体现。希望广大志愿者、志愿服务组织、志愿服务工作者立足新时代、展现新作为，弘扬奉献、友爱、互助、进步的志愿精神，继续以实际行动书写新时代的雷锋故事。中国志愿服务联合会要认真履行引领、联合、服务、促进的职责，为广大志愿者、志愿服务组织服务他人、奉献社会创造条件。各级党委和政府要为志愿服务搭建更多平台，给予更多支持，推进志愿服务制度化常态化，凝聚广大人民群众共同为实现"两个一百年"奋斗目标、实现中华民族伟大复兴的中国梦贡献力量。

附录
志愿服务条例

第一章 总 则

第一条 为了保障志愿者、志愿服务组织、志愿服务对象的合法权益，鼓励和规范志愿服务，发展志愿服务事业，培育和践行社会主义核心价值观，促进社会文明进步，制定本条例。

第二条 本条例适用于在中华人民共和国境内开展的志愿服务以及与志愿服务有关的活动。

本条例所称志愿服务，是指志愿者、志愿服务组织和其他组织自愿、无偿向社会或者他人提供的公益服务。

第三条 开展志愿服务，应当遵循自愿、无偿、平等、诚信、合法的原则，不得违背社会公德、损害社会公共利益和他人合法权益，不得危害国家安全。

第四条 县级以上人民政府应当将志愿服务事业纳入国民经济和社会发展规划，合理安排志愿服务所需资金，促进广覆盖、多层次、宽领域开展志愿服务。

第五条 国家和地方精神文明建设指导机构建立志愿服务工作协调机制，加强对志愿服务工作的统筹规划、协调指导、督促检查和经验推广。

国务院民政部门负责全国志愿服务行政管理工作；县级以上地方人民政府民政部门负责本行政区域内志愿服务行政管理工作。

县级以上人民政府有关部门按照各自职责，负责与志愿服务有关的工作。

工会、共产主义青年团、妇女联合会等有关人民团体和群众团体应当在各自的工作范围内做好相应的志愿服务工作。

第二章 志愿者和志愿服务组织

第六条 本条例所称志愿者，是指以自己的时间、知识、技能、体力等从事志愿服务的自然人。

本条例所称志愿服务组织，是指依法成立，以开展志愿服务为宗旨的非营利性组织。

第七条 志愿者可以将其身份信息、服务技能、服务时间、联系方式等个人基本信息，通过国务院民政部门指定的志愿服务信息系统自行注册，也可以通过志愿服务组织进行注册。

志愿者提供的个人基本信息应当真实、准确、完整。

第八条 志愿服务组织可以采取社会团体、社会服务机构、基金会等组织形式。志愿服务组织的登记管理按照有关法律、行政法规的规定执行。

第九条 志愿服务组织可以依法成立行业组织，反映行业诉求，推动行业交流，促进志愿服务事业发展。

第十条 在志愿服务组织中，根据中国共产党章程的规定，设立中国共产党的组织，开展党的活动。志愿服务组织应当为党组织的活动提供必要条件。

第三章 志愿服务活动

第十一条 志愿者可以参与志愿服务组织开展的志愿服务活动，也可以自行依法开展志愿服务活动。

第十二条 志愿服务组织可以招募志愿者开展志愿服务活动；招募时，应当说明与志愿服务有关的真实、准确、完整的信息以及在志愿服务过程中可能发生的风险。

第十三条 需要志愿服务的组织或者个人可以向志愿服务组织提出申请，并提供与志愿服务有关的真实、准确、完整的信息，说明在志愿服务过程中可能发生的风险。志愿服务组织应当对有关信息进行核实，并及时予以答复。

第十四条 志愿者、志愿服务组织、志愿服务对象可以根据需要签订协议，明确当事人的权利和义务，约定志愿服务的内容、方式、时间、地点、工作条件和安全保障措施等。

第十五条 志愿服务组织安排志愿者参与志愿服务活动，应当与志愿者的年龄、知识、技能和身体状况相适应，不得要求志愿者提供超出其能力的志愿服务。

第十六条　志愿服务组织安排志愿者参与的志愿服务活动需要专门知识、技能的，应当对志愿者开展相关培训。

开展专业志愿服务活动，应当执行国家或者行业组织制定的标准和规程。法律、行政法规对开展志愿服务活动有职业资格要求的，志愿者应当依法取得相应的资格。

第十七条　志愿服务组织应当为志愿者参与志愿服务活动提供必要条件，解决志愿者在志愿服务过程中遇到的困难，维护志愿者的合法权益。

志愿服务组织安排志愿者参与可能发生人身危险的志愿服务活动前，应当为志愿者购买相应的人身意外伤害保险。

第十八条　志愿服务组织开展志愿服务活动，可以使用志愿服务标志。

第十九条　志愿服务组织安排志愿者参与志愿服务活动，应当如实记录志愿者个人基本信息、志愿服务情况、培训情况、表彰奖励情况、评价情况等信息，按照统一的信息数据标准录入国务院民政部门指定的志愿服务信息系统，实现数据互联互通。

志愿者需要志愿服务记录证明的，志愿服务组织应当依据志愿服务记录无偿、如实出具。

记录志愿服务信息和出具志愿服务记录证明的办法，由国务院民政部门会同有关单位制定。

第二十条　志愿服务组织、志愿服务对象应当尊重志愿者的人格尊严；未经志愿者本人同意，不得公开或者泄露其有关信息。

第二十一条　志愿服务组织、志愿者应当尊重志愿服务对象人格尊严，不得侵害志愿服务对象个人隐私，不得向志愿服务对象收取或者变相收取报酬。

第二十二条　志愿者接受志愿服务组织安排参与志愿服务活动的，应当服从管理，接受必要的培训。

志愿者应当按照约定提供志愿服务。志愿者因故不能按照约定提供志愿服务的，应当及时告知志愿服务组织或者志愿服务对象。

第二十三条　国家鼓励和支持国家机关、企业事业单位、人民团体、社会组织等成立志愿服务队伍开展专业志愿服务活动，鼓励和支持具备专业知识、技能的志愿者提供专业志愿服务。

国家鼓励和支持公共服务机构招募志愿者提供志愿服务。

第二十四条　发生重大自然灾害、事故灾难和公共卫生事件等突发事件,需要迅速开展救助的,有关人民政府应当建立协调机制,提供需求信息,引导志愿服务组织和志愿者及时有序开展志愿服务活动。

志愿服务组织、志愿者开展应对突发事件的志愿服务活动,应当接受有关人民政府设立的应急指挥机构的统一指挥、协调。

第二十五条 任何组织和个人不得强行指派志愿者、志愿服务组织提供服务,不得以志愿服务名义进行营利性活动。

第二十六条 任何组织和个人发现志愿服务组织有违法行为,可以向民政部门、其他有关部门或者志愿服务行业组织投诉、举报。民政部门、其他有关部门或者志愿服务行业组织接到投诉、举报,应当及时调查处理;对无权处理的,应当告知投诉人、举报人向有权处理的部门或者行业组织投诉、举报。

第四章 促进措施

第二十七条 县级以上人民政府应当根据经济社会发展情况,制定促进志愿服务事业发展的政策和措施。

县级以上人民政府及其有关部门应当在各自职责范围内,为志愿服务提供指导和帮助。

第二十八条 国家鼓励企业事业单位、基层群众性自治组织和其他组织为开展志愿服务提供场所和其他便利条件。

第二十九条 学校、家庭和社会应当培养青少年的志愿服务意识和能力。

高等学校、中等职业学校可以将学生参与志愿服务活动纳入实践学分管理。

第三十条 各级人民政府及其有关部门可以依法通过购买服务等方式,支持志愿服务运营管理,并依照国家有关规定向社会公开购买服务的项目目录、服务标准、资金预算等相关情况。

第三十一条 自然人、法人和其他组织捐赠财产用于志愿服务的,依法享受税收优惠。

第三十二条 对在志愿服务事业发展中做出突出贡献的志愿者、志愿服务组织,由县级以上人民政府或者有关部门按照法律、法规和国家有关规定予以表彰、奖励。

国家鼓励企业和其他组织在同等条件下优先招用有良好志愿服务记录的志愿者。公务员考录、事业单位招聘可以将志愿服务情况纳入考察内容。

第三十三条　县级以上地方人民政府可以根据实际情况采取措施，鼓励公共服务机构等对有良好志愿服务记录的志愿者给予优待。

第三十四条　县级以上人民政府应当建立健全志愿服务统计和发布制度。

第三十五条　广播、电视、报刊、网络等媒体应当积极开展志愿服务宣传活动，传播志愿服务文化，弘扬志愿服务精神。

第五章　法律责任

第三十六条　志愿服务组织泄露志愿者有关信息、侵害志愿服务对象个人隐私的，由民政部门予以警告，责令限期改正；逾期不改正的，责令限期停止活动并进行整改；情节严重的，吊销登记证书并予以公告。

第三十七条　志愿服务组织、志愿者向志愿服务对象收取或者变相收取报酬的，由民政部门予以警告，责令退还收取的报酬；情节严重的，对有关组织或者个人并处所收取报酬一倍以上五倍以下的罚款。

第三十八条　志愿服务组织不依法记录志愿服务信息或者出具志愿服务记录证明的，由民政部门予以警告，责令限期改正；逾期不改正的，责令限期停止活动，并可以向社会和有关单位通报。

第三十九条　对以志愿服务名义进行营利性活动的组织和个人，由民政、工商等部门依法查处。

第四十条　县级以上人民政府民政部门和其他有关部门及其工作人员有下列情形之一的，由上级机关或者监察机关责令改正；依法应当给予处分的，由任免机关或者监察机关对直接负责的主管人员和其他直接责任人员给予处分：

（一）强行指派志愿者、志愿服务组织提供服务；

（二）未依法履行监督管理职责；

（三）其他滥用职权、玩忽职守、徇私舞弊的行为。

第六章　附　则

第四十一条　基层群众性自治组织、公益活动举办单位和公共服务机构开展公益活动，需要志愿者提供志愿服务的，可以与志愿服务组织合作，由志愿服务组织招募志愿者，也可以自行招募志愿者。自行招募志愿者提供志愿服务的，参照本条例关于志愿服务组织开展志愿服务活动的规定执行。

第四十二条　志愿服务组织以外的其他组织可以开展力所能及的志愿

服务活动。

城乡社区、单位内部经基层群众性自治组织或者本单位同意成立的团体，可以在本社区、本单位内部开展志愿服务活动。

第四十三条 境外志愿服务组织和志愿者在境内开展志愿服务，应当遵守本条例和中华人民共和国有关法律、行政法规以及国家有关规定。

组织境内志愿者到境外开展志愿服务，在境内的有关事宜，适用本条例和中华人民共和国有关法律、行政法规以及国家有关规定；在境外开展志愿服务，应当遵守所在国家或者地区的法律。

第四十四条 本条例自2017年12月1日起施行。

图书在版编目（CIP）数据

志愿服务法制建设 / 莫于川主编；许莲丽，任肖容副主编. --北京：中国人民大学出版社，2022.12
（志愿服务实务丛书）
ISBN 978-7-300-30739-8

Ⅰ. ①志… Ⅱ. ①莫… ②许… ③任… Ⅲ. ①志愿者-社会服务-法律-中国-教材 Ⅳ. ①D922.194

中国版本图书馆CIP数据核字（2022）第108975号

志愿服务实务丛书
中国志愿服务联合会
中国志愿服务基金会 组编
志愿服务法制建设
主　编　莫于川
副主编　许莲丽　任肖容
Zhiyuan Fuwu Fazhi Jianshe

出版发行	中国人民大学出版社		
社　　址	北京中关村大街31号	邮政编码	100080
电　　话	010-62511242（总编室）		010-62511770（质管部）
	010-82501766（邮购部）		010-62514148（门市部）
	010-62515195（发行公司）		010-62515275（盗版举报）
网　　址	http://www.crup.com.cn		
经　　销	新华书店		
印　　刷	北京七色印务有限公司		
开　　本	720 mm×1000 mm 1/16	版　　次	2022年12月第1版
印　　张	16.75 插页1	印　　次	2022年12月第1次印刷
字　　数	286 000	定　　价	55.00元

版权所有　　侵权必究　　印装差错　　负责调换